本书系2016年国家社会科学基金一般研究项目"政府购买基层图书馆运营管理服务研究"（项目编号：16BTQ022）研究成果；由国家社科基金和宜春学院学术著作出版基金资助出版

政府购买公共图书馆运营服务研究

易 斌 等著

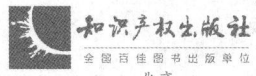

全国百佳图书出版单位
——北京——

图书在版编目（CIP）数据

政府购买公共图书馆运营服务研究 / 易斌等著．—北京：知识产权出版社，2021.9
ISBN 978-7-5130-7610-4

Ⅰ.①政… Ⅱ.①易… Ⅲ.①公共图书馆—图书馆服务—政府采购制度—研究—中国 Ⅳ.① G258.2 ② F812.2

中国版本图书馆 CIP 数据核字（2021）第 134986 号

内容提要

本书对我国政府购买公共图书馆运营服务的理论基础和发展现状进行论证、梳理与分析，在剖析我国公共图书馆社会化运营的典型案例，以及借鉴域外公立图书馆管理外包经验的基础上，提出政府购买公共图书馆运营服务的完善路径和改进策略，从而为推进我国政府购买图书馆运营服务的科学发展提供研究与智力支持。本书对政府部门、图书馆、社会服务机构等具有很强的实用参考价值。

责任编辑：李海波　　　　责任印制：孙婷婷

政府购买公共图书馆运营服务研究
ZHENGFU GOUMAI GONGGONG TUSHUGUAN YUNYING FUWU YANJIU

易　斌　等著

出版发行	知识产权出版社 有限责任公司	网　　址	http://www.ipph.cn
电　　话	010－82004826		http://www.laichushu.com
社　　址	北京市海淀区气象路50号院	邮　　编	100081
责编电话	010－82000860 转 8582	责编邮箱	lihaibo@cnipr.com
发行电话	010－82000860 转 8101	发行传真	010－82000893
印　　刷	北京中献拓方科技发展有限公司	经　　销	各大网上书店、新华书店及相关专业书店
开　　本	720mm×1000mm　1/16	印　　张	16.75
版　　次	2021年9月第1版	印　　次	2021年9月第1次印刷
字　　数	260千字	定　　价	78.00元

ISBN 978-7-5130-7610-4

出版权专有　侵权必究
如有印装质量问题，本社负责调换。

前言 Preface

　　进入 21 世纪以来，中国政府执政理念逐渐从 GDP 的增长转向民生政治。为保障和改善文化民生，提升公共文化服务水平，政府一方面加快转变政府职能、推进机构改革，力求将政府建成有所为、有所不为的有限政府；另一方面大力推进现代公共文化服务体系的构建，提高公共文化服务的供给质量和效率。正是在这双轮驱动之下，自 2010 年始，无锡市无锡新区、广州市南沙区、成都市武侯区等基层政府纷纷转变职能，政府不再直接生产和输出图书馆服务，而是通过市场由公司或社会组织运营管理图书馆[①]。我国基层图书馆社会化运营模式已进入创新思路和举措不断推进的新阶段。

　　在社会力量积极参与公共图书馆服务供给的背景下，2013 年 9 月，笔者有幸到北京大学信息管理系进行为期一年的访学，导师为李国新教授。李国新教授先后担任原文化部国家公共文化服务体系建设专家委员会副主任、主任职务，长期从事公共文化的理论与政策研究。他认为政府向社会力量购买公共图书馆运营和管理服务是一次深刻的机制变革，为基层图书馆的高效运行提供了一种路径选择。他对该创新模式的讲解和阐述引发了笔者浓厚的研究兴趣。访学期间，在李国新教授的帮助下，笔者调研了北京、上海、苏州、杭州等城市社会力量参与公共图书馆建设的情况，获取到许多第一手资

---

① "运营管理图书馆""管理和运营图书馆""运营图书馆"概念内涵并无本质差异，在本书中为了叙述简洁，大多采用"运营图书馆"概念。

料，为研究积累了大量素材，也认识到实践中存在的诸多问题，如项目购买的政绩异化、公民参与意识不够、市场竞争性不强、运行规范体系不健全、制度配套程度不高等。同时，笔者在参与李国新教授主持的"北京市东城区公共数字文化服务体系研究""北京市东城区公共文化服务政府购买机制研究"等项目的写作过程中，对公共文化服务的社会力量参与有了更深层次的理性认识和思考。所有这些都为笔者在2016年以"政府购买基层图书馆运营管理服务研究"为题，申报并成功获批国家社会科学基金项目奠定了研究基础。

本书作为国家社会科学基金资助项目的最终成果，以政府购买公共图书馆运营服务为研究主题，对我国公共图书馆运营模式转变的现实需求及其可行性、构成要素、运行机制进行分析论证，总结梳理美国、英国、日本等国家公立图书馆管理外包的运作模式、机制和经验，对我国政府购买公共图书馆运营服务的现状做了概括与分析，剖析了无锡市无锡高新区图书馆、北京市朝阳区朝外街道图书馆、芜湖市镜湖区图书馆、广州市增城区新塘镇图书馆四个典型案例。在此基础上，从完善相关法律制度、强化政府保障责任、明晰政府购买的适用性、健全监督管理机制、完善绩效评估体系、培育和发展社会组织六方面提出完善政府购买公共图书馆运营服务的路径，从而为图书馆服务的购买方、承接方在实践探索中提供思路和借鉴，为推进政府购买图书馆运营服务的科学发展提供研究和智力支持。

本书作者：易斌、郭华、关思思、张晨曦。写作的具体安排和贡献为：易斌（宜春学院）作为项目主持人负责本书写作框架与体系结构的设计，以及内容的撰写、组稿和统稿等工作；郭华（宜春学院）撰写第四章第五节；关思思（天津外国语大学）撰写第一章第二节国外研究现状、第三章；张晨曦（成都高新区巨力文化服务中心）撰写第六章第五节。

本研究项目的顺利完成得益于课题组全体成员的共同努力，受益于北京大学李国新教授、北京大学王子舟教授、华东师范大学金武刚教授、湘潭大学龚蛟腾教授等诸多学界前辈及同人的无私帮助；同时，在走访调研过程中得到北京市海淀区北部文化中心图书馆、北京市朝阳区朝外街道图书馆、无锡市无锡高新区图书馆①、成都市武侯区图书馆、芜湖市镜湖区图书馆、合肥市图书馆、合肥市滨湖世纪社区图书馆、广州市南沙区图书馆、广州市增城区新塘镇图书馆、合肥幼儿师范高等专科学校图书馆、上海浦东新区曹路镇金海文化艺术中心、上海浦东新区塘桥社区文化活动中心、上海黄浦区五里桥社区文化活动中心及其政府主管部门和承接方的大力支持与帮助。正是他们的支持才使项目研究获取到大量的原始资料，使研究成果更加贴近现实。此外，本书的完成也参考了国内外专家学者的研究成果，在此一并表示由衷的谢意！

在本书写作过程中，受知识和能力所限，有不少问题尚未深入研究，甚至有不当之处，希冀读者对本书提出宝贵的意见和建议。我们也将继续关注公共图书馆的服务社会化问题，针对实践中出现的新情况、新问题做进一步的研究，为我国图书馆事业的发展贡献微薄之力。

易 斌

2020 年 10 月 30 日

---

① 2015年10月，无锡新区更名为"无锡高新区（新吴区）"，本书中，无锡高新区（新吴区）图书馆简称"无锡高新区图书馆"。

目录 Contents

第一章 绪 论 001

  第一节 研究背景 002

    一、服务型政府建立的持续推进 002

    二、现代公共文化服务体系构建的加速实施 003

    三、政府购买公共服务政策的密集出台 004

    四、政府购买公共图书馆运营服务实践的相继出现 005

  第二节 研究现状 006

    一、国外研究现状 006

    二、国内研究现状 011

  第三节 研究目标与意义 017

    一、研究目标 017

    二、研究意义 019

第二章 政府购买公共图书馆运营服务概述 021

  第一节 公共图书馆运营模式的转变 022

    一、政府提供公共图书馆服务的传统模式及其弊端 022

    二、公共图书馆运营模式转变的现实需求 027

    三、公共图书馆运营模式转变的可行性 030

第二节 政府购买公共图书馆运营服务的内涵探讨 036
　　一、政府购买公共图书馆运营服务的概念界定 036
　　二、政府购买公共图书馆运营服务的相关要素分析 040
第三节 政府购买公共图书馆运营服务的运行机制 047
　　一、政府承担公共责任 048
　　二、定项购买图书馆服务 049
　　三、通过合同管理项目 050
　　四、评估兑现承接方费用 051

第三章 政府购买公共图书馆运营服务的国际经验 053

第一节 国外政府购买公共图书馆服务概况 054
　　一、国外政府购买公共图书馆服务的背景 054
　　二、国外政府购买公共图书馆服务的模式 056
　　三、国外政府购买公共图书馆服务的机制 057
第二节 美国政府购买公共图书馆运营服务 060
　　一、美国公共文化服务社会化特征 060
　　二、美国公共图书馆管理外包情况 062
　　三、美国公共图书馆管理外包案例 065
第三节 英国政府购买公共图书馆运营服务 067
　　一、英国公共文化服务社会化特征 067
　　二、英国公共图书馆管理外包情况 069
　　三、英国公共图书馆管理外包案例 071
第四节 日本政府购买公共图书馆运营服务 073
　　一、日本公共文化服务社会化特征 073
　　二、日本公共图书馆管理外包情况 077
　　三、日本公共图书馆管理外包案例 079
第五节 国外政府购买公共图书馆运营服务评述 081
　　一、获得的成效 081

二、产生的问题 083
　　三、总结的经验 088

第四章　我国政府购买公共图书馆运营服务的发展现状 093
第一节　我国政府购买公共图书馆运营服务的法律政策 094
　　一、法律法规建设现状 094
　　二、中央政策建设现状 097
　　三、地方政策建设现状 100
第二节　我国政府购买公共图书馆运营服务的发展历程 101
　　一、萌芽期（2010—2012年） 101
　　二、发展期（2013年至今） 103
第三节　我国政府购买公共图书馆运营服务的主要成效 108
　　一、推动政府职能的转变 108
　　二、提升图书馆的服务质量 109
　　三、提高公共财政的使用效率 110
　　四、激发文化类社会组织的发展 112
　　五、促进基本公共文化服务的均等化 114
第四节　我国政府购买公共图书馆运营服务的主要问题 115
　　一、法律规范问题 115
　　二、购买方问题 117
　　三、承接方问题 123
　　四、受益方问题 126
　　五、购买效果问题 128
第五节　基于读者和馆员的问卷调查 130
　　一、调查概况 130
　　二、读者问卷调研情况 131
　　三、馆员问卷调研情况 137
　　四、调研结论 142

第五章　政府购买公共图书馆运营服务的国内实践 ... 145

第一节　无锡市无锡高新区（新吴区）图书馆 ... 146
一、地情及馆情介绍 ... 146
二、政府购买服务的情况 ... 148
三、个案的分析 ... 152

第二节　北京市朝阳区朝外街道图书馆 ... 154
一、地情及馆情介绍 ... 154
二、政府购买服务的情况 ... 155
三、个案的分析 ... 158

第三节　芜湖市镜湖区图书馆 ... 160
一、地情及馆情介绍 ... 160
二、政府购买服务的情况 ... 161
三、个案的分析 ... 165

第四节　广州市增城区新塘镇图书馆 ... 168
一、地情及馆情介绍 ... 168
二、政府购买服务的情况 ... 168
三、个案的分析 ... 170

第六章　政府购买公共图书馆运营服务的完善路径 ... 173

第一节　完善相关法律制度 ... 174
一、全国人大出台法律 ... 174
二、国务院颁布法规或规章 ... 176
三、地方政府建立制度 ... 177

第二节　强化政府的保障责任 ... 178
一、财政资金的保障责任 ... 178
二、运行管理的保障责任 ... 182
三、公民参与的保障责任 ... 187

第三节　明晰政府购买的适用性 188
　　　　一、购买对象的适用性 189
　　　　二、购买内容的适用性 191
　　　　三、承接主体的适用性 193
　　　　四、购买方式的适用性 195
　　　　五、购买类型的适用性 196
　　第四节　健全监督管理机制 198
　　　　一、加强政府部门内部的监管 198
　　　　二、加强政府部门对承接方的监管 199
　　　　三、加强第三方的监管 201
　　第五节　完善绩效评估体系 204
　　　　一、绩效评估体系构建原则 204
　　　　二、绩效评估指标的构建 206
　　　　三、绩效评估的实施 213
　　第六节　培育和发展社会组织 214
　　　　一、法律制度的建立和健全 215
　　　　二、政府的积极引导和支持 217
　　　　三、社会组织加强自身能力建设 220

附　录 225
　　附录一　政府购买图书馆运营服务情况的调查问卷（读者问卷）......... 226
　　附录二　政府购买图书馆运营服务情况的调查问卷（馆员问卷）......... 229
　　附录三　某市辖区公共图书馆社会化运营服务指标及
　　　　　　考核实施细则 232

参考文献 242

第一章

绪 论

第一节 研究背景

随着我国市场经济的快速发展,政府向社会力量购买公共文化服务已成为行政职能改革发展的新动向。在中央层面,党中央和国务院从保障和改善民生出发,相继出台一系列政策文件,加强政府职能转变的顶层设计,完善公共文化服务体系,推动公共文化服务多元供给领域的制度建设。在地方层面,众多基层(指县区级、街道和乡镇)政府在向社会力量购买公共图书馆运营服务的道路上进行大量实践,创造了不少具有鲜明特色和推广价值的实践经验。

一、服务型政府建立的持续推进

转变政府职能早在 1988 年我国行政体制改革时就提出来了,但当时改革的重点是政府内部的调整机构设置,合理配置职能,提高行政效率。直到 2004 年 3 月,国务院强调政府职能向社会、市场进行转移,政府将退出一些服务领域而交由企业、非政府组织来承担其中的责任。党的十六大、十七大也一再强调转变政府职能,改变政府大包大揽、机构臃肿、职责不清的管制型政府状态。2012 年,党的十八大对转变政府职能提出更加明确的要求,"深入推进政企分开、政资分开、政事分开、政社分开,建设职能科学、结构优化、廉洁高效、人民满意的服务型政府"[1]。特别是习近平总书记在党

---

[1] 李建华. 深化改革 加快建立中国特色社会主义行政体制 [EB/OL]. (2013-01-10) [2018-09-20]. http://cpc.people.com.cn/n/2013/0110/c351153-20157081.html.

的十八届二中全会上明确指出:"转变政府职能是深化行政体制改革的核心,实质上要解决的是政府应该做什么、不应该做什么。"[1] 2017年,党的十九大再次强调深化机构和行政体制改革,建立高绩效的服务型政府。在经济新常态下,政府职能转变的核心仍然是处理好政府和市场的关系,将原来由政府部门承担的一些事务性、服务性、中介性社会职能转移给企业、社会组织、专业机构承担,发挥市场在资源配置中的决定性作用[2],使政府从公共服务的直接提供者(生产者)转变为资金提供者、服务购买者。

二、现代公共文化服务体系构建的加速实施

随着我国经济水平的不断提高,社会由生存型阶段步入发展型阶段,群众对精神文化生活的需求越来越高,但我国基层文化设施和服务,尤其是在农村、西部地区和"老少边穷"地区,群众基本文化权益不能得到保障的问题仍在一定程度上存在。2005年10月,党的十六届五中全会首次提出建设公共文化服务体系的构想,2007年8月,《关于加强公共文化服务体系建设的若干意见》的下发,标志着我国公共文化服务体系建设驶入了国家政策的快车道。[3] 我国推动基本公共文化服务标准化、均等化的重大举措包括:实行中央对地方公共图书馆、文化馆(站)等免费开放进行专项资金补贴;创建国家公共文化服务体系示范区和示范项目;推进县级图书馆和文化馆总分馆制建设;推进基层综合性文化服务中心建设;推进公共文化机构法人治理结构改革,等等。与此同时,各地政府在构建普遍均等、惠及全民公共文化服务体系的宏伟目标指引下,通过新建和扩建公共文化设施、增加设备和资源投入、扩大服务范围和服务方式,提升公共文化服务的效能,加强公共文

---

[1] 南方日报评论员. 南方日报:啃下政府职能转变的"硬骨头"[EB/OL].(2017-06-15)[2018-09-20]. http://opinion.people.com.cn/GB/n1/2017/0615/c1003-29340403.html.
[2] 马宝成,吕洪业. 实现政府职能转变新常态[EB/OL].(2015-01-04)[2018-09-20]. http://politics.people.com.cn/n/2015/0104/c1001-26319885.html.
[3] 金武刚,李国新. 公共文化政策法规解读[M]. 北京:北京师范大学出版社,2014:21.

化设施服务的保障能力。截至 2019 年年底，全国共有公共图书馆 3196 个、群众文化机构 44073 个，其中乡镇综合文化站 33530 个①，基本实现县县有图书馆、乡乡有文化站、村村有文化活动室的目标，基本完成向群众免费开放公共文化场馆、免费提供基本公共文化服务的目标。但是，城乡、地域、人群发展不均衡仍是我国公共文化服务均等化的突出问题，由于政府财力、精力有限，公益文化事业不能仅仅依靠政府的力量独自来完成，"十三五"时期我国公共文化服务社会化得到迅速发展。②正如王子舟教授认为，社会力量参与公共文化服务能够很好地体现图书馆的公共性、公益性和服务性。③

三、政府购买公共服务政策的密集出台

党的十八大以来，中共中央、国务院及相关部委出台了一系列支持政府购买公共服务的政策文件，初步形成了公共图书馆社会化运营的制度框架。2013 年 9 月，国务院办公厅发布《关于政府向社会力量购买服务的指导意见》，明确要求政府强化公共服务职能，加大公共服务购买力度。2013 年 11 月，党的十八届三中全会通过《中共中央关于全面深化改革若干重大问题的决定》，强调政府部门应培育文化非营利组织，引导社会力量参与公共文化服务建设，推动公共文化服务社会化发展。2015 年 5 月，国务院办公厅转发《关于做好政府向社会力量购买公共文化服务工作的意见》，提出"到 2020 年，在全国基本建立比较完善的政府向社会力量购买公共文化服务体系"④，并首次将公共图书馆（室）的运营和管理列入《政府向社会力量购买公共文化服务指导性目录》。与此同时，在公共服务领域，政府与社会资本合作的一系列指导

---

① 中华人民共和国文化和旅游部. 2019 年文化和旅游发展统计公报［EB/OL］.（2020-06-20）［2020-08-20］. https://www.mct.gov.cn/whzx/ggtz/202006/t20200620_872735.htm.
② 李国新. 对我国现代公共文化服务体系建设的思考［J］. 克拉玛依学刊，2016（4）：3-15.
③ 王子舟. 社会力量参与公共文化服务体系建设是文化发展的理性选择［J］. 图书馆建设，2015（11）：11-12.
④ 国务院办公厅转发文化部等部门关于做好政府向社会力量购买公共文化服务工作意见的通知［EB/OL］.［2019-01-20］. http://dangxiao.fudan.edu.cn/3d/3c/c7745a81212/page.htm.

性政策文件相继出台。例如，2014年9月，财政部发布《关于推广运用政府和社会资本合作模式有关问题的通知》；2015年5月，国务院办公厅转发《关于在公共服务领域推广政府和社会资本合作模式指导意见的通知》；2016年10月，财政部发布《关于在公共服务领域深入推进政府和社会资本合作工作的通知》；2018年11月，文化和旅游部、财政部印发《关于在文化领域推广政府和社会资本合作模式的指导意见》，等等。这些重要国家政策的密集出台为政府向社会力量购买公共图书馆服务提供了强大的政策支持和保障，同时，也为推动全国各地探索公共图书馆的社会化运营提供了良好的机遇。

四、政府购买公共图书馆运营服务实践的相继出现

2010年，无锡市无锡新区管委会向艾迪讯电子科技（无锡）有限公司购买公共图书馆的管理、运行和服务，这是我国较早出现的政府购买基层图书馆运营服务的实践。其后，广州市南沙区和增城区新塘镇、北京市朝阳区朝外街道和东城区体育馆路街道、上海浦东新区曹路镇和塘桥社区、芜湖市镜湖区等地方政府纷纷将公共图书馆的运营管理委托给企业或社会组织。在实践案例中，作为购买对象的公共图书馆层级多样，不仅有基层图书馆（指县、区、街道、社区、乡镇级图书馆），也有地级市图书馆，至于街道社区将所属的文化服务中心（包括图书馆）整体外包给社会力量运营的案例，更是数量众多。据不完全统计，截至2018年年底，我国共有634个公共图书馆（含城市书房）、700个乡镇文化站、9216个村（社区）文化中心由社会力量运营，遍布我国23个省（自治区、直辖市）。[①] 这些公共文化机构的服务外包普遍取得了经济效益和社会效益的良好成效，但实践过程中也暴露出一些问题，如合适的承接主体数量匮乏、政府和社会力量参与积极性不高、社会化管理标准缺失、监督与评价体系不完善、工作人员素质无法保证且流动性

---

① 北京大学国家现代公共文化研究中心，文化部公共文化研究基地. 工作与研究动态：2019年第1期（总第19期）[EB/OL].[2020-03-20]. http://www.im.pku.edu.cn/docs/2019-04/20190401114424097978.pdf.

较大、开展阅读活动覆盖面窄、文献资源建设质量难以保证等。

  政府向社会力量购买公共图书馆运营服务在我国尚属新鲜事物，尽管国外有丰富的经验做法，但全盘复制必不可行。这就要求我国在探索中创新突破，在供给侧改革背景下，找到实现转变政府职能、提高基层图书馆服务质量、培育文化类社会组织的切实可行方案，实现基层图书馆服务供给的多元化模式。

第二节 研究现状

一、国外研究现状

  以公共文化服务（public cultural services）、图书馆（library）、外包（outsourcing/contracting）、政府购买（government purchase）等作为关键词，笔者对 EBSCO Academic Search Complete 等数据库进行检索，发现研究政府购买图书馆服务方面的相关文献主要集中在 20 世纪 90 年代。文献主题集中在国外机构、团体和专家对外包的态度，评论业务外包的优点和缺点，或讨论如何改进具体的外包项目等，而关于外包对图书馆业务或服务质量影响的定量研究成果较少。有代表性的文献和观点如下。

（一）图书馆外包的业务类型

  国外图书馆大多数出于节省人力、时间和成本的原因，选择部分业务外包，外包的业务类型包括图书采访、加工、配送、软件开发和硬件维护等，而编目业务外包是最活跃的领域，20 世纪 90 年代以来其文献量增加迅速，但 1997 年之后文献数量稳步下降。文献数量的变化表明编目外包曾经有短暂争议，导致研究文献快速增长，而后成为常态的变化过程。

克拉拉·邓克尔在《外包采编部门：受商业和图书馆文献启发》一文中谈到，有效利用多种业务外包使图书馆更有效率并降低成本[①]，但是完全外包编目功能并不是一个很好的主意，克拉拉·邓克尔建议供应商应该提供更准确和一致的编目记录[②]。凯伦·威尔逊在报告中指出塑造图书馆的"力量"：资金，期望图书馆做得更多，满足客户的互联网和信息需求，她指出 1991 年前没有关于编目和文献加工外包的文献。[③] 利比和考德尔对高校图书馆编目业务外包情况开展调查，从而确定这种尝试的有效程度。这项研究表明，在被调查的 117 个图书馆中，大多数编目业务外包都得到满意的结果，图书馆表示他们将继续外包编目业务。[④] 凯伦·威尔逊在她的案例研究中详细介绍休米·杰克逊图书馆编目和处理外包的情况，包括对布莱克威尔公司承接的编目进行评估，显示不到 2% 的记录存在错误。该项目表明外包减少了成本，但没有对编目记录的质量造成消极影响。凯伦·威尔逊赞扬了休米·杰克逊图书馆的外包尝试，认为其是图书馆技术服务业务未来的新范式。[⑤]

（二）图书馆外包的运行管理

2012 年，杰拉德（J. Jerrard）等通过调研，认为图书馆系统与服务公司（Libraries Systems and Services，LSSI）作为美国唯一一家图书馆整体运营承接商，所提供的服务模式过于单一，导致社会公众的质疑。对此，政府应当

[①] 许葵，刘松柏. 国外图书馆业务外包基本观点分野［J］. 图书情报工作，2011（7）：98–101.
[②] DUNKLE C B. Outsourcing the catalog department: A meditation inspired by the business and library literature［J］. Journal of Academic Librarianship，1996（1）：33–44.
[③] WILSON K A. Outsourcing copy cataloging and physical processing: A review of Blackwell's outsourcing services for the J. Hugh Jackson Library at Stanford University［J］. Library Resources & Technical Services，1995（4）：359–383.
[④] LIBBY K A, CAUDLE D M. A survey on the outsourcing of cataloging in academic libraries［J］. College & Research Libraries，1997（6）：550–560.
[⑤] 同③.

审查图书馆申请外包时的提案、对外包委托合同进行全面规范、强化政府对外包公司的监管力度。① 2005 年，日本图书馆协会提出，公共图书馆如果采用"指定代理者制度"，需要从公共设施是否适宜该制度、公共图书馆独特的专业性、公共图书馆不同于一般公共服务设施、现行公共图书馆的管理体制和图书馆遵循免费服务原则 5 个方面来思考观点、标准和评价方法。② 日本学者长谷川（Hasegawa）在 2008 年调研 9 个总体外包的图书馆，研究结果表明，提高图书馆外包效率的管理机制应当是政府不能失去图书馆的领导权，要充分了解图书馆的运营情况，对外包的范围和项目要有所限制，如采购图书等工作不应该外包。另外，政府要为合同制馆员提高经济待遇并提供专业的发展机会。③ 2008 年，伦敦豪恩斯洛自治区政府与约翰莱恩综合服务公司（John Laing Intergrated Services，JLIS）签订图书馆整体外包合同，JLIS 建立了一个休闲服务信托基金，根据合同由该基金向市民提供公共图书馆服务，目的在于优化图书馆的设施、设备和技术，提高图书馆服务成效。④

（三）图书馆外包的绩效评价

2000 年，罗伯特·S.马丁（Robert S. Martin）等学者调研夏威夷、沃斯堡、河滨县等公共图书馆系统，研究图书馆的采访、编目、运营管理外包和私有化的影响，研究表明外包已成为一个有效的管理工具，它能提升图书馆的服务质量和读者的满意度。⑤ 2002 年，英国图书馆、档案馆和博物馆资助的一项研究表明，周期性的工作最有可能降低成本，因为供应商可以利用技术或设备实现规模经济，而图书馆、档案馆等单位并不具备这些特点和优

---

① JERRARD J, et al. Privatizing libraries [M]. USA: Emerald Group Publishing Limited, 2012: 3.
② 鲍延明. 日本公共图书馆管理变革与运营研究 [J]. 图书馆杂志, 2007 (6): 61-63.
③ HASEGAWS A. Full-time outsourcing in special libraries in Japan [J]. Library and Information Science, 2008 (59): 69-100.
④ 陈俊翘, 诸葛列炜. 新公共管理影响下的国外公共图书馆总体外包研究——以美英日为例 [J]. 图书馆论坛, 2013 (1): 52-58.
⑤ MARTIN R S, et al. The impact of outsourcing and privatization on library services and management [DB/OL]. [2019-11-10]. http://www.chinalibs.net/Zhaiyao.aspx?id=349971.

势，因此，无法保证外包能够降低运营成本。①2007年，日本图书馆协会对51家图书馆进行问卷调查。调查结果表明，实施指定管理者制度以后，这些图书馆在职员人数减少的情况下，反而开馆时间得到延长，服务质量有所提升，图书馆运营效率得到提高，但图书馆公益性、专业性退化，经营缺乏稳定性。②2011年，美国图书馆协会发表《保持公共图书馆的公共属性》报告，认为外包商经常宣称与政府运营相比，他们运营图书馆的成本更低，是因为没考虑隐藏的和不可控的外包成本，而这些成本很可能提高整体运营成本，因此，美国图书馆协会把外包不一定省钱作为反对公共图书馆外包的理由。③

（四）关于图书馆外包的态度

面对图书馆外包，国外研究者的态度主要有三种：赞同、批判和观望。

在美国，一些专家认为外包并不会改变公共图书馆的本质。罗纳德·都伯利在文章《外包为什么是我们的朋友》中指出，在经济危机中，图书馆不得不利用更少的资金提供更多的服务，于是只能利用外包，这样才能在经济不景气的时候生存下来。图书馆必须把外包视为一种工具，保证继续为他们的社区服务。④凯文·迈尔斯调查了法律图书馆员对外包的观点，认为律师事务所无论大小，都积极外包他们的图书馆。⑤安妮·伍兹沃思认为外包是一种工具，使供应商承担采购和编目人员的职责。⑥但不少业内人士对外包表示强烈反对。约翰·贝里认为成本削减并不是图书馆所面临的唯一

---

① BALL D, EARL C. Outsourcing and externalization: Current practice in UK libraries, museums and archives [J]. Journal of Librarianship and Information Science, 2002（4）: 197–205.
② 沈丽云. 日本图书馆概论 [M]. 上海: 上海科学技术文献出版社, 2010: 77–78.
③ 陈俊翘, 诸葛列炜. 新公共管理影响下的国外公共图书馆总体外包研究——以美英日为例 [J]. 图书馆论坛, 2013（1）: 52–58.
④ DUBBERLY R A. Why outsourcing is our friend [J]. American Libraries, 1998（1）: 72–74.
⑤ MILES K. Outsourcing in private law libraries since the Baker & Mckenzie action [J]. The Bottom Line, 1996（2）: 10–13.
⑥ WOODSWORTH A. Outsourcing: A tempest in a teapot [J]. Library Journal, 1998（5）: 46.

问题,最重要的措施应该是改变服务质量。①迈克尔·戈尔曼直言不讳地批评外包,认为编目外包会威胁"专业基础""专业核心","腐蚀图书馆竞争力",在他看来,这将导致服务"必然贬值"。②帕特·舒曼更是激烈反对外包,认为外包和民营化正在动摇图书馆行业赖以生存的根本、公共服务的"灵魂"。③也有一些业内人士对外包持谨慎、观望的态度。他们认为图书馆的专业性能否保持、服务效能能否持续改善、服务质量绩效指标是否科学、管理成本如何核算等问题都有待进一步的观察和评估。1999年,博斯在《图书馆服务外包指南》一文中提出,图书馆常常并不知道他们的成本,很难确切知道节省了多少钱。④

英国公共图书馆自实行业务外包开始,一直存在较多的争议。汉普郡一项居民调查中,58%的受访者同意承包商利用更多受过训练的志愿者开展图书馆服务,议员吉布森认为,志愿者很热情、知识渊博,得到读者的高度赞赏。⑤但是,英国的伊恩·安斯迪克等学者指出,图书馆服务外包并不是一个很好的选择,一个运行良好的委员会可以代替私营公司,并避免给予私营公司 5%~15% 的利润。⑥蒂莫西·戈弗雷(Timothy Godfrey)是多年的工党理事会图书馆内阁成员,他认为尽管一些外包部门号称是"非营利"组织,但这并不意味着它不会通过合同、雇员等获取利润,目标还是为了盈利,而利润就来自公共资金。

日本社会各界对社会化运营公共图书馆的争论持续了30多年。有研究者认为,在政府财政困难的背景下引入指定管理者制度,可以提高公共文化

---

① BERRY J. The measure of outsourcing: No vendor serves people better than the librarians who work there already [J]. Library Journal,1998(2): 6.
② GORMAN M. The corruption of cataloging [J]. Library Journal,1995(15): 32-34.
③ SCHUMAN P G. The selling of the public library: It's not just "outsourcing," it's privatization [J]. Library Journal,1998(13): 50-52.
④ BOSS R W. Guide to outsourcing in libraries [J]. Library Technology Reports,1999(5): 559-681.
⑤ 曹磊. 英国公共图书馆发展面临危机 [N]. 中国文化报,2016-06-22(7).
⑥ ANSTICE I. Privatized libraries/Outsourcing library services [EB/OL]. [2020-10-25]. http: //www.publiclibrariesnews.com/campaigning/privatized-libraries-outsourcing-library-services.

设施的服务质量和效益、缩减财政开支。①另有研究者认为公立图书馆对于指定管理者制度的引进率很低,并且指定的期限不长,因此,图书馆长期运营计划、职员的研修和培养等问题难以得到妥善解决。②安藤友張对指定管理者制度进行了全国范围内的调查,共分发给67个地方政府和107个公共图书馆,总结出指定管理者制度的优点是能改善用户服务和降低成本,缺陷在于图书馆管理不稳定和图书馆员的劳动条件恶化。③日本图书馆协会认为公立图书馆不适合社会化运营,对公司社团运营下公立图书馆的公益性、服务的专业性及员工队伍的稳定性和素质表示担忧。④

通过国外文献研究可以看出,在商业领域中,非核心业务最有可能被外包,而核心竞争功能始终会保持在公司内部。由于图书馆处在一个不断发展的环境中,图书馆资源和服务的核心内容也都在不断变化中,因此对图书馆业务和管理外包的争议也将持续下去。

二、国内研究现状

(一)研究文献发表概况

为检索政府购买公共图书馆运营服务的相关主题论文,笔者于2020年3月通过中国知网,以学术期刊、博硕和会议数据库为检索范围,发表时间截至2019年12月,以篇名"政府购买"或"外包"或"社会化"+篇名"图书馆"为表达式进行模糊检索,排除与研究内容关联度低的高校图书馆、采编业务、自动化系统、自建数据库、流通、物业等外包方面的论文,共检索到有关论文136篇,其中硕士论文12篇。以"政府购买图书馆(公共)服

---

① 鲍延明. 日本公共图书馆管理变革与运营研究[J]. 图书馆杂志,2007(6):61-63.
② 沈丽云. 日本图书馆概论[M]. 上海:上海科学技术文献出版社,2010:78.
③ 安藤友張. 公立図書館経営における指定管理者制度導入に関する現状調査[J]. 日本図書館情報学会誌,2008(54):253-269.
④ 社団法人日本図書館協会. 公立図書館の指定管理者制度について[EB/OL].[2019-06-25]. http://www.jla.or.jp/Portals/0/html/kenkai/200812.pdf.

务"主题发表的论文,由于其内容涉及公共图书馆的运营外包服务,因此,笔者将这部分论文也纳入统计范围。同时,通过文献追溯法,笔者检索到1987—2009年我国有5篇介绍日本和美国图书馆管理外包的论文发表。按照年代分布统计的发文量见表1–1。

表1–1 研究论文的年代分布情况

年代	篇数/篇	年代	篇数/篇	年代	篇数/篇
1987	1	2006	0	2014	10
1999	1	2007	0	2015	19
2000	1	2008	0	2016	21
2001	0	2009	1	2017	25
2002	0	2010	0	2018	28
2003	1	2011	1	2019	20
2004	0	2012	2		
2005	0	2013	5		

从表1–1可知,我国图书馆界将公共图书馆运营外包问题纳入研究视野始于1987年,即吴建中撰文介绍日本图书馆界关于委托管理的争论,此后未出现相关成果。直到1999年,沈丽云、鲍延明等发文介绍美国、日本政府购买公立图书馆运营服务的背景、政策与实践,讨论国外图书馆外包观点的分歧,但仍未引起学者更多的关注,此期间的研究成果寥寥。2011年,我国出现无锡市无锡新区图书馆、广州市南沙区图书馆整体外包的实践案例,引发学术界对图书馆运营新模式的关注,代表性的成果是2012年陈俊翘、徐文贤等通过实证研究介绍广州市南沙区、增城区新塘镇等基层图书馆外包的经验与得失。随着2013年国家鼓励公共文化设施社会化管理的政策密集出台,我国公共图书馆运营服务外包案例不断增多,有关研究文献自2014年急剧增加。陆和建以图书馆社会化管理、易斌和刘涛以政府购买图书馆服务、关思思以国外图书馆管理外包为研究主题发表系列文章,形成该领域核心作者群体。该时期文献研究重点集中在实践案例介绍、运行机制分析及监督考评体系探讨。政府购买公共图书馆运营服务仍是学界

一个重点研究的领域,在图书馆服务购买的基础理论、经费测算、绩效评估体系、国外相关案例介绍等方面都有待进一步的研究和探讨。

(二)主要研究内容分析

通过对相关研究成果的归类和分析,研究主题主要集中在国际经验、理论基础、运行机制、质量控制、绩效评价等方面。

1.国际经验的研究

我国政府购买公共图书馆运营服务模式尚未成熟,仍然处于改革创新阶段,与世界发达国家的实践探索和学术研究相比还有不小的距离。因此,梳理国外图书馆服务外包的运营模式、借鉴国外图书馆管理外包的发展经验,对于我国正处于蓬勃发展中的公共图书馆具有重要的意义。吴建中(1987年)介绍日本地方图书馆实行委托管理制度的由来,阐明政府和社会团体、图书馆员对该制度实施的不同态度及纷争,认为日本实行委托管理的核心是图书馆的人事制度,委托管理的目标是效率化经营。[1] 鲍延明(2003年)总结日本公共图书馆外包带来的节约经营成本等积极效果和馆员专业知识不够等问题,探讨日本图书馆外包经验为我国深化改革提供有益借鉴,例如,公共图书馆与市场化环境、服务管理观念之变革、强化一线服务与人员配备、抓住改革的时机等。[2] 刘海丽(2015年)认为美国公共图书馆管理外包存在着各种问题,包括:图书馆运营费用和服务质量并不一定成正比;员工身份改变导致待遇下降;未实行管理外包的图书馆不愿和他们进行资源共享;运作管理透明度不高;思想信息自由流动受到影响。[3] 李姝娟(2016年)提出英国政府保障购买图书馆公共服务的主要措施是,制定和完善政府购买的法律制度;做好专门购买资金的预算保障工作;以非营利性组织为主要购买对

---

[1] 吴建中. 日本图书馆界关于委托管理的一场争论[J]. 图书馆杂志, 1987(1): 58–59.
[2] 鲍延明. 东瀛图书馆界的变革与争论——图书馆"业务外包"的实践与思考[J]. 图书馆杂志, 2003(12): 57–60.
[3] 刘海丽. 美国公共图书馆"管理外包":模式、争论与冲突[J]. 图书馆建设, 2015(7): 10–13, 18.

象；规范购买行为和流程；强化合同监督管理作用。[①]

2. 理论基础的研究

一种行之有效的图书馆服务社会化供给模式需要深厚的理论基础。近年来，研究者在各地实践探索的基础上提出许多新观点、新概念和新理论，不仅为我国公共图书馆改革与发展提供理论上的有力支持，而且推动了政府购买图书馆服务的实践发展。胡莲香（2016年）认为政府购买图书馆服务范围是由三个方面决定的，即图书馆服务市场的成熟度、图书馆服务的性质和政府购买服务政策的性质。[②] 黄佳等（2017年）提出要通过充分的法律依据来明确政府购买图书馆服务的范围和边界，以及规范和限制政府购买服务的权力。[③] 刘涛（2017年）通过分析图书馆服务三种政府供给模式的效率与非效率解，提出加强供给效率的启示。[④] 杨晓东（2018年）论述了政府向社会力量购买图书馆服务所包含的六个机理，即破除行政垄断要引入市场契约；合理分解和重塑供给过程及环节；图书馆服务供给优化产生于多种供给机制；图书馆服务供给来源于政府、市场和社会多种力量；服务生产者供养被服务事项购买所替代；图书馆服务理性供给离不开制度化的构建。[⑤] 金武刚（2019年）认为公共图书馆社会化发展改变的只是供给模式，其公益属性本质不可更改。[⑥]

3. 运行机制的研究

为促进政府购买图书馆服务的规范运作、健康运行，提升政府购买图书馆服务的质量和效益，需要探索出适合我国图书馆服务外包的科学合理的运

[①] 李姝娟. 英国政府购买图书馆公共服务的演进、特征及启示[J]. 图书馆建设, 2016(11)：84-88, 101.

[②] 胡莲香. 政府购买图书馆服务范围的战略决策探究[J]. 图书馆理论与实践, 2016(12)：52-56.

[③] 黄佳, 黄志勇, 谢根甲. 政府购买图书馆公共服务权的边界和规制[J]. 图书馆, 2017(2)：8-12.

[④] 刘涛. 图书馆服务供给模式的效率表现与非效率解——以政府购买图书馆服务为背景[J]. 山东图书馆学刊, 2017(4)：4-9, 49.

[⑤] 杨晓东. 变革的逻辑：政府向社会力量购买图书馆服务的机理分析[J]. 图书馆研究与工作, 2018(3)：25-30, 55.

[⑥] 金武刚. 跨界VS越界：新时代公共图书馆社会化发展定位、边界与突破[J]. 图书馆杂志, 2019(5)：4-12.

行机制。张庆伟（2016年）指出政府在购买图书馆服务过程中，政府、社会力量、图书馆三者运行机制是，政府调控图书馆的购买方向、层次、结构和类型；政府为促进社会力量购买而制定政策法规和实施办法；社会力量与图书馆是建立在共赢互惠基础上的合作关系。① 易斌等（2016年）提出政府向社会力量购买图书馆运营服务是一种"政府承担、定项委托、合同管理、评估兑现"的新型公共服务提供模式，他们之间的具体逻辑关系为：政府和承接方通过签订合同，对其进行监督考核和支付费用，承接方为社会民众提供服务，社会民众对承接方的服务进行反馈评价。② 南晓凡（2016年）认为实现基层图书馆社会化管理模式的路径是政府监管图书馆工作，专业机构提高馆员的专业素养并完善图书馆基础设施，政府通过法律进行规范、政策加以引导、财政大力扶持等手段发展专业机构。③ 刘涛（2018年）认为政府购买图书馆服务创新机制是合作治理，即通过创新治理制度、明确各方责任、激发动力和创造社会资本等措施来建立多元主体的横向互惠合作关系。④

4. 质量控制的研究

管理外包的运行风险将影响图书馆服务供给质量和读者满意度，导致政府和社会力量的合作难以持续，为政府的形象带来负面影响，因此，如何控制风险和提升外包成效，是目前政府和图书馆界面临的重要课题。徐文贤等（2013年）通过实证研究广州市南沙区图书馆外包案例，提出外包完善对策，包括推广图书馆外包工作应有序进行、正确认识图书馆外包的优劣势、外包招投标应公开透明、监督管理主体和方式应多元化。⑤ 陆和建等（2015年）就芜湖市镜湖区图书馆社会化管理实践，认为政府应当为社会化管理提供法律法规保障，为社会化管理的项目和内容确立具体标准，并建立科学、实时

---

① 张庆伟. 政府购买公共图书馆服务模式研究［J］. 图书馆工作与研究，2016（10）：15-18.
② 易斌，郭华，易艳. 政府购买公共图书馆运营服务的内涵、模式及其发展趋向［J］. 图书馆，2016（1）：19-24.
③ 南晓凡. 基层图书馆社会化管理模式研究［J］. 河北科技图苑，2016（1）：13-15, 66.
④ 刘涛. 从政府购买到合作治理：图书馆服务供给机制创新研究［J］. 图书馆研究，2018（2）：6-13.
⑤ 徐文贤，康福婷. 公共文化服务体系下的社区图书馆外包［J］. 图书馆论坛，2013（6）：67-71.

的监督与评估体系,而企业应当建立合理的馆员薪酬管理及奖惩机制,提升馆员的专业素养,开展公益性的特色文化活动。① 易斌等(2015年)认为在购买图书馆运营服务的实践中,政府应当积极培育文化非营利组织、采用独立关系竞争性购买方式、发挥承接方的专业办馆优势、倡导三方合作模式。② 刘晓婷等(2016年)认为应当由政府、读者和第三方机构共同组成评估主体,对政府购买图书馆服务的质量和数量进行评估审计。③ 李国新(2019年)通过调研发现,当前政府购买公共文化服务方式存在许多发展瓶颈,重点要加大承接组织的培育力度、完善政府购买公共文化服务的政策体系、转变政府监管的观念和方法。④

5. 绩效评价的研究

政府购买图书馆服务模式究竟买得值不值,是否达到了政府购买服务的目的,涉及对具体购买行为进行绩效评价。它分为定性和定量两种,定性的绩效评价是通过一些主观判断或认知来评价,定量的绩效评价是根据服务效率指标进行测量。陈俊翘等(2013年)通过调研增城区新塘镇图书馆服务总体外包情况,认为图书馆的公益性和专业性没有受到外包的影响,馆员的工作稳定,服务的持续性问题有待观察,整体而言,外包达到预期效果。⑤ 郭新萍(2015年)认为政府购买图书馆服务绩效评估体系包括四方面,即评估指标的选择、购买模式的影响、读者与社会评估、评估结果的运用。⑥ 李笑寒(2017年)根据政府购买区县级公共图书馆服务过程所处的不同阶段,将绩效评估指标分为购买项目、购买过程、资源建设、服务水平、服务效果5

---

① 陆和建,周乃泉,吴凡. 我国区级公共图书馆社会化管理机制创新研究[J]. 图书馆建设,2015(10):10-13.
② 易斌,郭华. 政府购买图书馆运营管理服务的比较研究——以北京市朝外地区和无锡市无锡新区为例[J]. 情报资料工作,2015(2):73-77.
③ 刘晓婷,赵胜,赵宇鹏,等. 政府购买图书馆公共服务模式研究[J]. 图书情报工作,2016(15):53-58.
④ 李国新. 完善农村公共文化服务政府购买政策与机制[J]. 行政管理改革,2019(5):24-26.
⑤ 陈俊翘,全洪立. 公共图书馆总体外包争论焦点的个案探究——以增城市新塘镇图书馆为例[J]. 图书馆杂志,2013(1):38-43.
⑥ 郭新萍. 政府购买图书馆服务绩效评估初探[J]. 图书馆学刊,2015(8):21-23.

个一级指标，用户对图书馆服务的需求等14个二级指标和43个三级指标，并确定了绩效评估指标的权重计算和评估模型的构建。①张守卫（2018年）探讨政府购买图书馆服务绩效评价指标体系的指标设置，包括基础设施设备利用率、信息资源利用率等5个一级指标，馆舍利用率、设备利用率等19个二级指标和53个三级指标。②

  从整体上看，国内外成果为笔者研究奠定良好的基础，同时，也留下相当大的研究空间：一是对我国政府购买图书馆运营服务所导致的消极因素研究不够全面；二是对我国政府购买图书馆运营服务所涉及的相关要素适用性、监督与评价机制、绩效及其影响因素、市场主体的培育与规范等关键问题研究不够深入；三是对发达国家图书馆管理外包的理论成果和实践经验在我国的适用性研究不够成熟；四是对我国政府购买图书馆运营服务的相关基础理论研究不够丰富。

第三节　研究目标与意义

一、研究目标

  公共图书馆运营服务的购买机制研究不仅关系到图书馆服务供需矛盾的解决，甚至可以推动政府进行国家治理方式的变革，笔者意欲通过研究实现以下目标。

---

① 李笑寒. 政府购买区县级公共图书馆服务的绩效评估研究［D］. 保定：河北大学，2017.
② 张守卫. 政府购买图书馆服务绩效评价指标体系的构建［J］. 四川图书馆学报，2018（1）：19-22.

（一）总结发达国家图书馆管理外包的经验和教训

西方发达国家很早就实施图书馆委托管理制度。美国加利福尼亚州河滨县（Riverside County）于1997年开始实行公共图书馆管理外包，截至2014年年底，美国有90家公共图书馆实现整体业务和管理外包。1981年，日本京都市政府通过"委托管理"方式，将市立图书馆的管理权委托给该市社教振兴财团[①]，至2014年，日本3246所公共图书馆中的426所实施指定管理者制度，占全国公共图书馆总数的13.1%[②]，有近90所高校图书馆实行指定管理者制度，占全国总数的5.9%[③]。与我国相比较，发达国家图书馆管理外包在法律政策、运行机制、监管体系等方面都经历不断改进、不断完善的过程，系统总结、分析和提炼国外图书馆管理外包的成效、经验和教训，将为我国的理论研究和实践应用提供借鉴与启迪。

（二）探索适合我国国情的公共图书馆运营服务购买体系

自2010年以来，我国基层政府在购买公共图书馆运营服务方面有许多改革创新的典型案例，并取得良好效果和宝贵经验。应通过全面调研我国政府购买公共图书馆运营服务的制度建设、实践做法、服务效益及发展障碍，深入探讨社会力量参与的途径、法律保障、运行机制和评估体系，对政府购买公共图书馆服务的实践案例进行分析和总结，探索适合我国国情的公共图书馆服务购买体系，为政府决策和政策制定提供参考。

（三）提高社会组织参与公共图书馆运营服务的能力

面对当前公共文化服务社会化发展的难得机遇，社会组织面临着自身能

---

① 陈俊翘，诸葛列炜. 新公共管理影响下的国外公共图书馆总体外包研究——以美英日为例[J]. 图书馆论坛，2013（1）：52-58.
② 曹磊. 日本公共图书馆社会化运营发展历程及问题[J]. 中国图书馆学报，2017（3）：119-131.
③ 刘淑华. 图书馆业务外包及其发展趋势[M]. 北京：国家图书馆出版社，2015：16.

力不足的困境，包括和政府部门的沟通交流能力、政策理解能力、竞争意识和运营水平等。通过研究，不仅为政府加强引导、培育社会组织的发展提供对策，而且为社会组织转变观念、积极参与市场竞争、提高服务供给的质量和效益提供典型案例及有益帮助。

（四）促进学界加强政府购买公共图书馆运营服务的研究

当前，公共图书馆运营模式的转变尚未引起基层政府的足够重视，图书馆界对此也缺乏应有的关注。这不仅表现在政府购买公共图书馆服务的政策制度、行业规范、参考文本、实施细则等处于空白状态，而且相关科研成果还不够系统、深入，与公共图书馆总分馆体系、公共文化数字化服务、公共图书馆法人治理、特殊群体文化服务等研究热潮相比，公共文化设施运营的社会化尚未形成理论和实践高度互动的研究热点，学术研讨会也难以见到将其作为主题或分主题进行专题讨论。本书希冀通过研究成果能引发更多的学术关注，推动该领域的学术研究。

二、研究意义

（一）学术价值

1. 丰富图书馆学及公共文化服务理论体系

借鉴国内外学界在新公共管理理论、新公共服务理论、公共物品供给理论、委托代理理论等方面的研究成果，探索我国政府购买公共图书馆运营服务方式发展的一般规律，从而为我国的实践提供理论支撑。同时，为社会力量参与公共文化建设的研究提供素材，丰富和发展我国学术界关于公共文化服务多元化供给的基本理论研究。

2. 为公共文化服务领域的法律政策完备提供支撑

《中华人民共和国公共文化服务保障法》《中华人民共和国公共图书馆法》先后将公共文化设施运营和管理的社会化纳入法律保障范围，但现实中可供操作的相关制度缺失，有待政府出台具体的公共文化服务购买实施条例或细则。研究成果将为公共文化法律政策体系的进一步完善提供理论依据和实践支撑。

（二）应用价值

1. 政府由办文化转向管文化的需要

社会力量参与基层图书馆运营有利于政府转变职能，实现政事分开、管办分离，促进政府从统包统揽的"全能型政府"转向职责分明的"服务型政府"，从而提高公共文化服务的供给质量和效率，满足群众对公共阅读服务的多样化、个性化需求。

2. 完善基层图书馆运营模式的需要

针对当前我国政府购买基层图书馆运营服务中存在的问题，笔者结合实践案例的不同特点和国外经验，因地制宜地提出解决问题的对策，使其成为典型和可复制的方案，为政府选择适合自身的基层图书馆运营模式提供参考意见，释放和变现理论研究的价值。

3. 构建我国现代公共文化服务体系的需要

随着公共文化服务体系建设的全面推进，为解决基层公共文化设施运营成效不高的状况，全国各地加大政府购买公共文化服务的力度。面对社会力量积极参与公共文化服务供给这一主题，本书力图探讨市场机制和手段在基层图书馆服务提供上的可行性与实现方式，突破基层图书馆发展的瓶颈，推动覆盖城乡、便捷高效的现代公共文化服务体系的构建。

第二章

政府购买公共图书馆运营服务概述

政府在配置公共图书馆资源、为民众提供图书馆服务、促进社会公平、推动公共文化服务均等化等方面具有责无旁贷的责任和义务，并成为图书馆服务的核心供给者。但在实践中，政府提供公共图书馆服务低效的现象时有发生，这使其面临越来越多的非议。为实现图书馆服务公平而高效供给，理论界和实务界正在达成一种共识，即在图书馆服务的供给过程中，发挥政府、市场和社会各自的优势与作用，形成政府主导、市场主体和社会组织广泛参与的多元供给体系。

第一节　公共图书馆运营模式的转变

一、政府提供公共图书馆服务的传统模式及其弊端

（一）政府提供公共图书馆服务的传统模式

公共图书馆服务是指政府为满足和保障公民基本的阅读文化诉求与权利，依托公共图书馆向全社会提供文献借阅、阅读推广、公共电子阅览、参考咨询等服务。公共图书馆服务最主要的外部效应是公共性、社会性、公益性，因此，政府作为公共利益的代言人，义不容辞地承担起向社会供给

图书馆服务的重大责任。①我国现行的公共图书馆建设和管理体制是以行政隶属关系为基础，即采取"一级政府对应一级图书馆"的方式，分为国家、省（自治区、直辖市）、设区市、县（区）、街道（乡镇）五个等级，其中县（区）、街道（乡镇）等级的公共图书馆常称为基层图书馆②。政府作为公共图书馆唯一的建设和管理主体，在为公众提供图书馆服务的传统模式中承担着多重角色，它既是图书馆服务的出资者、生产者和提供者，又是规则制定、执行、评估和监督者。例如，国家不仅投入大量财政资金建设图书馆馆舍，购置书刊资料、书架、阅览桌椅、计算机等设备，承担图书馆开放所需的办公、读者活动、水电物业等经费，而且委派图书馆管理者，招募事业编制的馆员，由政府向社会公众免费供给公益性文化服务，社会公众是文化服务的消费者、享用者。同时，政府为评估自身生产服务的效果和效能，一般采用主管行政部门听图书馆管理者的汇报（述职）、看他们准备的材料、走服务现场的传统考核方式。由于政府扮演着既当"运动员"又当"裁判员"的角色，一般不会采用严格、系统的绩效评估体系对隶属公共图书馆的运营情况进行考核。

政府直接提供公共图书馆服务模式具有独特的优势。其一，公益性服务方向易于坚持。由于公共图书馆的办公经费、人员经费、活动经费等都是国家财政承担，管理者不存在盈利的压力，因此，在制定资金支出、安排服务计划、使用活动场地、设置管理机构上都能体现公益性的办馆方向。其二，公共图书馆服务能力不断提高。当前，公共文化建设普遍纳入各地政府职能部门的目标责任考核指标，通过开展公共文化考核和公共图书馆评估定级工作，各地政府对图书馆的重视程度有极大的提升，推动着公共图书馆的场馆建设、设施设备和安全设施达到国家标准，资源建设和业务开展符合定级要求，为读者服务的专业水平不断提升。其三，可持续发展受到保障。由于公

---

① 齐玲阁. 从政府包揽到社会供给——实现公共图书馆服务的新型模式[J]. 图书馆工作与研究，2016（4）：5-9.
② 本书所称的基层图书馆包括上海、合肥等城市中相当于街道级别的社区图书馆，但不包括村（社区）图书馆（室）、城市书房、公共阅读空间、农家书屋等公共阅读机构。

共图书馆经营主体单一，开放经费受到财政保障，管理和专业人员队伍稳定，图书馆的办馆理念和各项服务具有延续性和长期性，随意停止服务等意外情况基本不会发生。

（二）政府提供公共图书馆服务传统模式的弊端

创办公共图书馆以保障公民的基本文化权益是政府的职责，但多重角色的混杂往往使政府在公共图书馆服务供给中存在活力不够、发展动力不足、效率不高、回应社会需求迟钝等诸多弊端。

1. 政府监督管理职能的削弱

一方面，政府直接生产和提供图书馆服务，必然承担大量的公共图书馆事务性工作，当政府忙于公共图书馆的正常运营时，日常的监督管理职能很可能履行不够及时、到位；另一方面，政府既当"运动员"，又当"裁判员"，自己评价自己的模式不仅影响服务绩效考核的客观性、公正性，而且容易导致监督管理职能行使不力、流于形式，公共图书馆服务质量得不到保障，甚至出现不当利益的交换。

2. 财政资金投入的低效

一方面，政府对公共图书馆业绩的考察往往重视社会效益，并没有将经济效益作为关键指标，再加上经济效益的衡量比较困难，缺乏统一、科学的标准，管理者缺乏追求降低服务成本的压力和动力，因此，公共财政资金的经济使用效率普遍不高；另一方面，由于缺乏优胜劣汰的市场机制，竞争不足造成的后果是公共图书馆服务的政府供给质量不高、数量不足，办馆效益不明显。例如，为加强基层公共文化服务体系建设，一些街道社区图书馆的馆舍面积扩大了、环境条件改善了、文献资源增加了，但坐等读者上门的服务方式没有改变，导致到馆的读者人数仍然寥寥。

3. 公共图书馆服务缺乏精准性

由于政府长期存在包揽一切的惯性思维，政府部门很少向社会公开征求服务需求的意见，社会公众对政府提供的图书馆服务一般只能被动接受，政府提供什么类型、什么质量和数量的图书馆服务，公众就接受什么样的图书馆服务，这就使提供的服务与群众需求契合度不高。即便公众的公共文化服务需求反馈渠道畅通，当地政府也只能根据自身的经济和社会发展水平，为满足多数公众的需求偏好提供特定的图书馆服务[①]，而公众对公共图书馆服务的多元化、个性化需求难以得到满足，造成供不适求的矛盾。

4. 公共图书馆服务多元化供给受限

长期以来的政府垄断、文化管控模式，严重抑制文化市场的活力和各类文化机构、社团的发展，尤其是社会组织缺乏发展的土壤。我国现阶段社会组织的募集资金能力有限，大多数社会组织几乎没有接收到来自社会各界的捐赠[②]，而政府单一主体供给公共图书馆服务又导致社会组织缺乏参与公共文化服务的机会，其发展资金不足、专业队伍经验少、品牌和影响力弱等问题得不到有效解决，公众对社会组织不了解、不信任的状况又使政府的补位持续深入强化，如此形成社会力量多元化供给的死结。[③]

（三）传统模式的弊端产生原因

政府直接提供图书馆服务的传统模式存在的弊端，可能使其无法满足群众的阅读需求，究其原因主要包括以下内容。

1. 政府角色定位不准确

由于我国长期实行计划经济体制，政府习惯于自上而下的行政命令和指令的管理模式，直接干预企业、事业单位的生产经营、管理决策，过度扩张的政府权力渗透到社会生活和经济活动的方方面面，在公共服务的提供中扮演着"生产者、控制者、监督者"的角色。这种情形导致：一方面，政府还没有完全从经济活动中"跳"出来；另一方面，许多本该由政府履行的职能

---

① 邓银花. 图书馆建设中社会力量的参与模式研究 [J]. 山东图书馆学刊, 2015（5）：29-32.
② 何平, 吴楠. 政府购买公共服务法律规制研究 [M]. 合肥：合肥工业大学出版社, 2014：122.
③ 金莹. 基层政府购买公共文化服务的理论与实践 [M]. 武汉：武汉大学出版社, 2017：74-75.

却没有履行好[①]，政府角色的缺位和错位致使公共图书馆服务的提供不到位。

2. **"官本位"思想的影响**

当前，"官本位"等封建残余意识仍然在一定范围内存在，影响我国"服务型政府"的建设，阻碍公务人员服务意识的养成，尤其对基层政府的公职人员产生了不良影响。基层政府公职人员处于服务性质的岗位，与基层群众接触最多，他们若过多关注自身晋升，一切工作以"唯上是从"为出发点，怠于调研，不把自身置于群众代言人的正确位置上，那么就会出现服务工作中的政绩主义、形式主义，忽视群众的文化需求及缺乏服务意识等一系列现实问题。[②]

3. **评估考核机制不完善**

在传统办馆模式下，政府对公共图书馆服务成效的考核方式呈现表面化、单一化特征，主要是平时的工作视察、管理者的请示汇报和述职；考核内容也不够系统、科学，往往以软硬件设施的现代化程度和读者利用图书馆的频次作为考核重点；对图书馆管理者的评价也往往以行政努力付出的多少来衡量。在这种政府评估考核机制的影响下，图书馆管理者往往过于注重举办读者活动的数量，忽视群众的参与度；注重书刊流通的次数，忽视读者的个性化阅读需求和特色资源的建设；注重读者利用图书馆人次，忽视特殊群体的阅读需求；注重图书馆的自动化程度，忽视财政资金投入的效率与效益；注重现代化技术的运用，忽视人文环境、服务意识等全面实力的提升。

4. **群众反馈机制不健全**

政府习惯于唱"独角戏"，不重视群众的文化服务需求。到群众中调研，往往通过问卷调查和座谈会的形式，缺乏深入群众调查了解的工作作风和认真听取群众意见建议的工作态度，缺乏通过现代技术进行群众意见收集的工作创新意识。例如，有课题组调查当地政府准备提供文化服务时的工作方式，只有

[①] 林章悦，刘忠璐，魏鹏，等. 建设服务型政府，实现公共服务提供主体多元化[J]. 科学发展，2014（3）：92–100.

[②] 李敏. 基层政府在购买基本公共文化服务中的责任研究[D]. 重庆：西南政法大学，2016：35.

18.18% 的受访者认为政府一般会征求群众的意见,有 19.65% 的受访者认为政府从来不会征求群众的意见,更有 36.88% 的受访者表示不清楚这个事情。①

二、公共图书馆运营模式转变的现实需求

(一)政府办馆能力存在缺陷

1. 图书馆事业编制缺口大

近年来,随着我国事业单位分类改革的不断推进,各地普遍对事业单位新增编制进行严格控制,再加上公共图书馆的编制定额缺乏可依据的国家法规或政策,致使公共图书馆尤其是新设立的基层图书馆事业编制普遍非常缺乏。例如,2012 年,对于需要新增的公共服务,广东省提出将由各级各部门以购买社会组织服务等方式提供,原则上不再设立新的事业单位,不再新增事业编制。②北京市街道和社区图书馆一般不设馆员编制,馆员来源于社会招聘人员、志愿者、有编制人员兼任等。③同时,我国正在全面推进基本公共文化服务的标准化、均等化,对基层图书馆的服务内容、服务水平、服务范围提出更高的要求,包括:公共图书馆除了传统的图书借阅服务外,还要开展主题读书活动、举办讲座和展览、开办培训班等常规工作;图书馆开放时间不断延长,不仅晚上和双休日开放,法定节假日也要开放;县(区)级图书馆要建设文化信息资源共享工程、数字图书馆推广工程等国家重点文化工程,并做好总分馆服务体系、地方文献收集、基层业务指导、流动服务点建设等工作。因此,在国家压缩行政事业编制的宏观政策下,随着基层图书馆的服务时间不断延长、服务任务不断加重、服务项目不断增多,缺乏应

---

① 孙政,吴理财. 公共文化服务刚性供给与文化需求弹性发展的矛盾及解决之道——基于 12 省 25 县(区)的公共文化服务体系问卷调查 [J]. 广州公共管理评论,2013:72-94,348.
② 彭国华. 政府购买公共服务再释"积极信号" [EB/OL]. (2013-08-07) [2020-08-12]. http://politics.people.com.cn/n/2013/0807/c70731-22472585.html.
③ 吴汉华,胡洁,宋家梅. 我国 10 省市基层图书馆现状调查分析 [J]. 图书情报工作,2012(21):16-21.

有事业编制数量导致图书馆很难满足群众日益增长的文化需求。

2. 办馆资金的财政投入不足

近年来,我国中央财政对文化事业经费的投入快速增长,特别是从2011年开始,中央对地方公共图书馆免费开放进行专项资金的补贴,推动图书馆事业的发展。但是,与群众日益增长的文化需求相比,财政投入仍严重不足,公共图书馆的经费增长幅度低于同期的国家财政增长幅度,经费总额在国家财政总额中所占比重下滑。[①] 尤其是许多基层政府的财政仍是"吃饭财政",公共图书馆服务体系的建设缺乏强有力的财政保障和支撑。有学者在实地调研中,发现一些地区对公共文化事业不重视,以地方财政困难为由,并没有按照中央政策完成地方财政应该承担的免费开放补贴任务,以至于出现中部地区一些县级图书馆实际只拿到了每年10万元的中央财政补贴经费。[②] 2017年,四川省县(区)级图书馆中年购书经费在2万元以下的有58个,甚至有27个县(区)级图书馆购书经费为0元,图书更新远不能满足读者的阅读需求。[③] 政府对基层图书馆办馆经费投入严重不足将是长期困扰图书馆事业发展的问题。

3. 馆员工作积极性不高

由于各种原因,作为公益性事业单位的公共图书馆在用人机制方面缺乏足够的自主权。馆员工作效益与薪酬没有直接关系,危机感、紧迫感和工作压力的缺失导致馆员的工作热情不高、创新动力不足、竞争意识不强。另外,基层图书馆往往人少事杂,安全稳定、环境治理、卫生防疫、科普宣传、文化教育、精神文明创建等都要面面俱到[④],专业技术人员本来就相当缺乏,还要花费大量时间和精力去从事专业技术以外的大量烦琐事项,这也容易导致一些专业技术人员产生职业倦怠,逐渐丧失工作的热情和兴趣。

---

① 龚蛟腾. 城镇化进程中基层公共图书馆建设研究 [M]. 北京:知识产权出版社,2016:97.
② 杨玉麟,王茜,喻莉君. 春风劲吹,任重道远:现阶段我国公共图书馆事业发展基本态势及存在问题 [J]. 山东图书馆学刊,2015(3):1-8.
③ 刘佳. 四川有27个县级图书馆购书经费为0元 [EB/OL]. (2017-07-25) [2018-06-20]. http://sichuan.scol.com.cn/ggxw/201707/55958842.html.
④ 徐文贤,霍建梅. 基层公共图书馆管理外包实践与思考 [J]. 新世纪图书馆,2015(8):73-76.

（二）群众日益增长的文化需求

20世纪八九十年代，正值我国经济转型、社会转型期，改革开放和社会主义市场经济的确立，使人们将精力和注意力放在发展经济、解决温饱问题上，对文化需求的迫切程度相对较低，大多数基层图书馆的任务只是打开门来接待读者借阅图书、报刊，在当时尚能满足群众的阅读需求。进入21世纪，我国的经济实力有了很大的提升，人民群众的生活水平快速提高，当前我国群众的温饱问题得到解决，在中华大地上全面建成了小康社会。马斯洛的需求层次理论提到，当一个低层次的需求获得满足之后，人们便会产生更高层次的需求。[①]同理，在人们的生存和安全等低层次需求得到满足的基础上，群众的阅读需求开始从低层次、单一化转变为多层次、多样化，以满足自我尊重、自我实现等更高层次的文化需求[②]，而传统的图书馆办馆模式已经难以满足群众追求高质量的阅读体验，公众在公共文化服务方面的满意度偏低。根据《文化建设蓝皮书：中国文化发展报告（2015—2016）》，在对"公众文化需求满意状况的总体评价"的回答中，有6.31%的人认为"很不好"，有21.46%的人认为"不太好"，有60.65%的人认为"一般"，三者合计占总数的88.42%，这表明大多数受访公众认为，目前公众文化需求的满意度并没有得到很好的解决。[③]另据权威机构调查，我国成年国民对当地举办全民阅读活动的呼声较高，2018年有67.3%的成年国民认为有关部门应当举办读书活动或读书节。[④]

（三）公共图书馆服务供给严重不足

近年来，我国公共图书馆服务体系的建设取得快速发展，但与我国庞大

---

① 董彦龙，王东辉. 微观经济学简明案例教程［M］. 武汉：武汉大学出版社，2014：16.
② 李敏. 基层政府在购买基本公共文化服务中的责任研究［D］. 重庆：西南政法大学，2016：22.
③ 张雯鑫. 我国文化建设成就显著，但仍存在四方面不足——《中国文化发展报告（2015—2016）》指出［EB/OL］.（2016-06-30）［2019-06-19］. https://www.pishu.cn/psgd/377830.shtml.
④ 中国新闻出版研究院全国国民阅读调查课题组. 第十六次全国国民阅读调查主要发现［J］. 出版发行研究，2019（6）：33-36，23.

的城乡服务人口规模相比,公共图书馆服务体系仍然非常落后。其一,公共的图书馆设施和资源严重不足,人均拥有量低。2017年,我国拥有公共图书馆数量为3166个,平均每万人图书馆建筑面积109平方米,每43.9万人才拥有一座公共图书馆,人均图书藏量为0.7册,人均购书费1.7元。[①]这不仅与英、美、德、奥等发达国家平均几千人至1万余人拥有一所公共图书馆相去甚远,而且大大落后于国际图书馆协会联合会20世纪70年代制定的每5万人应拥有一所公共图书馆、人均藏书为1.5~2.5册的公共图书馆设置标准。[②]其二,公共图书馆服务效能和水平长期处于低水平,资源与服务的利用率不高。2017年全国公共图书馆人均到馆数仅为0.536人次,人均书刊外借量只有0.396册次,人均参加读者活动(讲座、展览、培训等)数为0.157人次。[③][④]公共图书馆服务供给现状表明,群众日益增长的文化需求得不到满足。虽然中央和地方财政逐年提高公共文化服务的投入,但仅凭不充足的国家财力无法快速解决城乡公共图书馆服务供给的缺口问题。因此,政府有必要通过市场机制,选择与社会力量合作办馆,借助社会力量的办馆资金、文献资源和专业人才共同提供公共图书馆服务,这是解决城乡公共图书馆服务供给不足问题的必由之路。

三、公共图书馆运营模式转变的可行性

(一)法律政策的强力推动

近年来,为推动现代公共文化服务体系的构建,提高公共文化服务的供给质量和效率,中央和地方政府出台了一系列法律和政策文件,为政府购买公共图书馆服务提供有效的指引和强大的保障。其一,国家法律法规的实

---

① 中华人民共和国文化部. 文化发展统计分析报告(2017)[M]. 北京:中国统计出版社,2018:369-371.
② 龚蛟腾. 城镇化进程中基层图书馆建设研究[M]. 北京:知识产权出版社,2016:97.
③ 同①:6.
④ 2017年年末,中国总人口(包括31个省、自治区、直辖市和中国人民解放军现役军人,不包括香港、澳门特别行政区和台湾省及海外华侨人数)139008万人。

施。《中华人民共和国公共文化服务保障法》《中华人民共和国公共图书馆法》明确规定，鼓励和保障社会力量参与图书馆服务；《中华人民共和国政府采购法》《政府购买服务管理办法》对政府购买图书馆服务工作进行了制度规范；各地在建设公共文化服务体系过程中，以地方立法的形式，明确政府主导、社会参与的公共文化服务格局，如《上海市社区公共文化服务规定》(2012年)、《广东省公共文化服务促进条例》(2011年)、《江苏省公共文化服务促进条例》(2015年)、《天津市公共文化服务保障与促进条例》(2018年)。其二，国家政策的出台。中央将推广政府购买服务作为加快转变政府职能的重要组成部分，并纳入新时代全面深化改革中。自2013年，中共中央办公厅、国务院办公厅及相关部委出台《关于政府向社会力量购买服务的指导意见》《关于支持和规范社会组织承接政府购买服务的通知》《关于加快构建现代公共文化服务体系的意见》《关于做好政府向社会力量购买公共文化服务工作的意见》等重要文件，明确要求在公共文化服务领域加大政府购买力度，支持包括文化企业在内的社会各类文化机构参与提供公共文化服务。其三，地方政策的配套。地方政府积极响应向社会力量购买公共文化服务的号召，根据本地实际，通过出台配套的地方法规和红头文件来落实中央精神。截至2018年年底，全国有31个省（自治区、直辖市）相继出台政府向社会力量购买公共文化服务的实施办法（或实施意见）和指导性目录。① 地方政策为敦促政府文化职能转变，规范政府购买流程，扎实推进公共文化供给侧改革起到积极作用。

（二）财政投入持续增加

财政资金支持是保证政策落实的首要条件。近年来，稳定增长的中央和地方财政投入在政府购买公共文化服务中起到强有力的保障作用。在中央层面，2011—2016年，财政部在一般公共财政预算中安排的公共文化服务建设资金不断上升，从2011年的129.55亿元增长至2016年的208.62亿元，五年间增长

---

① 方永恒，李今今. 我国地方政府购买公共文化服务政策：历程、困境与创新[J]. 华中科技大学学报（社会科学版），2020（1）：130–136.

61.03%；中央对地方文化项目补助资金总体也呈上升趋势，从 2011 年的 35.97 亿元增长至 2016 年的 61.03 亿元，五年间增长 69.67%，如图 2-1 所示。在中央资金的带动和引导下，各地政府纷纷加大对文化事业的经费投放力度，全国文化事业费明显增加。全国文化事业费（不含基本建设财政拨款和行政运行费）从 2011 年的 392.62 亿元增长至 2017 年的 855.80 亿元，六年间增长 117.97%；全国人均文化事业费也从 2011 年的 29.14 元增长至 2017 年的 61.57 元，六年间增长 111.29%。俗话说，"大河有水小河满"，公共文化服务总体财政投入的持续稳定上涨，为政府购买公共文化服务提供了必要的资金支持。[①] 据不完全统计，2015 年 5 月至 2016 年 5 月，地方政府购买公共文化服务财政总投入逾 20 亿元[②]，而在 2018 年，地方政府购买公共文化服务财政总投入快速增长到 37.98 亿元[③]。

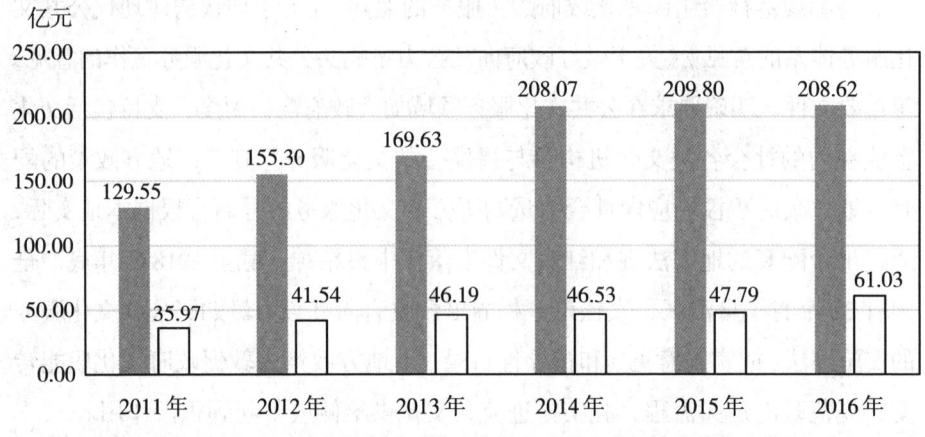

图 2-1　2011—2016 年中央财政支持文化建设情况[④]

---

①　支娟. 政府向社会力量购买图书馆服务发展探析［J］. 图书馆，2015（7）：76-79, 96.
②　各地积极推进政府购买公共文化服务工作［EB/OL］.（2016-05-23）［2018-06-20］. http://www.sohu.com/a/76688846_119718.
③　北京大学国家现代公共文化研究中心，文化部公共文化研究基地. 工作与研究动态：2019 年第 1 期（总第 19 期）［EB/OL］.［2020-03-20］. http://www.im.pku.edu.cn/docs/2019-04/20190401114424097978.pdf.
④　根据历年《文化发展统计分析报告》和财政部网站《中央财政支持公共文化服务体系建设情况》进行整理。

（三）公共服务理论研究的深入

20世纪60年代始，新公共管理理论、新公共服务理论、公共物品供给理论等针对政府公共服务的供给，提出了各自的观点，创新了公共服务理论。其一，新公共管理理论将管理主义思想运用于公共部门，以效益为主要价值取向，主张转变政府角色，提倡政府的政策职能与管理职能分离，政府只起"掌舵"（公共政策制定）作用，引入竞争机制促使公共物品供给的多元化，以满足顾客的需求为导向，强调有效的政府并不是一个"实干""执行"的政府，而是一个能够善于"治理"的政府。[1] 其二，新公共服务理论重视公民权、民主价值和公共利益，主张政府不再是处于控制地位的掌舵者或划桨者，政府职能是服务，其作用在于激发公民的责任感，促进公民为社区面临的问题寻找解决方案，鼓励公民更多地参与公共政策的制定和实施。其三，公共物品供给理论认为，公共物品（包括公共图书馆）单一的政府供给模式存在着失灵的问题，唯一的解决办法是针对公共物品的不同特征采取不同的供给方式，构建政府、市场和社会组织多元合作的公共物品混合供给模式。[2] 其四，委托代理理论提供保障公共图书馆社会化运营的方式问题。该理论主张所有权与经营权的分离，即图书馆所有权由国家保留，而将经营权让渡给代理人，同时授予后者一定的决策权利，而代理人获取经济利益的对价是为公众提供相应数量和质量的服务。[3] 其五，多元福利理论强调"分权"与"参与"，"分权"不仅是福利服务的行政权由中央向地方政府转移，而且要从地方政府向社区转移，由公共部门转移到私人部门；"参与"是指福利提供者和福利消费者公共参与福利服务的制度决策及其提供过程。[4] 正是诸多的理论创新为政府购买公共服务模式提供了深厚的理论基础和强大的理论支撑，在此基础上，各国政府纷纷制定购买公共文化服务的政策并加以实施。

---

[1] 戴维·奥斯本，特德·盖布勒. 改革政府［M］. 上海：上海译文出版社，1996：91.
[2] 冯华艳. 政府购买公共服务研究［M］. 北京：中国政法大学出版社，2015：42，47.
[3] 王树文. 我国公共服务市场化改革与政府管制创新［M］. 北京：人民出版社，2013：20.
[4] 郑卫东. 农村社区政府购买公共服务研究［M］. 北京：中国社会科学出版社，2012：24.

（四）国内外先行探索的成功经验

20世纪80年代以来，以"新公共管理"理论为导向，西方发达国家开启政府行政改革的浪潮，公共服务市场化模式全面推行，涉及环保、教育、就业、文化、卫生、养老服务、残障服务、社区服务等领域。在此大背景下，许多国家在公共图书馆管理的实践中尝试采用政府购买的模式并取得成功的经验。美国通过两种方式对公共图书馆的管理进行外包，一种是馆长职能外包，即政府委托企业聘用馆长，通过馆长对图书馆进行管理，公共雇员仍在图书馆工作；另一种是整体运作外包，即企业受政府委托负责图书馆的管理、购置资源、监督、雇用等工作，并向当地政府、议会或图书馆理事会报告图书馆的运营情况。[①] 日本政府对公立图书馆引入"指定管理者制度"，即通过日本地方公共自治团体的指定，将公立图书馆的管理权限委托给指定团体（企业）的制度。[②] 与以前的"管理委托制度"相比，"指定管理者制度"进一步强化了委托力度，扩大了委托范围，下放了运营管理权限。[③] 英国政府为保证图书馆服务的高质量，主要从三个方面加强承接方的监督管理，一是承接方要向政府部门缴纳一定的保证金；二是按照图书馆用户的服务需求确定承接主体；三是政府制定一套惩戒机制来约束和惩处承接主体的行为。[④] 发达国家公立图书馆管理外包的探索和实践为我国公共图书馆运营模式的创新提供了借鉴意义。

国内政府购买公共服务的实践探索起步较晚，20世纪90年代上海市开始尝试公共服务的购买试点，经过几十年的实践摸索，政府向社会力量购买公共服务从政策制定到购买制度体系已基本形成。在20世纪90年代后期，

[①] 刘海丽. 美国公共图书馆"管理外包"：模式、争论与冲突 [J]. 图书馆建设, 2015（7）：10-13, 18.
[②] 陈俊翘, 全洪立. 公共图书馆总体外包争论焦点的个案探究——以增城市新塘镇图书馆为例 [J]. 图书馆杂志, 2013（1）：38-43.
[③] 沈丽云. 日本图书馆概论 [M]. 上海：上海科学技术文献出版社, 2010：71.
[④] 李姝娟. 英国政府购买图书馆公共服务的演进、特征及启示 [J]. 图书馆建设, 2016（11）：84-88, 101.

事务性管理服务普遍外包的理念被引入我国图书馆界，诸多图书馆开始实施图书编目、加工和上架工作的外包。到 21 世纪初，外包业务在图书馆的应用越来越广泛，外包范围也延伸到采访、流通阅览服务、24 小时自助图书馆的建设和维护、自动化业务、软件开发、数字资源建设、图书物流、馆内休闲场所、读者活动及物业管理和安全保障等方方面面。

国内外开展的众多种类的社会服务、图书馆业务外包实践，为我国提供了学习和借鉴的宝贵资源，地方政府可以从这些先行者的经验和教训中寻找公共图书馆整体外包的解决之道。

（五）图书馆服务市场主体的兴起

从国内外发展经验来看，拥有种类齐全、管理规范、素质优良的社会力量是政府购买公共服务的重要保障。2010 年，我国政府购买公共图书馆运营服务时，有能力提供公共图书馆整体外包服务的企业、机构极少，无锡市无锡新区、芜湖市镜湖区政府只能采用单一来源采购方式来选择承接方。近年来，我国图书馆服务的社会化推行促使越来越多的专业机构开始拓展业务范围和服务领域，尝试承接公共图书馆整体外包服务。例如，许多图书供应商、信息技术公司、民间阅读组织原来就有承接图书馆服务的基础，凭借经营机制的灵活、对图书馆业务的熟悉，在整体外包市场中快速发展壮大。政府购买方式也从单一来源采购向公开招标过渡，解决政府"有钱难买"的局面。例如，2011 年年底，我国登记备案的文化类民办非企业和文化类社会团体单位数分别为 0.9 万个和 2.2 万个，经过六年的高速增长，2017 年全国有文化类民办非企业和文化类社会团体单位数分别为 2.1 万个和 3.9 万个，年均增长率分别是 15.17% 和 10.01%。[①] 正是相关社会服务机构数量的日益增长、管理和业务能力的不断提高，为政府向社会力量购买公共图书馆运营服务提供了必要条件。

当然，公共图书馆服务外包并不是"一包就灵"的灵丹妙药，政府直接

---

① 中华人民共和国民政部. 2011 年/2017 年社会服务发展统计公报 [EB/OL]. [2018-08-21]. http://www.mca.gov.cn/article/sj/tjgb/.

提供和社会力量供给图书馆服务,这两种模式都各有优缺点,不存在哪种模式更好的问题,而是看哪种模式更适合当地的现实情况。当政府由于办馆能力不足、馆员编制数匮乏、财政资金紧张等因素导致其直接提供的图书馆服务质量不高、数量不足,无法满足群众的阅读需求时,就可以考虑采用政府购买公共图书馆运营服务模式。

第二节 政府购买公共图书馆运营服务的内涵探讨[①]

国内外公共文化服务的发展经验表明,政府购买公共图书馆运营服务是图书馆服务供给的重要方式。2018年的统计数据显示,目前全国近76%的地市级政府、63%的县市级政府开展了政府购买公共文化服务,购买的内容包括产品和服务、设施的管理运营及公共文化服务岗位等。[②]在研究该方式之前,首先要界定"政府购买公共图书馆运营服务"概念并分析其相关要素。

一、政府购买公共图书馆运营服务的概念界定

(一)政府购买公共图书馆服务

政府购买公共图书馆服务是政府购买公共图书馆运营服务的上位类概

[①] 本节内容参见:易斌,郭华,易艳. 政府购买公共图书馆运营服务的内涵、模式及其发展趋向 [J]. 图书馆,2016(1):19-24.
[②] 北京大学国家现代公共文化研究中心. 我国公共文化机构社会化发展调研报告 [R]. 北京:北京大学,2019:64.

念,贺伟认为,它是政府与各类公共图书馆服务机构或组织签订契约,由其按照契约约定向公众提供特定的图书馆公共产品和服务,从而获得政府支付的费用;[1] 马晓军认为,它是指政府从履行满足社会公众的公共图书馆服务需求的责任出发,通过公共资金购买图书馆服务的契约化交易行为;[2] 易斌等认为,它是指政府通过招标、谈判、询价等采购方式,与承接方就购买的公共图书馆服务达成契约关系。[3] 学者对政府购买公共图书馆服务的概念表述大体一致,是指为满足公众对公共图书馆服务需求,政府通过契约的方式,利用财政资金向社会力量购买图书馆服务的制度安排[4],其相关主体包括政府部门、社会力量、社会公众和公共图书馆。本书涉及的公共图书馆服务购买对象是指和公众发生直接联系的,满足公众的阅读文化需求的服务,不包括公共图书馆书刊采编、加工上架、系统开发与维护等内部业务和物业管理、安全保卫等后勤保障服务。

与英、美发达国家相比,我国政府购买公共图书馆服务处在起步探索阶段。较早的实践探索是2004年上海市政府向上海东方数字社区发展有限公司购买"东方社区信息苑"(公共电子阅览室)的建设和管理,政府承担阅览室的建设经费,公司对上海全市的东方社区信息苑进行专业化的直营连锁管理,并开展各类培训、讲座活动,避免各社区的重复建设。[5] 在这个时期,政府购买公共图书馆服务尚未得到足够重视,发展非常缓慢,向社会外包的实践基本上是图书馆内部业务和后勤保障外包。自《关于加强公共文化服务体系建设的若干意见》(2007年)、《关于鼓励和引导民间投资健康发展的若干意见》(2010年)出台以后,北京、上海、合肥、广州、成都、深圳等地

---

[1] 贺伟. 政府购买图书馆公共服务的新尝试——以无锡新区图书馆为例[J]. 图书馆杂志,2014(2):37-40,94.
[2] 马晓军. 政府购买图书馆服务的边界研究:一个交易成本经济学分析框架[J]. 图书馆,2016(7):43-48.
[3] 易斌,郭华. 政府购买图书馆运营管理服务的比较研究——以北京市朝外地区和无锡市无锡新区为例[J]. 情报资料工作,2015(2):73-77.
[4] 胡莲香. 政府购买图书馆服务范围的战略决策探究[J]. 图书馆理论与实践,2016(12):52-56.
[5] 刘晓婷. 图书馆服务的政府购买研究[D]. 保定:河北大学,2013:12,22.

方政府向社会力量购买公共图书馆服务的案例不断增多,形式多样。根据购买对象的不同,政府购买的服务分为两类:一是购买公共图书馆的某项对外业务服务,包括24小时自助图书馆的建设和维护、流通阅览、阅读推广活动、展览培训、电子阅览室开放等。例如,2012年,广州市政府向远望谷公司购买图书馆服务,由远望谷公司建设和管理维护17个为街区提供服务的自助图书馆;[①] 2013年,通过政府招标的形式,深圳市南山区图书馆将所有面对读者的阅览窗口服务以项目经费管理的模式交给一家民营的物业管理公司打理;[②] 2014年3月,通过政府面向社会公开招标的形式,江西省吉安市图书馆与某图书有限公司就流通业务(含电子阅览)签订外包合同。[③] 二是购买公共图书馆的运营管理服务,是指公共图书馆整体管理、运行和服务外包给社会力量。例如,2010年,无锡市无锡新区政府就所辖图书馆的设计、管理和运行向艾迪讯电子科技(无锡)有限公司进行定向服务购买。

(二)政府购买公共图书馆运营服务

在现有研究成果中,国内外图书馆界对政府购买公共图书馆运营服务的概念界定尚未统一,并且常与公共图书馆全流程外包、整体外包、总体外包、社会化运营、委托管理和运营管理外包等概念相提并论。徐文贤、霍建梅认为,公共图书馆管理外包是参照企业外包的一种新型模式,通过签订委托协议,将公共图书馆全部(或大部分)管理和服务委托给企业或团体。[④] 陆和建等指出,公共图书馆整体服务外包即政府将公共图书馆的运营管理权

---

① 李秀婷. 政府购买服务模式后来居上 [N/OL]. 南方日报, 2012-08-23 (A13) [2018-12-10]. http://epaper.southcn.com/nfdaily/html/2012-08/23/content_7118359.htm..
② 牟兰. 浅析公共图书馆服务外包的风险控制与监督管理——以深圳南山图书馆为例 [C] // 全国中小型公共图书馆联合会研讨会会议论文集(三), 2015.
③ 杨华芳. 浅谈图书馆流通业务外包——以吉安市图书馆为例 [J]. 科技情报开发与经济, 2015 (9): 113-115.
④ 徐文贤, 霍建梅. 基层公共图书馆管理外包实践与思考 [J]. 新世纪图书馆, 2015 (8): 73-76.

以合同的形式授予公司企业，在规定期限内由后者负责执行服务外包内容。①廖姗姗认为，全流程服务外包是指公共图书馆把管理服务的工作全部交给管理咨询公司来完成，图书馆或政府制定目标和预算，要求咨询公司在约定时限内给出结果。②笔者认为，政府购买公共图书馆运营服务是指政府引入市场机制，通过政府采购方式，将本应由自己提供的公共图书馆运营服务交给条件具备的社会力量来完成，并由政府依据承接者的履约情况来支付相应费用。③

虽然学者对社会力量运营公共图书馆的概念和内涵表述不一，但核心思想基本一致，体现在：第一，政府购买公共图书馆运营服务是建立在政府与事业单位、公司企业、社会组织等机构之间的契约关系上；第二，政府购买运营服务的对价可以是财政资金的转移，也可以是实物资助、费用减免和优惠政策的扶持；第三，政府购买运营服务范围是公共图书馆的全部或绝大部分管理和服务，有些公共图书馆购买范围不涉及文献资源的采编、设施设备的购置等服务；第四，政府购买运营服务的形式是政府将公共图书馆供给服务委托给社会力量，由社会力量日常运营图书馆并代替政府为群众提供公共阅读服务，实现公共图书馆服务的供给方式创新。

为更好地理解政府购买公共图书馆运营服务概念的内涵，须注意和其他购买内容的差异性。其一，政府购买运营服务和购买服务岗位的区别。购买服务岗位是指政府部门针对图书馆空缺的岗位，委托人才中介机构进行劳务派遣，其劳动报酬按国家有关规定执行。该购买方式是政府对购买服务岗位的人员进行直接管理，包括业务培训、休假考勤、日常考核、薪酬计算等，由于不改变原有的政府运营公共文化机构模式，它无法有效规避用工劳务纠纷和各种用工风险，不能有效减轻行政工作压力，因此，政府服务职能

---

① 陆和建，吴凡，开源. 我国基层公共图书馆社会化管理现状分析及启示［J］. 图书馆工作与研究，2016（2）：31-34，40.
② 廖姗姗. 我国图书馆全流程服务外包的研究［D］. 合肥：安徽大学，2015：14.
③ 易斌，郭华，易艳. 政府购买公共图书馆运营服务的内涵、模式及其发展趋向［J］. 图书馆，2016（1）：19-24.

转移、图书馆管理方式、读者服务水平的改变程度有限。其二，政府购买运营服务和购买项目服务的区别。购买项目服务是指政府和承接方签订图书馆单项的公共服务项目购买合同，并根据承接方提供的服务支付资金。例如，2014年10月，北京市东城区第一图书馆购买悠贝亲子图书馆①的阅读指导服务，由悠贝派驻工作人员为东总布分馆提供专业化的亲子阅读服务。②与政府购买图书馆项目服务相比较，政府购买公共图书馆运营服务对承接方的专业要求和管理水平更高，政府购买所涉及的财政资金更多，购买结果对读者的阅读权益造成的影响更大，实践中能借鉴到的经验更少，因此，政府对是否购买公共图书馆运营服务表现得更为慎重，学界对其进行研究的理论价值和现实意义便显得尤为重要。

二、政府购买公共图书馆运营服务的相关要素分析

政府购买公共图书馆运营服务涉及的要素包括购买方、承接方、购买对象、购买内容、购买类型、受益方等。对各要素进行分析和研究，有助于理解该模式的运行。

（一）购买方

按购买方的机构属性划分，包括行政机关、具有行政管理职能的事业单位和特定的群团组织。各级行政机关是指县（市辖区）级以上政府的主管公共文化行政部门、街道办事处和乡镇人民政府。例如，北京市东城区体育馆路街道和皮卡书屋达成协议，委托皮卡书屋运营和管理街道少儿图书馆。具有行政管理职能的事业单位是指承担公共文化服务方面的行政决策、行政执行、行政监督等管理职能的事业单位。例如，广州市南沙区文化发展中心是

---

① 悠贝亲子图书馆成立于2009年，是一家推广亲子阅读的专业机构，为0~8岁家庭提供专业的亲子阅读服务。
② 悠贝亲子图书馆. 悠贝公共阅读服务，共筑书香中国梦［EB/OL］.（2018-12-17）［2018-12-30］. http://m.sohu.com/a/282509827_359593.

南沙区人民政府设置的群众文化事业管理机构，2014年9月，其作为购买方就南沙区图书馆的运营服务外包向社会公开招标。[①] 北京市朝阳区朝外街道文化服务中心是街道所属事业单位，2014年1月，其通过单一来源采购方式，向悠贝亲子图书馆购买朝外街道图书馆的运营服务。应注意的是，根据《关于做好事业单位政府购买服务改革工作的意见》(2016年)、《政府购买服务管理办法》(2019年)文件相关规定，公益一类（包括公共图书馆）、公益二类和生产经营类事业单位都不能作为购买方，因此，公共图书馆没有购买服务权限，如果要向社会购买图书馆服务，可以由政府文化主管部门进行购买或授权图书馆购买。[②] 特定的群团组织是指纳入行政编制管理且经费由财政负担的文化与体育群团组织，向社会提供图书馆服务并且履行监管职责。不论是行政机关、事业单位还是群团组织作为购买方，他们必须具有法人资格，能够独立地承担民事责任。

（二）承接方

承接方是指依法在民政部门登记成立或经国务院批准免予登记的社会组织和符合条件的事业单位，以及依法在工商管理或行业主管部门登记成立的企业和机构等社会力量。[③]

1. 承接方包括非营利组织和营利组织

按承接方是否以营利为目的，划分为非营利组织和营利组织。非营利组织是指不以营利为目的的组织，包括社会组织和符合条件的事业单位。非营利组织虽然产生收益，但收益只能用于自身发展，为活动提供资金，不能为

---

① 广州市南沙区文化发展中心图书馆服务外包项目公开招标公告［EB/OL］.（2014-09-01）［2018-12-30］. http://www.ccgp.gov.cn/cggg/dfgg/gkzb/201409/t20140901_4502339.htm.
② 金武刚. 跨界 VS 越界：新时代公共图书馆社会化发展定位、边界与突破［J］. 图书馆杂志，2019（5）：4-12.
③ 根据《政府购买服务管理办法》(2019年)的规定，基层群众性自治组织（如村委会、居委会）、农村集体经济组织，以及具备条件的个人（如专家学者）也可以作为公共图书馆运营的承接方。但目前由这些承接方来运营公共图书馆的难度较大，实践中也缺乏案例，本书暂不做探讨。

利益相关者分配利润,因此,它具有非营利性、非政府性、志愿性、公益性等基本特征。社会组织是相对于政党、政府等传统组织形态之外的各类民间组织,包括社会团体、民办非企业单位和基金会,不包括由财政保障的群团组织。例如,2014年,北京市东城区体育馆路街道与皮卡书屋合作开办少儿图书馆,皮卡书屋负责图书馆的日常运营和管理。皮卡书屋成立于2006年,是一家民办、公益、非营利性推广亲子阅读的专业机构,是具有民办图书馆性质的社会组织。[①] 符合条件的事业单位是指按事业单位分类改革应划入公益二类和生产经营类的事业单位。我国民政部、财政部在2012年印发的《关于政府购买社会工作服务的指导意见》文件中,首次将具备政府购买能力和条件的事业单位纳入承接主体范围。财政部、民政部、工商总局在2016年印发的《政府购买服务管理办法(暂行)》文件中,进一步将承接政府购买服务的事业单位明确为公益二类和生产经营类的事业单位。事业单位中可能成为公共图书馆运营服务的承接方主要是指划为公益二类的高校图书馆、科研单位图书馆。例如,2013年,芜湖市镜湖区政府准备向社会力量购买区图书馆运营服务,考虑到安徽师范大学图书馆较高的管理能力和专业水平,又处于同一城市,便于沟通协调,政府和该图书馆就外包服务展开多次磋商,虽然最终没达成一致,合作未成功,但也展示了高校图书馆在承接公共图书馆运营服务上的独有优势。营利组织是指以营利为目的的经济组织,包括依法在工商管理或行业主管部门登记成立的公司和机构。由于投资人运营公司和机构的目的是进行利润分配,获取经济利益,因此,营利组织具有经济性、商品性、营利性、独立性等基本特征。例如,2015年,合肥市包河区政府将滨湖世纪社区图书馆的管理、运行和服务外包给安徽知本文化传播有限公司。安徽知本文化传播有限公司成立于2014年,是一家专业从事公共文化场馆一体化运营服务的文化传播机构。[②]

---

① 关于皮卡书屋[EB/OL].[2018-12-30]. http://www.peekalibrary.org/i3390740-m3421-p3-e10604.html5.
② 安徽知本文化传播有限公司[EB/OL].[2018-12-30]. https://ehr.goodjobs.cn/show.php?corpID=36060.

2. 承接方包括单独承接者和合营承接者

按图书馆外包的承接方数量，划分为单独承接者和合营承接者。单独承接者是指图书馆的运营方仅为一家独立注册的法人。政府购买图书馆运营服务时选择单独承接者，有利于降低图书馆的监管和考核成本，方便与承接方的沟通交流，同时，承接方运营图书馆时也没有合作者的掣肘，便于贯彻自己的运营理念和管理模式。合营承接者是指图书馆的运营方为两家及两家以上独立注册的法人。政府在图书馆服务外包招投标时，将图书馆整体运营分为若干部分，中标的承接者分别运营图书馆的某些业务和管理，他们在外包业务上处于互相独立又互相配合的关系。政府购买图书馆运营服务时选择合营承接者，可以发挥合营各方的管理和技术优势，取长补短，从而提高服务的成效，降低外包的风险。例如，2011年，广州市新塘镇将图书馆运营服务分为两部分对外招投标，一家公司负责书刊、设备等固定资产的采购，另一家公司负责图书资料的加工、借阅和管理，两家公司通过合作和监督的关系运营图书馆。

（三）购买对象

购买对象是一级政府主办，免费为社会公众服务的公共图书馆。按公共图书馆社会化管理时的营运状况，分为新建图书馆和已建图书馆。新建图书馆是指政府新设立，外包时尚未对外运营的公共图书馆。在我国行政管理体制改革的大背景下，新建图书馆普遍面临着机构设置困难、编制数不足、专业人才短缺等困难，为摆脱"有钱建馆、无力开馆"的困境，政府将新建图书馆的运营委托给社会组织、公司和机构。例如，2011年6月，广州市增城区新塘镇在完成图书馆的土建和装修工程后，面临没有人员编制、缺乏专业人员的窘境，为尽早开馆满足群众的文化需求，镇政府决定公开招标，向社会购买图书馆运营服务。已建图书馆是指政府已经设立并且外包前正常运营的公共图书馆，包括外包前扩建馆舍或改变馆址等变化。由于政府运营已建图书馆存在管理方式不科学，或办馆经费投入不足，或人员编制、专业人才短缺等问题，导致政府办馆效益不高，图书馆利用率低，无法满足当地民众的文化需求,为改善这种状况,政府改变办馆模式,引进社会力量来运营管理公共图书馆。例如,2015年,成都市武侯区图书馆馆舍面积由2500平方米增加到7500平方米,10余名工作人员中,只有3名是有编制人员,同等规模公共图书馆的人员编制有20~30人,而且原有人员的认识和能力仅停留在简单的图书借阅服务上,专业度不高。武侯区政府经过慎重考虑和多次考察,对图书馆的运营选择服务外包模式。①

(四)购买内容

按公共图书馆服务外包的范围,购买内容划分为全部项目外包和绝大部分项目外包。全部项目外包是指政府将公共图书馆的业务管理、职能运行、活动开展、资产采购、新媒体运营、馆员培训、后勤保障等全部委托给社会力量来运营。例如,2018年,贵阳市南明区政府向艾迪讯电子科技(无锡)有限公司采购区图书馆运营服务,采购内容不仅包括公共图书馆的日常管理、运行服务和书刊资源的采编加工、保安保洁服务,而且政府不承担图书馆水电、网络和电话等管理费用的支出。绝大部分项目外包是指政府将公共图书馆的绝大部分管理和服务项目委托给外部团体执行。目前国内大部分案例采用这种外包方式,政府将个别的业务和管理保留下来不进行外包。例如,为加强对承接方的沟通交流和监督管理,政府保留图书馆馆长职位,如成都市武侯区图书馆;为保障文献资源的建设质量,政府承担书刊资料的采集和配送,如北京市海淀区北部文化中心图书馆和朝阳区朝外街道图书馆。

(五)购买类型

按政府购买类型的不同,划分为合同外包和公私合作。合同外包是社会力量参与政府购买公共图书馆服务的主要模式,它是指政府与承接方签订服

---

① 黄泽君. 引入社会力量运营 武侯区图书馆"动"起来了[N/OL]. 四川日报,2015-09-07 [2018-11-02]. http://epaper.scdaily.cn/shtml/scrb/20150907/109592.shtml.

务购买合同,由承接方向社会公众提供公共图书馆服务,政府根据合同的完成情况向其支付相应的费用。例如,2017年1月,安徽省滁州市文广新局向安徽华博胜讯信息科技股份有限公司购买滁州市图书馆的空间环境整体规划、资源布局设计、运营和管理服务。① 该类型的优点是政府掌握主动权,如果承接方的运营情况没达到合同规定的考核要求,政府可以及时解除合同,这迫使承接方不断提高服务质量和服务水平,加强服务创新意识。② 公私合作是政府同社会力量通过协议、合同和特许经营等方式,就公共图书馆的建设和运营进行合作的一种模式。政府对合作提供图书馆服务的社会力量给予一定的补偿,补偿的形式包括经费、实物和优惠政策扶持。该类型的优点是政府和社会力量形成"利益共享、风险共担、全程合作"的伙伴关系,合作各方达到共赢的目的,即政府的财政负担更轻,社会力量的投资风险更小。根据社会资本盈利的方式不同,国内实践中公私合作有两种模式:其一,BOT(建设-经营-移交)模式,即社会资本通过投入资金、设备等和政府进行合作,并负责公共图书馆的规划设计、运营管理,为公众提供免费的服务,在特许期内通过政府的补贴收回成本并获得收益,期满后项目资产及相关权利移交给政府。例如,2011年,广州市新塘镇图书馆以总体服务外包的形式,让专业的图书公司出资购置射频识别技术(RFID)自助借还设备、图书、书架和阅览桌等,并进行运营和管理,公司投入的费用和运营利润由镇政府每年以补偿金的形式补贴给图书公司,期限为10年。③ 其二,BTO(建设-转让-经营)模式,即社会资本通过投入资金、设备等和政府进行合作,并负责公共图书馆的规划设计、运营管理,在合同期内通过有偿服务来收回成本并获取利润。例如,2016年,北京市西城区广安门内街道图书馆由街道办事处和社会机构共同运营,政府每年提供房屋租金和专项经

---

① 冯倩. 全馆型服务外包模式让滁州市图书馆破茧成蝶[N]. 中国文化报,2017-03-10(8).
② 郭华,葛琳琳,易斌. 社会组织参与政府购买图书馆服务研究[J]. 国家图书馆学刊,2018(1):40-47.
③ 陈俊翘,全洪立. 公共图书馆总体外包争论焦点的个案探究——以增城市新塘镇图书馆为例[J]. 图书馆杂志,2013(1):38-43.

费，社会机构为居民免费提供图书借阅、电子阅览及文化阅读活动，但可以通过销售图书、茶水、咖啡、会员卡、有偿举办阅读活动等方式盈利。[①]

（六）受益方

从广义上讲，政府购买公共图书馆服务的受益方（服务接受者）是没有区域限制的社会公众，因为不论是否是公共图书馆所属行政区域范围内的居民，都应该能享受公共图书馆服务，只不过有些公共图书馆对本行政区域外居民给予的文化权益更有限。从狭义上讲，受益方特指公共图书馆所属行政区域范围内，享受政府提供图书馆服务的特定公众。本书采用狭义上的解释。

在传统的计划经济体制下，政府"垄断性"地提供公共图书馆服务，公众只能被动地接受政府提供的服务。由于竞争意识缺失，不论公众接不接受、喜不喜欢，政府常常"拍脑袋""想当然"为公众提供服务，公众无法选择自己需要的服务，公众的反馈意见、建议也得不到足够重视。在政府购买公共服务模式运行中，公众成为购买过程中的主体之一，并扮演着重要角色。一方面，公众作为公共图书馆服务的消费者和最终受益人，对于公共图书馆服务的供给方式、供给质量、供给数量有着直观而切身的感受，他们的满意度是公共服务供给水平的主要衡量指标；[②]另一方面，公众是公共图书馆服务的绩效评估主体，公众对政府购买的公共图书馆服务具有监督权、绩效评价权及服务项目范围的选择建议权，有效弥补政府作为购买者的监督评估不足。因此，充分发挥公众在公共图书馆服务需求表达、服务管理与评价等方面的重要作用，激发公众在公共政策制定、落实中的积极性，有助于政府明确购买公共图书馆服务的正确方向，提升公共图书馆服务供给效率，促进公共图书馆服务供给体系的完善。

---

① 丁杨. 北京广内街道公共图书馆探索社区阅读文化新路［N］. 中华读书报，2016-03-02（2）．

② 王浦劬，Jude Howell，等. 政府向社会力量购买公共服务发展研究［M］. 北京：北京大学出版社，2016：101-102．

第三节　政府购买公共图书馆运营服务的运行机制[①]

政府购买图书馆服务的运行机制是指在政府购买服务的活动过程中，各构成要素之间相互作用、相互联系的关系及其功能。[②]作为一种新型图书馆服务供给方式，政府购买公共图书馆运营服务运行机制可以概括为政府承担、定项委托、合同管理、评估兑现四个环节，各构成要素的相互关系如图 2-2 所示。

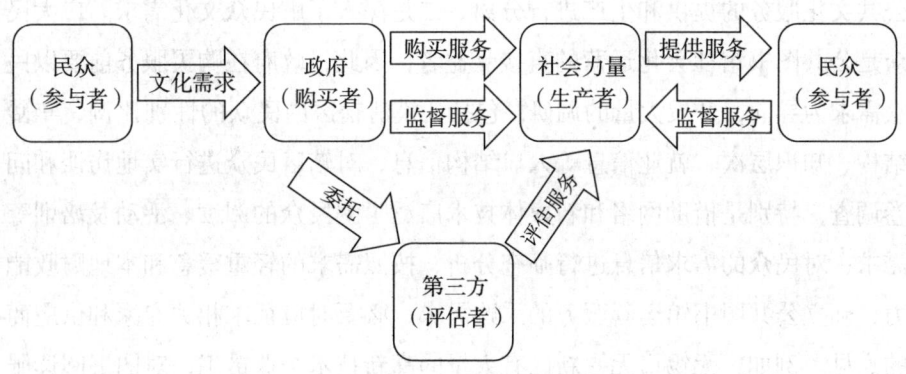

图 2-2　政府购买公共图书馆运营服务运行机制

---

① 本节内容参见：易斌，郭华，易艳. 政府购买公共图书馆运营服务的内涵、模式及其发展趋向 [J]. 图书馆，2016（1）：19-24.
② 魏中龙，等. 政府购买服务的理论与实践研究 [M]. 北京：中国人民大学出版社，2014：184.

一、政府承担公共责任

面对民众对文化信息越来越广泛和个性化的需求,政府应加强图书馆服务提供职责和购买意识,了解民众对文化提供的需求和满意度,合理安排服务的购买资金。政府的积极作为包括三个方面:一是明确图书馆服务提供职责。公共图书馆服务是公共文化服务的重要组成部分,它具有地方性质,须由地方政府主导提供。但是,政府长期以来习惯直接生产公共文化服务,负责生产、提供和监管服务的全过程,这种大包大揽公共服务的思想,再加上从自身部门利益的角度考虑,政府部门对市场化运作常产生抵触心理或直接委托下属机构生产服务。美国学者奥斯本和盖布勒认为,"生产服务并不是政府的义务,政府的义务是保证服务提供并得以实现"①。政府是基本公共文化服务的提供者,不一定是服务的生产者,政府可通过职能转变和服务购买,将公共文化服务的提供和生产进行分离。二是深入了解民众文化需求。广大民众是公共图书馆社会化运营的直接受益者,因此,政府在购买服务前要以民众需求为导向,开展大量的调研,包括:摸清辖区内民众的性别比例、年龄结构、知识层次、就业信息等人口结构信息;对辖区民众进行实地访谈和问卷调查,特别是借助网络和新媒体技术广泛了解民众的阅读、活动及培训等需求;对民众的需求信息进行筛查分析,按照需求的轻重缓急和本地财政能力,确立公共图书馆运营服务的采购需求,必要时应征求相关专家和供应商的意见。例如,无锡市无锡新区有大量的高新技术企业员工,对图书阅读服务有迫切的需求,但他们工作繁忙,难有空闲时间来到图书馆,当地政府了解到实际情况后,决定投入 2000 万元以打造智慧型数字图书馆,使员工足不出户就可通过网络全天候利用图书馆的海量数字资源。三是政府出资购买服务。政府根据图书馆服务的内容和目标,结合本地的财政计划,合理确定

---

① D. 奥斯本,T. 盖布勒. 改革政府——企业家精神如何改革着公共部门 [M]. 周敦仁,等译. 上海:上海译文出版社,2006:136.

购买图书馆运营费用数额。政府应将运营费用纳入地方财政预算，按照预算要求动用资金实施购买，并根据评估结果分期支付购买资金①，以此规范图书馆运营服务的购买资金使用，确保图书馆服务的有效供给。

二、定项购买图书馆服务

定项购买服务要求政府根据图书馆办馆实践与理念及市场发育程度，合理选择购买图书馆运营服务的方式。政府购买服务方式主要有形式性购买、非竞争性购买、竞争性购买。

形式性购买是指购买者和承接者之间是依赖关系，购买程序是非竞争性。其基本特征为：第一，政府相关职能部门为了购买服务任务而自行设立组织，是一种内部设定；第二，购买程序、监督机制和评估机制都不规范，依靠政府行政管理方式来监管服务的执行情况；第三，承接者运营管理的话语权和自治决策权相对较弱，基本依附于政府主管部门而生存运作。② 这种模式尚未实现图书馆服务提供者和生产者分离的目标，而是具有行政职能延伸的功能。

非竞争性购买是指购买者和承接者之间是独立关系，图书馆服务的提供主要是以委托方式进行。它包括单一来源采购、询价、直接资助等方式，其基本特征为：第一，承接者具有独立的法律和社会地位，在服务提供过程中独立承担责任，政府承担监管、评估服务的责任；第二，在购买服务过程中，存在潜在的竞争市场，政府作为购买者可以及时更换服务提供者；第三，购买服务的契约关系是政府和承接者互相选择与协商的结果，缺乏竞争性和透明性，购买过程难以监控；第四，政府在选择承接者时，往往考虑自己熟悉了解，有合作经验并具有专业优势、良好声誉的社会力量，便于他们提供的图书馆服务更接近政府购买的初衷。例如，北京市朝阳区文委通过非

---

① 刘晓婷. 图书馆服务的政府购买研究 [D]. 保定：河北大学，2013：31-32.
② 王浦劬，Jude Howell，等. 政府向社会力量购买公共服务发展研究 [M]. 北京：北京大学出版社，2016：128.

竞争方式，委托悠贝亲子图书馆运营朝外街道图书馆，就是因为悠贝亲子图书馆在亲子阅读活动组织、品牌推广上的优势令朝阳区文委印象深刻，并且双方就图书馆的"小手牵大手"运营理念和目标达成一致。①

竞争性购买是指政府采取公开招标、邀请招标、竞争性谈判等公开竞争方式，来挑选承接服务的合作方，两者之间是独立关系。其基本特征为：第一，参与购买的双方主体相互独立，不存在任何依附关系；第二，双方主体按照购买协议共同承担责任，实现图书馆服务提供者和生产者分离的目标；第三，承接者通常能结合专业特点、管理经验等自身优势提供图书馆服务。② 与其他购买方式相比，竞争性购买具有的优点：通过公开透明的招标，有效地防止腐败，降低政府购买成本；发挥承接者的自身优势，提高服务质量；具有成本约束机制，通过最小的成本获得最大效益。③ 竞争性购买可使更多的社会组织和企业参与到公共图书馆服务的提供，壮大可供选择的竞争市场，政府通过比较社会信誉、承接价格、服务质量、方案可行性等，找到最为理想的承接方来实施项目，体现政府购买公开透明和效益最大化的原则。例如，2018年，贵阳市南明区图书馆建成后，由南明区文体广电局引入公开竞争机制，通过比较服务提供商的报价、运营实力、专业实力、综合实力、业绩、获奖和运营方案等，择优选择具备运营现代化公共图书馆实力的社会机构。

三、通过合同管理项目

政府购买服务的合同管理，一方面为公共图书馆服务的供给提供多元化的选择；另一方面也对政府的管理能力尤其是合同管理能力提出挑战。合同

---

① 李雪. 北京朝阳尝试社会力量运营图书馆［EB/OL］.（2014-01-27）［2020-08-11］.http://www.wenming.cn/whhm_pd/yw_whhm/201401/t20140127_1720165.shtml.
② 王浦劬，等. 政府向社会组织购买公共服务研究：中国与全球经验分析［M］. 北京：北京大学出版社，2010：20-22.
③ 魏中龙，等. 政府购买服务的理论与实践研究［M］. 北京：中国人民大学出版社，2014：138.

管理包括三部分内容：一是购买服务的操作流程是否规范。具体包括购买服务的申请（或招投标）、审批（或签约）、提供、评估、结算等环节要求合理、规范。二是合同签订的内容是否科学、周密。在合同中要明确所购买服务的范围、内容、数量、质量要求，以及服务期限、项目金额、评估标准、绩效考核办法、资金支付方式、权利义务和违约责任、协议变更及解除等内容，如果合同内容存在遗漏、不合理等问题，会为以后的纠纷埋下隐患。例如，安徽省某图书馆的运营外包合同中未涉及报刊合订本的装订事项，甲、乙双方就为该项工作应由谁负责、费用应由谁承担而互相推诿。[①] 又如，在某镇图书馆社会化运营过程中出现了承接方转包的现象，由于合同内容对此没有加以约束，政府只得采取默认的态度，项目风险系数无疑增大。三是监督管理措施是否到位。政府与民众同时负有监督承接方提供服务的职责，防止图书馆服务公益性、专业性的丧失。政府部门基于合同监督承接方是否提供等值的服务，通过跟踪监管承接者提供服务的全过程，加强对服务成果的检查，发现运行管理中违反合同约定或损害读者权益的行为，及时督促承接方纠正或完善。民众作为图书馆服务的实际享用者，具有按其亲身感受来监督承接方工作的权利，并通过与政府、承接方的沟通交流渠道，对接受的图书馆服务进行公正评价。例如，上海浦东新区曹路镇政府组建艺术文化中心理事会，理事会由代表政府部门、社会民众、浦东图书馆等不同群体的11名理事组成，共同对民办非企业单位"浦东上上文化服务中心"运营艺术文化中心的情况进行监管，监管范围包括承接者全年工作计划、重点工作项目和活动方案、财务预算报告及对外合作项目等。[②]

四、评估兑现承接方费用

公共图书馆运营服务到了合同约定的考核期，作为出资方的政府应邀请

[①] 易斌，葛琳琳，黄华彩，等. 我国政府购买图书馆服务的责任缺失及应对策略［J］. 图书馆建设，2018（5）：90-94，101.
[②] 曹之光. 探索公共文化服务创新的"浦东样本"［N］. 浦东时报，2015-03-05（10）.

第三方，包括评估机构、专家学者或普通民众，根据合同规定的考评标准，对承接方生产的公共图书馆服务项目及其实施过程、影响、效果等因素进行项目评估。考核评价包括服务外包任务的完成数量和质量、服务队伍的建设和管理、服务能力和管理水平、管理规章的执行和落实、群众知晓度和满意度等方面。合同约定的考核时间包括阶段性考核、年度考核和项目全部完成后考核。如果承接方的运营成效达到或超额完成合同规定的考核标准便通过评估，政府按照合同规定的期限拨付相应的款项。如果年度考核通过，可续签下一年度的合同，考核为优秀的，甚至可给予承接方一定的经济奖励。如果考核结果没有达到考核标准，依据合同约定和权责划分扣减其项目资金或解除合同，以此提高政府购买服务项目的效率和效果，促使承接方保持较强的自律性。例如，成都市武侯区图书馆的服务外包采取月月评价、季度付款的方式，政府从人员保障、服务效能、业务建设、服务创新四大方面制定服务指标及考核实施细则。承接方通过考核后，政府支付本季度应付款项，如月考核不合格，将根据分值对应的服务扣除相应的费用，并给予一个月时间整改，若经过整改后仍不合格，政府将不退还履约保证金；连续3个月考核不合格，除扣除与分值相对应的服务费用外，政府有权解除合同。

第三章

政府购买公共图书馆

运营服务的国际经验

第一节 国外政府购买公共图书馆服务概况

一、国外政府购买公共图书馆服务的背景

20世纪70年代末,随着社会福利开支的急速扩大,英国、美国等发达国家的财政收入难以维持公共服务的开支,政府垄断公共服务的低效供给无法满足民众不断扩大的服务需求,西方国家开始认识到公共服务领域引入市场机制的必要性。从西方发达国家的实践来看,政府购买公共服务经历了起步、逐渐开展、继续完善三个阶段。[①]

(一)起步阶段(20世纪70年代末至80年代末)

受新公共管理运动影响,在"政府失灵"等核心理念推动下,政府为减少开支、提高效率,开始从公共服务"生产者"转向"提供者",引入市场机制,将公共服务的提供主体转移到外部,从而提高服务效率。这一阶段营利的私营公司开始成为公共服务提供的重要力量。20世纪70年代以来,公共服务领域中营利机构的数量增长迅速,成为服务供给主体之一,为培育充分的竞争市场奠定了基础。

---

① 冯华艳. 政府购买公共服务研究[M]. 北京:中国政法大学出版社,2015:91-92.

（二）发展阶段（20世纪80年代末至90年代末）

随着公共治理理论等的兴起与发展，西方发达国家开始意识到公共服务的购买不能只关心成本效率问题，维护公共利益和公民权利才是公共服务的根本追求，于是这一阶段公共服务提供开始重视多方参与，提供方式主要以合同外包为主，购买资金也由指向性拨款向竞争性购买转变，力求实现高效服务和社会公平之间的平衡。该阶段政府购买公共服务一般有委托运营、分类补贴、契约购买三种方式。此外，政府使用凭单方式让使用者能凭券自由选择服务提供方；采取贷款或担保方式促进基础设施建设；通过税收优惠方式吸引服务供给方参与项目提供。在图书馆领域开始出现管理外包的实践，1983年，美国白宫管理与预算办公室（Office of Management and Budget）出台《联邦政府采购指南（FAR）》，允许政府购买图书馆服务。1997年，美国加利福尼亚州河滨县将图书馆外包给私营公司。1999年，美国加利福尼亚州赫米特市（Hemet City）雇用私营公司建设和管理运营公共图书馆。[1]

（三）完善阶段（20世纪末至今）

20世纪90年代后期，各国受"第三条道路"理论影响开始理性反思，政府购买公共服务发展速度逐渐平缓化，纷纷强调政府的主导作用，综合运用计划和市场两种手段，提供方式由完全合同外包过渡到公私混合，提供优质的公共服务，促进非营利组织发展。法国等国逐步向集权化方向发展，对关系国计民生的公共服务项目采取谨慎保守的购买态度，政府对涉及公民基本权利、特殊群体发展直接提供的比例已达一半以上。英、美等国购买公共服务的领域仍较广，但仍采用公私混合提供方式。[2] 此时，图书馆管理外包的范围进一步扩大，2008年，英国伦敦豪恩斯洛自治区（London Borough of

---

[1] 关思思. 美国公共图书馆管理外包的案例分析与争论借鉴[J]. 图书与情报，2019（1）：91-99，47.
[2] 张汝立，陈书洁. 西方发达国家政府购买社会公共服务的经验和教训[J]. 中国行政管理，2010（11）：98-102.

Hounslow）图书馆成为英国首家将服务整体外包给私营公司的图书馆。2003年，日本颁布《地方自治法》，对"公共设施"引入"指定管理者制度"，大幅度扩大委托范围，下放管理运营权限。[①]

二、国外政府购买公共图书馆服务的模式

国外政府购买公共图书馆服务实际上可以简单归纳为三种不同的模式：第一种是部分服务购买。图书馆外包后馆员依然保持公共雇员身份，但由私人承包商监督馆员的工作。第二种是整体购买。在这种管理模式下，承接主体对图书馆的行政、资源购置、员工雇用及日常监督等实施部分或一体化管理，负责图书馆的日常运行工作，政府保留政策制定的权利，承接主体按时向政府汇报图书馆的日常运营情况。第三种是岗位购买。如图书馆馆长职能的外包，是将图书馆交由专业管理人才，从而发挥管理者职能，类似于企业管理中的高层顾问方式，图书馆内的其他员工仍属于公共雇员。当然，履行馆长职能的管理者需要具备图书馆规定的相关任职资格与条件。[②]

国外政府购买公共图书馆服务的承接者类型主要有私营企业、非营利组织和志愿者等。私营企业承接，是政府通过购买方式，最终选择私营企业作为购买服务的承接者。非营利组织承接，是指非营利组织最终成为政府购买公共图书馆服务的承接者。如英国格林威治（Greenwich）和旺兹沃思（Wandsworth）地区图书馆由格林威治休闲有限公司（Greenwich Leisure Limited，GLL）运营。[③] GLL 于 1993 年成立，是一家专注于公共体育和文化休闲中心运营的慈善机构，旨在为社区提供高质量且价格亲民的社区休闲服务和健身设施。志愿者运行图书馆（volunteer library）是近些年开始出现的一种新兴现象。在英国，由志愿者运营的社区图书馆目前通过独立、社区

[①] 陈俊翘，诸葛列炜. 新公共管理影响下的国外公共图书馆总体外包研究——以美英日为例［J］. 图书馆论坛，2013，33（1）：52-58.
[②] 史倩，郑晓渊."管理外包"模式在美国公共图书馆中的应用［J］. 知识经济，2016（2）：78.
[③] GLL. About us［EB/OL］.［2019-02-20］. http://www.gll.org/b2b/pages/3.

管理和社区支持三种方式运作。独立方式由志愿者单独完成服务，社区管理方式是大部分服务由志愿者完成，社区支持是政府公共雇员和志愿者共同完成服务。[①]据统计，到2017年英国至少已经有482所完全由志愿者管理运营的图书馆，大约10所图书馆中，就有1所是完全由志愿者来管理的。成功的案例有查尔方特社区图书馆（Little Chalfont Community Library）、摩让波（Morrab）图书馆[②]等。

三、国外政府购买公共图书馆服务的机制

由于公共图书馆的公益属性强，因此国外政府重视购买图书馆项目流程的把控，以此来维护服务的专业性。

（一）买前评估

国外政府在外包图书馆服务之前都会进行严格的前期评估，也正因为如此，很多有此想法的地方政府，因为民众的反对而最终选择维持图书馆的公共运营方式。

（1）评估内容。主要包括必要性评估和可能性评估。必要性评估是评定图书馆现有的管理和服务水平，以此来决定是否有必要进行管理方式的转变；可能性评估是评定是否有足够的资金和人力、适当的可购买资源、足够的民众支持来开展外包活动。

（2）评估人员。在实际运作中，政府部门或图书馆理事会一般会直接构成后期的招标评估委员会。从理论上讲，评估委员会应由公共图书馆的利益相关者，包括服务居民、图书馆理事会或城市委员会、政府代表等构成。

（3）评估方式。可通过专家评估和民众反馈来实现。专家评估是建立专业的评估标准，对图书馆的管理和服务现状做详细科学的判定；民众反馈是

---

① 关思思. 从承接者角度浅析英国公共图书馆社会化管理运营实践［J］. 图书馆学研究，2019（5）：87-93.
② About the library［EB/OL］.［2019-02-20］. http://morrablibrary.org.uk/history/.

从图书馆使用主体视角对管理和服务的一种评定,包括服务居民的反馈和图书馆工作人员的反馈。一般情况下,这两种评估方式都是并行交叉使用,所以专家的评估和民众的意见都在很大程度上影响着外包结果。

(二)购买方式

国外政府购买公共图书馆服务有五种购买方式。

(1)合同外包。政府通过公开招标、直接拨款等购买方式,与私营部门签订图书馆服务购买合同,政府根据其提供服务的数量和质量,负责从公共预算中支付合理的费用给私营部门。合同外包是政府购买图书馆服务的主要方式。

(2)公私合作。政府不出资购买私营部门提供的服务,而是充分发挥政府部门和私营部门的各自优势,通过风险共担、相互合作、共享收益的方式共同提供图书馆服务。它是一种特殊形式的合同外包。

(3)特许经营。政府作为特许人,通过比较给出的竞价、市场服务水平与诚信记录等因素,将原由政府承担的图书馆服务准许一家或多家私营部门为供应商,即被特许人提供,被特许人按照合同约定在政府的监管下从事生产活动。

(4)使用者部分付费。按照"谁享用、谁付费"的原则,政府向使用某项图书馆服务的消费者收取部分成本费用,其目的是通过付费方式把价格机制引入公共服务,从而合理配置公共资源,防范因免费提供公共服务产生的资源配置浪费现象。

(5)发放凭单。政府部门给有资格消费图书馆服务的某些社会公众发放优惠券,社会公众通过凭单在政府指定的图书馆服务生产机构中进行消费,然后政府用财政资金兑换各机构接收的凭单。[①]

(三)开展购买

在开展招标购买图书馆服务时,政府会组建招标委员会、编制招标文

[①] 上海金融学院城市财政与公共管理研究所. 政府购买公共服务:理论、实务与评估[M]. 北京:中国财政经济出版社,2015:61-62.

件、公布招标计划，然后符合条件的投标人便开始投标，评标委员会再进行开标、评标、定标等工作；如果是采取谈判购买或单一来源采购的方式，政府会组建谈判委员会、编制购买方案，然后和供应商展开谈判。招标文件或购买方案的编制是购买主体对图书馆管理和服务的一种期许，是购买人展开招标或谈判的依据，是购买合同达成之后购买主体评定承包商工作的依据和标准，所以在编制该文件时一定要有充分的前期调研。合理科学的购买方案的编制，要依靠高水平的评标或谈判委员会。委员会的构成划分、具体成员的组成比重需要根据具体的购买项目而定。参加投标者包括企业、图书馆、馆员联盟、图书馆之友或其他机构等。其中，企业是最常见的承包商；公共图书馆也可作为承包商，美国河滨县曾经由河滨市公共图书馆（Riverside City Public Library）承包运营；[1] 和图书馆有关的社会组织，如馆员联盟、图书馆之友等，虽然也有参与投标，甚至被邀请参与招标活动，但是因为有些组织不具有独立法人资格，在实际的评标过程中，没有资格参与竞争，而更多的是为招标者选择其他具有竞标资格的承包者提供参考意见。

（四）合同监督

如果招标或谈判达成，则购买主体与承包者签订承包合同，并进行管理上的交接。而此时对于购买主体来说，其外包的工作并未完成，而是进入实际的执行监督阶段。监督承包者按合同执行的方法主要有两种：一是政府人员兼职开展监督；二是政府设置专门的监督员职位进行专职监督。两种形式中，第一种比较常见，很多外包合同中都声明将由政府工作人员来监督合同的执行情况；第二种形式很少，实践案例是美国加利福尼亚州的河滨县专设"县图书馆员"职位来进行专职监督。[2]

---

[1] Riverside County Library System—Riverside County Libraries［EB/OL］.［2019-01-07］. http://www.rivlib.info/.

[2] BAKER R L. Outsourcing in Riverside County: Anomaly, not prophecy［J］. Library Journal, 1998（5）: 34-37.

（五）事后评估

在合同内容中会有合同执行双方相互评估的标准和评估周期。合同双方都会对合同的执行情况进行评估，以便随时调整合作状态；当合同即将到期，会有一次最终的评估，来决定合同的续约与解约。

第二节　美国政府购买公共图书馆运营服务[①]

一、美国公共文化服务社会化特征

美国公共文化服务体系建设讲求效率又维护公平，政府动用公共资金满足公民最基本文化服务需求，同时坚持市场化的发展理念，通过政府的间接式资助，形成以社会力量为主、政府组织协调为辅提供各种公共文化服务的格局。

（一）政府进行间接扶持

在美国，以公共图书馆、博物馆、演出剧场（院）、游乐场及公园等文化设施提供的公共文化服务种类丰富、形式多样，但是美国没有建立专门部

---

① 本节内容参见：关思思. 美国公共图书馆管理外包的案例分析与争论借鉴［J］. 图书与情报，2019（1）：91-99，47；关思思. 从承接者角度浅析美国公共图书馆社会化管理运营［J］. 新世纪图书馆，2019（11）：81-86.

门对文化进行直接管理,而是采取间接管理模式,即政府主要是引导扶持,通过出台激励扶持政策,引导企业、非营利组织和个人赞助公共文化。美国扶持公共文化的机制分为四层:第一层是总统艺术与人文委员会,它是国家文化发展政策机构,负责政策的研究。第二层是联邦公共文化机构,如国家艺术基金会、国家人文基金会,代表政府对文化机构进行协调和资助。通过基金会对文化艺术进行资助,虽然资助的金额有限,但是获得资助的企业和组织,意味着得到了联邦政府的认可和支持,从而更容易获得社会的认同和其他渠道的资金。第三层是各州、郡、市公共文化机构,如文化委员会、基金会,主要负责引导民众参与公共文化,并发放地方政府的少量资助。第四层是公共文化机构,如公司、社会组织,他们直接提供公共文化服务。① 同时,联邦政府规定,文化机构如果得到了政府的资助,必须向社会其他渠道获得相当于政府资助额的 7~8 倍进行配套。② 通过这种间接扶持机制,美国的公共文化社会化效应得到很大程度的发挥。

(二)规范化的政府购买

美国政府购买公共服务注重立法政策先行,通过完备的法律法规和严格执行财政预算作为购买公共文化服务的基础保障。一方面,对政府购买公共文化服务进行法律规范。1761 年,美国政府颁布《联邦采购法》,经过多年的发展建立起完善的公共采购法律体系,仅联邦与州政府出台的相关法律制度已经有 500 多个③,既有《联邦采购政策办公室法》《联邦财产与行政服务法》《合同竞争法》等基本法,又有《联邦绩效与结果法》《联邦采购规则》及联邦政府各部门制定的采购实施细则,各州还有基于本州特点的相应立法。完备的法律对政府购买公共文化服务的众多环节、细节都进行详细的规定,使各级各类

---

① 金莹. 基层政府购买公共文化服务的理论与实践[M]. 武汉:武汉大学出版社,2017:32-34.
② 冯庆东. 美国公共文化服务体系建设与管理的主要特点及启示[J]. 人文天下,2015(16):18-21.
③ 郑卫东. 政府购买服务的监管问题研究[M]. 上海:上海人民出版社,2019:140.

政府的采购活动全程都有法可依。另一方面，政府购买公共文化服务的每一笔经费都须纳入年度预算，经国会审议通过。对购买公共文化服务，要事先作出详尽的规划，阐明目标、价值及评估方式等，以保证随后对各参选文化机构比较选择、交流评估的顺利进行和结果的客观性。①

（三）非营利组织广泛参与

美国公共文化建设的重要特征是公民参与，参与的重要形式之一就是通过非营利组织实现，据统计，美国有80%的人有非营利组织的工作经历。②美国拥有全世界最发达的非营利组织，在公共文化服务事业中发挥着最重要的作用。非营利文化组织的经费来源渠道：一是经营收入（门票、会费等）。一般而言，经营收入占非营利文化组织收入的40%~50%。二是接受捐赠资助。捐赠对非营利文化组织至关重要，如果没有社会捐赠，即使是那些一流文化机构也难以维持生存。例如，美国交响乐团演出收入占总收入的42%，其余都来源于捐赠收入，其中33%来自民间捐赠，16%来自基金会，6%来自政府资助。与欧洲国家相比，美国非营利文化艺术机构接受捐赠比例是最高的。③非营利文化组织作为公共文化产品或服务的重要提供主体，在提高社会自治和促进社会和谐方面也发挥着巨大作用，如提高公民思想品德、精神文化水平与贫困灾害救助。因此，美国通过各种优惠政策，如免税减税、经费补贴等减少非营利组织的运作成本，达到间接支持非营利机构发展的目的。④

二、美国公共图书馆管理外包情况

公共图书馆服务外包的概念首次出现在1847年，美国耶鲁大学的学生

---

① 金莹. 基层政府购买公共文化服务的理论与实践［M］. 武汉：武汉大学出版社，2017：33-35.
② 肖婷. 美国公共文化服务体系建设研究［D］. 武汉：湖北大学，2014：16.
③ 凌金铸. 美国公共文化体制的结构［J］. 上海交通大学学报（哲学社会科学版），2013（6）：77-85，100.
④ JEFFRI J. Arts money［M］. New York：Neal-Schuman Publisher，1983：115.

威廉·波尔（William F. Poole）从学生社团创建了图书馆的期刊索引，并于1848年由普特南森出版公司（G. P. Putnam's Sons）出版。1901年，其他图书馆购买美国国会图书馆生产的目录卡，这是早期的编目业务外包。① 自此，图书馆继续将外包业务扩展，从图书装订、采购到安保等。外包的选择通常是基于外部公司更有效地提供服务并能降低成本，图书馆界逐渐普遍接受这种趋势，并确实受益于以往的外包服务。② 有的研究者认为，外包被应用在图书馆的管理运作上日趋普遍，是源自19世纪80年代初法律和专门图书馆起的带头作用，这股趋势继而吹向公共、政府和学校图书馆界。这是因为外包在工商企业领域，尤其是在信息技术领域相当普遍和有效，而多数的法律和专门图书馆是附属于私人公司的，所以很多专门图书馆也就吸取或引用类似的管理模式，以求降低其运作成本并提高生产力。20世纪80年代中后期，美国大部分图书馆将大量机械性劳务如清扫、安保、拆包、装订、贴书标、上下架工作进行外包。随着图书馆事务性工作外包的普遍应用，1993年美国怀特州立大学图书馆把编目业务外包给联机计算机图书馆中心的技术专家（OCLC TechPro）。此后，图书馆业务外包扩展到采购、信息服务等核心业务领域。

随着外包的日渐普及，许多私人公司不仅将其所属图书馆的一些业务外包，甚至将整个图书馆外包。1995年，总部设于美国芝加哥的贝克与麦肯奇法律事务所（Baker & McKenize）的图书馆工作人员全体被公司裁撤转而外包的事件，曾引起美国图书馆界的密切关切。美国法律图书馆协会甚至将其1995年12月版的《通讯月刊》（AALL Newsletter）封面改用黑色以示抗议。美国联邦政府的图书馆也有许多是部分外包或是整体外包的，如航空暨太空总署、劳工部、环境保护署等政府部门内部图书馆皆交予承包商管理。而在美国首都华盛顿地区附近就聚集着许多专门承包政府部门图书馆的承包商，

---

① ALA. The impact of outsourcing and privatization on library services and management［EB/OL］.［2018-09-17］. http://www.ala.org/tools/sites/ala.org.tools/files/content/outsourcing/outsourcing_doc.pdf.
② HILL N M. Outsourcing public library management［J］. Public Libraries，2011（2）：14-20.

如拉巴特（LABAT）、图书馆管理系统（Library Management Systems）等公司。他们承包的图书馆业务包括编目、期刊装订、缩微影片处理、参考咨询服务等，甚至一些全国性的厂商，如联机计算机图书馆中心（OCLC）、贝克与泰勒（Baker & Taylor）、北美布莱克威尔（Blackwell North America）等都另设部门专门承包图书馆业务。其中，OCLC更是积极地向此领域进军且走向国际化，除提供一贯的书目控制业务外，其于1996年开始成立亚联（AISALINK），代理图书馆选购、编目和处理亚洲语言方面的资料。1997年，夏威夷州立图书馆决定外包图书馆馆藏选择的做法引起图书馆界的广泛争议，该合同虽然随后被取消，但夏威夷州立图书馆外包的决定导致美国图书馆协会（ALA）组成一个外包任务组（Outsourcing Task Force）来审查ALA与外包相关的政策；并且在1998年ALA冬季会议上设置公开论坛来讨论外包对图书馆的影响，1998年1月还在ALA会刊《美国图书馆》（American Libraries）刊登有关外包的专文。这些做法都充分显示图书馆界对外包问题的重视。[1]

美国地方市政当局为了应对经济的持续低迷和公共预算的日益削减，从1997年开始，将一些图书馆的部分业务外包扩展到图书馆管理的外包，先行者包括加利福尼亚州河滨县和新泽西州泽西市等。1997—2007年，美国有13个图书馆系统外包出去，分散在加利福尼亚州、得克萨斯州、田纳西州、俄勒冈州、佛罗里达州的市、郡县或镇。2007—2010年，没有新的外包案例出现。直到2010年，又有5个图书馆系统外包出去。社区也在探索图书馆外包。2010年年初，在停滞一段时间后又出现迅速增长的态势。但总体上看，美国公共图书馆管理外包的未来并不明朗，依然在质疑与探索中进行着，有的取得良好效果，但也有不少因各种原因导致失败的外包案例。例如，在已经外包给私营企业的图书馆中，加利福尼亚州的卡拉巴萨斯（Calabasas）公共图书馆在2007年6月回归政府管理，得克萨斯州的兰开斯特（Lancaster）退伍军人纪念图书馆（The Lancaster Veterans Memorial Library）在2008年10月回归政府管理。

---

[1] 刘朱胜. 外包工作的执行计划 [J]. 图书与资讯学刊, 1999（30）: 68-81.

三、美国公共图书馆管理外包案例

1911—1997 年的 86 年间,加利福尼亚州的河滨县政府与河滨市公共图书馆签订合同,委托河滨市公共图书馆向县居民提供图书馆服务。根据合同,河滨市公共图书馆董事会控制图书馆的所有政策,雇用所有人员。与其他地区不同的是,县政府拥有管辖范围内图书馆服务网点的所有建筑、家具、库存和设备等。然而到了 1993 年,加利福尼亚州议会改变图书馆税法,要求将税收的一部分用于对公立学校的资助。这项法律的变化导致该县可用于支付图书馆服务的资金大幅度减少,最后导致河滨市公共图书馆降低了对县辖居民提供图书馆服务的水平。河滨县政府对其降低服务水平的做法提出抗议,并声称河滨市公共图书馆的收费太高,而且收到的服务与合同条款规定和实际支付的资金并不符合。这场争论持续了多年,最终导致县政府投票退出与河滨市公共图书馆签订合同,建立一个单独的县级控制的公共图书馆系统。

河滨县政府由于没有运营图书馆的经验和能力,经过公开招标,1997 年 7 月 1 日,美国图书馆系统与服务公司(Libraries Systems and Services,LSSI)[①] 正式开始运营河滨县图书馆系统。河滨县与私营公司合作的内容包括:第一,该县拥有提供公共图书馆服务所必需的有形资产,只需要人员来运营管理。私营公司提供管理服务,雇用所有必要的工作人员。第二,该县还设立一个顾问委员会,在县议会批准下负责制定图书馆政策,但仅限于一般性的事务政策。第三,该县另外聘请一名专职图书馆管理员(馆长)担任图书馆合同管

---

① 美国图书馆系统与服务公司,简称 LSSI,是美国唯一一家提供图书馆管理运营外包服务的公司,其地位大致相当于美国第五大图书馆系统。LSSI 成立于 1981 年,总部设在美国马里兰州日耳曼敦,初期从事 MIN MARC(迷你机读目录格式)微型电脑编目系统和图书馆相关软件的开发。1997 年该公司开始承接第一个公共图书馆管理运营外包合同,目前承接的外包业务还有自动化系统管理、系统分析、编目和图书加工、馆藏分析、图书馆空间设计、员工支持及数据库等。参见:ODER N. When LSSI comes to town [EB/OL].[2019-02-20]. http://lj.libraryjournal.com/2004/10/managing-libraries/when-lssi-comes-to-town/.

理人，负责批准所有的采购、运营政策，并监督合同的执行，直接向县长汇报。[1] 虽然这名图书馆员负责监督外包合同，但没有对图书馆直接运作的行政权力。在服务时间上，LSSI 接管后，将河滨县图书馆的服务时间延长 1 倍。员工方面，LSSI 基本保留了原来的馆员骨干，他们仍然得到同样的薪水、休假时间和发展机会，许多人在职业生涯中首次获得 401k[2] 和社会保障。这让 LSSI 得以在签约后迅速接管整个图书馆项目，并且缩短新体制变革带来的适应期，也减少了地方政府机构对相关人员再就业的困扰，来自图书馆内部员工的反对阻力也小了很多。

在 1998 年，即 LSSI 运营图书馆的第一年，运营经费就降低 90 万美元，开放时间平均增加 34%，资料流通量增加 15%，社区活动也显著增加。到 2002 年，每周开放时间增加了 1 倍，购书经费增长了 250%，员工总数增加了 57%，几家旧馆的建筑得到更新和改造，而财政支出基本没有变化。到 2015 年，与 1997 年相比较，河滨县图书馆的分馆从 20 个增加到 38 个，每周开放时间从 612 小时上升到 1488 小时，资料流通量从 190 万册次上升到 240 万册次，活动参加者从 2 万人次增加到 14 万人次。另外，LSSI 不断添置和升级图书馆的设备和系统，2010 年实现了 RFID 自助服务系统，2015 年全县所有图书馆都可以使用 Wi-Fi 接入，200 多台计算机终端、5 台 3D 打印机、电子阅读器等免费供用户使用。同时，通过 LSSI 的努力，河滨县图书馆获得了近 600 万美元的社会捐赠，为当地政府节约不少纳税人的钱。[3] 2016 年，河滨县委托一家独立咨询机构对 LSSI 的运营表现进行评估，报告

---

[1] BAKER R L. Outsourcing in Riverside County: Anomaly, not prophecy [J]. Library Journal, 1998（5）：34-37.
[2] 美国 401k 是指美国 1978 年《国内税收法》新增的第 401 条 k 项条款的规定，是一种由雇员、雇主共同缴费建立起来的完全基金式的养老保险制度，20 世纪 90 年代迅速发展，成为美国诸多雇主首选的社会保障计划。
[3] LSSI. Changing direction: The story of Riverside County's historic partnership with library systems & services [EB/OL]. [2019-07-21]. http://www.lsslibraries.com/sites/default/files/Case_study_Riverside.pdf.

最终指出 LSSI 很好地履行了管理图书馆的义务。[①] 这说明在更少的经费支出条件下，LSSI 并未缩减其服务，反而给当地居民带来更好的图书馆服务。

河滨县是 LSSI 承接的第一个整体外包的图书馆，也是美国第一个公共图书馆管理外包案例，LSSI 一直以承接河滨县外包的案例作为其宣传的样板。在外包过程中，LSSI 的确帮河滨县实现了更多的服务增长，开发了更多的合作伙伴关系，完成了更多的建设项目，且没有给当地政府造成财政压力，其比相同规模和资源的图书馆系统取得更多的创新和更大的成功。2005 年，LSSI 被美国图书馆协会授予了著名的约翰·科顿·达纳奖（John Cotton Dana Award）。然而，河滨县的模式是否具有可复制性，能够在一定程度上推广呢？这一点还有待考察。

第三节　英国政府购买公共图书馆运营服务[②]

一、英国公共文化服务社会化特征

英国公共文化服务发展以分权为主要特色，强调社会力量参与，政府坚持"一臂之距"的公共文化管理原则，通过制定文化政策调控公共文化事业的发展，达到管办分离的目的。

---

① ALA. The impact of outsourcing and privatization on library services and management [EB/OL]. [2018-09-17]. http://www.ala.org/tools/sites/ala.org.tools/files/content/outsourcing/outsourcing_doc.pdf.
② 本节内容参见：关思思. 从承接者角度浅析英国公共图书馆社会化管理运营实践 [J]. 图书馆学研究，2019（5）：87-93.

（一）"一臂之距"原则下进行管理

英国文化管理体制形成了比较完整的中央和地方三级管理架构，中央一级是文化行政管理部门——文化新闻与体育部；中间一级是各类文化艺术委员会和地方政府，文化艺术委员会是非政府文化组织，包括英格兰艺术理事会、工艺美术委员会等；基层一级是英格兰的10个地方艺术理事会和苏格兰艺术委员会、威尔士艺术委员会及北爱尔兰艺术委员会。三级管理机构通过"一臂之距"制定、执行统一的文化政策和逐级分配、使用文化经费。"一臂之距"是指英国政府文化管理部门负责制定公共文化政策和统一划拨公共文化经费，并不干涉文艺团体和机构的具体事务，而将大量的公共文化服务职能和具体事务管理权限转交给非政府文化组织，由他们独立运行，代表政府对文艺团体和机构进行评估及经费分配等。"一臂之距"的公共文化管理模式，一方面减少了政府机构的行政事务，保证政府工作的高效运转；另一方面使政府机构不直接与文艺团体和机构发生联系，有利于检查监督，避免产生腐败。[①]

（二）多元化参与下共同出资

在公共文化事业资助上，英国政府是主要出资者，同时还积极鼓励企业、组织和个人赞助，形成政府、社会力量共同出资的多元化资助模式。一方面，政府不直接对文艺团体和机构提供资金支持，而是通过非政府文化组织对公共文化服务实行财政资助，政府财政资助还是有限额的，即使是长期享受政府资助的团体和机构，政府的财政资助一般只能占其收入的30%左右。[②] 政府财政资助引入竞争机制，需经过文化艺术委员会的监督与评估，依据评估效果获得一定数额的资助。另一方面，政府鼓励工商业和社会人士

[①] 王列生，郭全中，肖庆. 国家公共文化服务体系论［M］. 北京：文化艺术出版社，2009：261-263.
[②] 苗瑞丹. 英国公共文化服务的分权与共治经验及其借鉴［J］. 马克思主义与现实，2016（4）：169-175.

赞助公共文化活动。[①] 主要措施是成立企业赞助艺术联合会和发行国家彩票。彩票收入由政府部门按一定比例划拨给全国 11 个具体分配的地区、行业文化公益事业委员会，由他们根据文艺团体和机构的申请而审定拨款额度。通过发行国家彩票，动员和鼓励全民投资公共文化事业。2014—2015 年，英国来源于彩票公益基金的公共文化资金分配投入已超过 50%。

（三）社会化模式下运营

在英国公共文化发展模式中，国家通过财政拨款成为赞助者，而具体运营则由非政府文化组织通过建立覆盖全国的管理网络体系开展社会化运营，实现对全国文化事业的协调管理。非政府文化组织由相关领域的中立专家组成，凭借其专业知识、行业经验和规范操作，独立履行政府的委托职能，使英国的文化发展保持自身连续性。其职责包括：一方面，为各级政府的公共文化政策提供咨询和建议，反映文艺团体、机构的诉求和民众的公共文化需求，起到政府和民间的桥梁作用；同时，及时提醒政府不能对公共文化机构进行过多的行政干预，减少各种党派纷争对于公共文化政策的不良影响。另一方面，具体分配、评估公共文化拨款，并协助政府制定和具体实施政策。非政府文化组织决定公共文化的购买项目、经费、对象、具体方式及不同阶段的重点，并定期进行项目和机构的评估，确保财政资金的使用效率和效果。[②]

二、英国公共图书馆管理外包情况

英国自 1979 年开始将市场经济引入公共服务领域。1992 年，在实现国有企业民营化、普及公共事业外包之后，英国政府提出"私人融资计划"（Private Finance Initiative，PFI），即政府发布公共基础设施建设

---

① HM Treasury. Public private partnerships［EB/OL］.［2019-01-16］. http://www.hm-treasury.gov.uk.
② 金莹. 基层政府购买公共文化服务的理论与实践［M］. 武汉：武汉大学出版社，2017：24.

项目,通过招标由获得特许权的私营部门进行建设与运营,并在合同期结束时将设施和项目归还政府。私营部门从政府或服务方收取费用以回收成本,获取利润。[1] 21世纪第一个十年后期,英国中央政府启动"公私合作伙伴制"改革计划。[2]然而,2008年受世界经济危机和衰退的影响,英国政府决定大幅削减公共图书馆经费,改由各地方政府根据当地具体情况从行政经费中支出,导致数百所公共图书馆关闭,数千名员工失业,爆发了"图书馆危机"。[3]据英国特许公共财政与会计协会(CIPFA)的统计,2010年以来英国公共图书馆总经费支出和各类明细均有大幅度下滑。[4]英国公共图书馆的数量也在减少:2003—2004年为4622所,2009—2010年下降到4482所,2013—2014年4023所,2015—2016年3850所。[5]除了直接关闭,其他幸存的公共图书馆也面临着开放时间、购书经费和人员数量上不同程度的削减。

对公共图书馆经费的削减引起民众及图书馆界的强烈抗议。[6]但在经济危机的压力下,为了更有效利用经费开支,政府认为,有必要广泛吸纳志愿者团体、基金会、慈善机构、私营企业、大专院校等参与图书馆的管理运营,甚至整体接管图书馆。在"私人融资计划"政策的指引下,一些公共图书馆也开始将服务及管理工作外包给企业、非营利组织,从而降低运营成本。英国公共图书馆存在三种运营模式:一是政府管理,政府继续在现有经费范围内开展服务;二是混合运营,部分业务实行外包,政府依然管控资源采购、服务开展、人员招聘培训等工作;三是整体外包,外部组织接管

---

[1] 金太军. 新公共管理:当代西方公共行政的新趋势[J]. 国外社会科学,1997(5):21-25.
[2] 毛少莹. 文化治理及其国际经验[J]. 中国文化产业评论,2014(2):71-99.
[3] 周力虹,黄如花,Tim Zijlstra. 世界经济危机下英国公共图书馆的生存与发展[J]. 中国图书馆学报,2015(1):16-27.
[4] Loughborough University. Trends in UK library and publishing statistics[EB/OL]. [2019-02-20]. http://www.lboro.ac.uk/microsites/infosci/lisu/lisu-statistics/lisu-statistics-trends.html.
[5] CIPFAstats[EB/OL]. [2019-02-20]. http://www.cipfa.org/services/cipfastats.
[6] GOULDING A. The big society and English public libraries:Where are we now?[J]. New Library World,2013(11-12):478-493.

图书馆，拥有完全独立的管理和运营权，政府不提供任何帮助和支持。[1] 以英国谢菲尔德市为例，该市根据公共图书馆的层级采取不同的运营模式：一是市中央图书馆，由市政府直接监督管理，提供综合服务，并对全市公共图书馆进行协调和督导；二是中枢图书馆，由市政府监督管理，设在交通便利地区，提供较为全面的服务，吸收大量的志愿服务者参与工作；三是社区图书馆，纳入公共图书馆服务体系，政府负责提供少量的运营经费和志愿者培训，负责管理的专业馆员数量很少，大部分工作由志愿服务者承担；四是独立图书馆，政府对没有认定的其他图书馆，将不提供任何帮助与支持，而是交由企业、社会团体和志愿服务者全权接管。[2]

英国目前仅在《地方主义方案》（*Localism Bill*）中提到，不论议会是否反对，服务外包都应作为公共部门的可选方案，使公共部门在运营及管理过程中能够作出最优选择。但是，英国尚未制定任何有关图书馆服务外包运作机制的具体规定，因此，在实践中可能会存在图书馆推卸责任并将相关服务都外包给私营部门，或者挑选合约承担者时存在暗箱操作等不良行为。

三、英国公共图书馆管理外包案例

豪恩斯洛自治区图书馆是英国第一个将图书馆服务整体外包给私人组织的图书馆。2008 年，伦敦豪恩斯洛自治区政府将其图书馆与文化服务整体都外包给约翰莱恩综合服务公司，外包期限为 15 年。该公司的主要任务是提升图书馆各方面的服务水平，确保图书馆 11 个分馆的人员配备、图书采购、工作时间及建筑维修等业务都能高效展开。

约翰莱恩综合服务公司是英国著名的非营利组织，在承包公共服务项目

---

[1] Sheffield City Council. The future of Sheffield's Library service [EB/OL]. [2019-02-20]. https://democracy.sheffield.gov.uk/documents/s14277/The%20Future%20of%20Sheffields%20Library%20Service.pdf.
[2] 周力虹，黄如花，Tim Zijlstra. 世界经济危机下英国公共图书馆的生存与发展 [J]. 中国图书馆学报，2015（1）：16-27.

方面积累了丰富的经验。自接管豪恩斯洛自治区图书馆之后，该公司虽缺乏图书馆管理经验，但采取多个有效措施或创新来改进图书馆服务。其一，改善图书馆的设施环境，使其更好地为用户服务。约翰莱恩综合服务公司非常重视图书馆的现代化问题，引进最新的技术和设施，如安装自助 RFID、Wi-Fi 和等离子信息屏，添加新家具和装修，修订室内布局及增强外部环境美化。用户对新技术反映良好，改装后归还的书籍中有 76% 是使用自助终端进行的。① 其二，为提高图书馆的运营管理效率，公司还引入新的财务管理系统，并将图书馆的建筑维修工作及其他管理工作，诸如人员招聘等转包给第三方公司，由其提供专业服务。其三，为提高各分支图书馆的利用率，在确保其每周开馆时长的前提下，公司还对各馆的开馆时间做了调整。其四，通过监控平台 EQ24/7 的创新功能，可以访问有关合同绩效指标的实时完成信息，并使公司能够为用户进行分析，确定趋势和改善服务。② 根据约翰莱恩综合服务公司的运营数据，截至 2010 年 12 月，公司已为政府节约了 125 万英镑的运营成本，用户到馆率也提高了 7%。但需要注意的是，豪恩斯洛自治区政府在此期间投入了 500 万英镑，用于图书馆的设施修缮；③ 并且，有 17 名工作人员因强制性裁员而选择离职。由于公众的强烈反对，政府停止了 8 个分馆的关闭计划，但外包以来的购书经费、开放时间和工作人员仍然不得不一再削减。即便如此，截至 2013 年 8 月，公司的运营仍然使图书馆借阅率再创新高。

2013 年 10 月，开瑞林（Carillion）公司收购了约翰莱恩综合服务公司，豪恩斯洛自治区图书馆的运营管理权也随即发生转移。开瑞林公司以文化社区解决方案（Cultural Community Solutions，CCS）④，即非营利组织的名义承接图书馆运营项目。同时，CCS 公布图书馆重组计划：配备具有图书馆专业背

---

① Case study［EB/OL］.［2019-06-11］. https://www.laing.com/uploads/assets/JLIS_CaseStudy_Hounslow_2.pdf.
② Case study［EB/OL］.［2019-06-11］. https://www.laing.com/uploads/assets/JLIS_CaseStudy_Outsourcing-Hounslow.pdf.
③ Hounslow Libraries reopening［EB/OL］.[2021-08-11］. https://mail.mck.do/1duat2c/hounslow-libraries-reopening.
④ Carillion Plc managing library contracts［EB/OL］.［2020-08-11］. https://www.gov.uk/government/case-studies/carillion-plc-managing-library-contracts.

景且经验丰富的团队，不用志愿者取代正式人员，利用新技术和新方法提高工作效率，利用 CCS 的非营利身份积极申请社会捐助，同时开展新书采购。但 CCS 运营的图书馆并不都令人满意，也有受到用户强烈批评和质疑的案例。例如，当地居民在网络上发起了"拯救克罗伊登（Croydon）图书馆运动"，列举出图书馆长期存在的图书摆放杂乱、计算机经常出故障、导航标识混乱及缺乏、卫生间环境太脏、楼道和阅览场所灯光昏暗等现象，反映了开瑞林公司资金缺乏、管理混乱的状况。

随后，开瑞林公司由于债务而处于崩溃的边缘，董事会的危机愈演愈烈，豪恩斯洛自治区政府担心开瑞林公司无法履行图书馆服务职责。2017 年 8 月，政府根据合同条款，提前终止与开瑞林公司的合作，收回对图书馆的控制权，以确保图书馆长远计划的实现和工作人员的稳定性。

第四节　日本政府购买公共图书馆运营服务

一、日本公共文化服务社会化特征

日本的文化政策形成于 19 世纪末，经历数次发展演化，尤其"文化立国"战略[①]号召为公民提供丰富的文化产品和服务，为多样化供给创造良好的环境。[②]

---

① 文化政策推進会議. 新しい文化立国をめざして – 文化振興のための当面の重点施策について – [J]. 月刊文化財，1995（9）：6.
② 于晗，赵萍. 日本公共文化服务的多元化供给及运营模式 [J]. 新视野，2014（6）：110–113.

（一）政策法规不断完善

日本文化政策法规体系从单一领域逐渐向文化产业和公共文化兼顾发展的方向转变。日本很早就将文化纳入社会教育范畴，1949年颁布的《社会教育法》对公共文化设施的设置和管理及文化艺术活动的开展提出明确要求。1995年7月，"文化政策促进会"召开，提出《新的文化立国目标——当前振兴文化的重点和对策》报告[①]，随后日本文化厅[②]撰写《21世纪文化立国方案》，正式确立"文化立国"方针，并成为国家基本政策。2001年日本通过《文化艺术振兴基本法》，2004年颁布《文化产品创造、保护及活用促进基本法》，2007年实施《观光立国推进基本法》，明确中央、地方政府的责任，促进公共文化事业的发展，保障民众创造和享用文化与艺术的权利。同时，日本也在不同领域制定多项法规政策，鼓励社会力量参与公共文化产品和服务提供，如1987年制定《休闲法》、1998年制定《特定非营利活动促进法》、1999年制定《PFI促进法》。

（二）发展资金多元提供

中央和地方，政府和企业，各层级和不同性质的发展资金为日本公共文化发展作出重要贡献。其一，日本中央和地方政府在财政上为公共文化服务提供必要保障，是发展资金的主要提供者，为民间艺术团体在艺术人员培养和举办文艺活动等方面提供具体支援。其二，企业及各类基金是日本公共文化服务融资的重要对象。企业对日本文化发展资金投入逐渐增大，日本传统文化对企业的影响根深蒂固，二者互相促进。基金会对日本文化艺术发展也提供稳定资金支持，其中包含专门的文化艺术基金会，也有面向文化艺术领

---

① 安宇，沈山. 日本和韩国的"文化立国"战略及其对我国的借鉴[J]. 世界经济与政治论坛，2005（4）：114-117.
② 日本文化厅隶属于文部科学省，是日本主管文化事业的最高机构，主管文化艺术、文化遗产保护、著作权、国际交流、宗教事务、国民娱乐、美术馆和博物馆等工作，下辖文化遗产机构、国立美术馆、日本艺术文化振兴会等独立行政法人机构及日本艺术院和文化厅国立近现代建筑资料馆。

域资助的各类型基金会。专门文化艺术基金会有日本文化艺术振兴基金会、文化遗产和艺术研究基金会等,国际基金会有亚洲基金会、世界文化艺术振兴协会等。其三,出台PFI方式。借鉴英国的做法,1999年,日本出台《利用民间资金促进公共设施等整备相关法》(简称《PFI促进法》),政府允许以私营企业为主的社会资金、经营能力和技术能力等对公共设施进行建设、维持、管理和运营。2013年,《PFI促进法》修改,允许由政府和私营企业共同出资设立股份公司,对独立核算的PFI项目给予资金支持[1],从而为公共文化服务的发展拓宽资金来源渠道。

（三）非营利组织发挥作用

在社会资本慈善捐助影响下,非营利组织企业赞助艺术协会（KMK）于1990年由私营企业创立,以促进企业对文化艺术团体的支持,包括开展文化调研、举办研讨会等多种项目;为文化艺术团体申请免税或税收抵免待遇。[2] 2008年,慈善政策在公共文化领域推进,增强了文化政策对非营利组织的激励作用,日本文化艺术领域非营利组织数量已超过2000个[3],在公共文化服务体系多元化供给中发挥重要作用。其一,非营利组织具有专业性、技术性更强的服务,政府根据民众需求选择不同领域的非营利组织提供公共文化服务,能更好地满足民众的个性化和深层次需求,促进公共文化服务的专业化发展。其二,政府与非营利组织合作,由政府出资购买非营利组织的服务,不仅能降低政府的管理和运营成本,而且能弥补政府在公共文化服务提供方面的不足之处。[4] 其三,非营利组织提供的专业化服务产生的良好社会效果,使更多的企业接触和认同公共文化服务,提高其赞助公共文化服务的积极性。

---

[1] 丁绪瑞,伏静,孙吉,等. 完善PPP投融资体制法律研究[J]. 开发性金融研究,2015（1）:77-88.
[2] WYSZOMIRSKI M J. Comparing cultural policies in the United States and Japan: Preliminary observations [J]. The Journal of Arts Management, Law, and Society, 1997（4）: 265-281.
[3] 于晗,赵萍. 日本公共文化服务的多元化供给及运营模式[J]. 新视野,2014（6）:110-113.
[4] 胡澎. 非营利组织在日本社会治理中的作用[J]. 社会治理,2015（1）:148-153.

（四）管理方式不断创新

日本政府面对社会发展和时代进步，面对财政资金压力与公民日益多样化的公共文化服务需求，开始不断创新政府管理理念和方式。为此，日本开始减少政府部门的直接控制，积极引入社会力量参与公共文化机构的管理运营。1981 年，京都市政府为应对财政危机，通过削减成本来节约开支，开展公共图书馆领域的"委托管理"，但受托方仅限于官方投资的团体。1999 年，日本出台《PFI 促进法》，明确鼓励将公共设施委托给专业民营企业建设和运营，但实践中 PFI 管理模式很重视经济收益，导致服务质量降低的弊端显现。2003 年，日本政府修订《地方自治法》，废除公共设施"委托管理"制度，开始实行"指定管理者"制度，允许政府将公共文化设施（图书馆、博物馆、公民馆等）的运营权外包给私营部门，将外包承接主体扩大到企业、财团法人、非营利组织（NPO）法人、市民团体等各种类型组织机构，选定方式以公开招投标为主。这一制度还在实践中历经反复调整、不断完善。

（五）文化设施布局完善

在日本文化厅的统筹规划下，全国文化服务体系设施完备、网络发达，有影响力的文化活动品牌数量众多，能较好地满足国民的文化产品和服务需求。公共图书馆是日本公共文化服务基础设施中最重要的组成部分，公民馆、博物馆（美术馆）、剧院等也是提供公共文化服务的重要场馆。[①] 根据日本文部科学省 2015 年公布的全国社会教育调查结果，日本社会教育设施总数为 89969 家，包括公民馆、图书馆、博物馆、青少年教育设施、社会体育设施等类型，各类设施全年利用人数超过 13 亿人，平均每人每年利用 10.6 次。日本在建设文化设施过程中，注重整合公共和商业元素，突出综合功能，剧场、音乐厅与市民会馆、博物馆、美术馆、商业中心、写字楼等融合建设。

---

① 坪池荣子. 公立剧场ホールの步みと动向［J］. 国际交流基金，2006（5）：8.

二、日本公共图书馆管理外包情况

日本是单一制国家（与联邦制相对），实行地方自治制度，其政府分为中央、都道府县和市町村三级，其后两级政府在法律上被称为地方自治体。日本近年来一直努力在法律上实现中央政府与地方自治体的平等关系，给予地方自治体真正意义上的自治权限。日本在法律规制变革、财政危机压力和公共服务需求不断高涨等多种因素的影响下，可以说不得不时刻追求"以最少的投入获得最大的收益"。[①]基于此背景，1981年，日本京都市政府委托本市社教振兴财团管理公立图书馆，标志着"委托管理"的开始。1997年，《行政改革会议最终报告》确定自治体行政服务的市场化（承包制）改革方向。1999年，日本制定《PFI促进法》，明确提出鼓励专业民营企业参与公共设施的建设和管理运营。2000年，日本出台《地方分权一揽子法案》，解决了地方自治名不副实的问题。2003年，日本制定"指定管理者"制度，进一步扩大承接主体的范围。

（一）委托管理制度

1981年，京都市政府为了应付财政危机，削减成本，节约开支，开始实施公共图书馆的"委托管理"。为了遵守图书馆法，外包只能由地方政府出资的公益性法人团体如地方公社等承接。1984年，由于委托管理以后受到的社会舆论压力过大，长野市图书馆业务工作回归政府管理。横滨、福冈太宰府市、筑紫野市图书馆出现了非正式的合同工。1984年年底，日本文部省在都道府县立图书馆馆长会议上规定业务外包的原则：一是不得随意更换馆长和馆员；二是公共图书馆免费公开原则不能改变；三是不能把图书馆核心业务外包。[②]20世纪80年代日本图书馆委托管理的内容主要为保洁、保安、设备维

[①] 俞祖成. 日本政府购买服务制度及启示[J]. 国家行政学院学报，2016（1）：73-77.
[②] 鲍延明. 东瀛图书馆界的变革与争论——图书馆"业务外包"的实践与思考[J]. 图书馆杂志，2003（12）：57-60.

护、图书装订、复印、计算机业务等。当时由于争议和矛盾过多,委托管理最终不了了之。

(二)PFI 模式

从 1997 年起,日本不再对公共图书馆进行国库补助,各地方政府也在不断削减财政支出,导致图书馆文献经费和正式职员编制大幅减少。为了满足公众对公共文化事业不断高涨的需求,日本图书馆开始引进新的经营手法。1999 年 7 月,日本制定《PFI 促进法》,明确提出鼓励专业民营企业参与公共设施的建设甚至经营委托,鼓励运用私营企业为主的社会资金、经营技术能力等对公共设施、业务进行建设和管理运营。

日本的公共图书馆属于公共设施,理所当然是 PFI 的对象。政策出台后公共图书馆纷纷试水 PFI 方式,如日本国立国会图书馆关西馆将复印工作外包给民间企业。许多地方在新建公共图书馆时也引进 PFI 模式,如 2005 年,东京稻城市图书馆实施 PFI 方式开馆运行;2004 年,日本桑名市图书馆采用 PFI 方式正式开馆。[1] 由于 PFI 模式业务内容需要对设施进行全面的整备、运营、维持和管理,私营企业必须进行初期投资和贷款,导致经营风险加大,这阻碍了 PFI 方式在图书馆界的推广和实施。[2]

(三)指定管理者制度

2003 年,日本政府废除公共设施的"委托管理"制度,将公立图书馆作为公共设施纳入"指定管理者"制度。该制度与委托管理制度的区别主要在于进一步扩大承接主体的范围。委托管理只允许公益组织(大部分资金来源于当地政府)经营和管理公共设施,而指定管理者制度将承接主体扩大到企业、财团法人、NOP 法人、市民团体等各类型主体。据 2015 年日本文部省的统计,在 52623 家公立社会教育设施中,有

---

[1] 沈丽云. PFI 在日本公共图书馆的实践[J]. 图书馆杂志,2004(8):68-69.
[2] 沈丽云. 日本图书馆概论[M]. 上海:上海科学技术文献出版社,2010:74.

15292 家设施引进"指定管理者"制度，占比约 29.1%。①

该制度最大的特色就是允许各种类型、不同业务规模的组织机构成为"指定管理者"，但这一放开也让很多非文化类企业，如会展、广告、物业管理公司等有机会参与到公共文化设施的运营管理中，而这些公司自身主要业务的经营能力是否胜任引起不少质疑。值得肯定的是，指定管理者制度将市场竞争机制引入公共文化设施的经营管理领域，政府只负责制订招投标计划，不再直接参与文化设施的日常运营，提升了文化管理的透明度。该制度希望能降低运营成本，提升管理的灵活度。但在实际开展中，为降低成本，缩减人员开支，采用非正规职员、短期合同、低工资等成为雇主常用的手段，而这可能导致服务专业性、业务持续性大幅度退化。同时，政府不再直接经营管理文化场馆，准确评价承接主体的服务效率和水平是一项难题。目前，这一制度正在实践中反复检验，不断调整。

三、日本公共图书馆管理外包案例

武雄市是一个人口约 5 万人的以农业和观光产业为主的小城市，位于长崎县边境，以温泉闻名。面对经济不景气和商业萧条的困难局面，武雄市政府为了减少运营成本、增加开放时间、提高服务质量，于 2011 年年底委托文化便利俱乐部股份有限公司（简称"CCC 公司"）运营武雄市图书馆。CCC 公司是日本最大的复合式连锁及零售集团之一，陆续推出多家复合型的商业设施，其中最具代表性的就是"茑屋书店"②。经过"茑屋书店"重新装修，武雄市图书馆在 2013 年 4 月 1 日开放，一经开放就大获成功，成为日本风格创新、话题十足的公共图书馆。它是一家包含公共图书馆、书店、DVD 出租店、

---

① 日本文部科学省. 2015 年社会教育调查报告［EB/OL］.［2019-02-20］. http://www.mext.go.jp/b_menu/toukei/chousa02/shakai/index.htm.
② 茑屋书店由三栋建筑组成，总计藏书 15 万册，影音馆的 DVD 和 CD 出租约有 13 万张，此外还设咖啡馆、宠物美容、照相机专门店与餐厅等设施，配套公园绿地，营造出复合式的文化生活空间。

星巴克咖啡店的复合式生活空间，开放仅 3 个月，就创下入馆人数 26 万人的纪录，是当地人口的 5 倍，成为当地新兴观光景点，是民营机构运营公共图书馆的典范。

武雄市图书馆一年 365 天全开放，每天开放时间从早上 9 点到晚上 9 点，共计 12 个小时，比过去延长 3 小时，也为上班族和学生的使用提供便利。① 在日本，图书馆读者中 60 岁年龄段的人占绝对多数，为吸引年轻用户，武雄市图书馆引入 T-POINT 积分卡，因为 T-POINT 积分卡用户很多都是年轻人，用惯了这种卡，该积分卡也可以用来当借书证使用；图书馆还提供送书上门等特色服务。图书馆的重新装修费用由武雄市出资 4.5 亿日元，CCC 公司承担大约 3 亿日元。另外，CCC 公司利用商业设施带来的收益对图书馆进行补贴，从而帮助市政府每年省下近 1 亿日元的运营费。图书馆利用效率得到大幅度提升，2013 年图书馆的使用量从改造前的 25 万人次激增到 92 万人次，而开馆后第二年的访问人数也保持在 80 万人左右。图书馆每天访问人数平均达到 4000 人次。② 图书的出借数量每天平均上升到 1644 册，大约增加了 2 倍。图书馆成为新兴观光景点，为武雄市吸引大量外地游客。

社会化运营同样存在问题。武雄市图书馆用于免费公共服务项目的空间不断被挤占，而用于商业的面积超过整个建筑的一半。CCC 公司对图书馆的改造格局和费用过大，导致以后的运营方很难完全接盘。馆藏专业性方面，有些馆藏图书过于陈旧，有些缺乏实用价值，如采购已过期的其他县市升学指导书，被公众质疑为"旧书处理点"。然而，公共图书馆与民间机构进行合作是社会趋势，争议过后，原本暂停的其他茑屋图书馆仍按计划进行，如宫城县的多贺市、冈山县的高梁市。

---

① 小秋. 日本市立图书馆的公私合营之争［EB/OL］.（2015-12-29）［2019-02-20］. http://www.chinalibs.net/Zhaiyao.aspx?id=390772.
② 同①.

第五节　国外政府购买公共图书馆运营服务评述

美国、英国等发达国家政府在购买公共图书馆运营服务的长期实践中取得了显著成效，借鉴他们取得的经验和教训，有助于我们发现公共图书馆管理外包的国际发展趋势，寻求适合我国国情的措施和策略，从而加快我国政府购买图书馆服务的进程。

一、获得的成效

（一）降低图书馆运营成本

私营公司被许多人认为比公共部门更有效率。据报道，LSSI能以减少原有成本35%的资金运行图书馆，同时仍然获利。[1] 2007年，美国杰克逊县（Jackson County）政府由于财政困难，通过外包的方式跟LSSI签订合同，将该县15个公共图书馆的运营管理权委托给该公司，图书馆每年的运营费用降至往年的一半左右。[2] 阿普兰（Upland）与LSSI签订外包合同后，图书馆运营费用的预算减少20%，而开放时间每周增加8个小时。由于私营公司与公共部门在目标和效率上存在着差异，私营公司依托更专业的管理体系，从而带来更高的运作效率。另外，这种运作成本的改进方式还包括：将诸如采编、系统管理等后台业务外包给其他私营公司；通过图书馆外包数量的增加来实现规模经济，如2013年开瑞林公司运行着伦敦四个地区的图书馆服务，

---

[1] Allister Heath. Ministers in office but not in power [EB/OL]. [2019-02-20]. http://www.cityam.com/article/ministers-office-not-power.

[2] STARK T. A cautionary tale of privatization [J]. Public Libraries, 2011, 50（2）: 15-16.

可以相应地合并其服务。因此，在这些因素的共同作用下，私营公司能迅速降低图书馆的运营费用。帮助政府减少开支是服务外包模式的核心优势，也是能够吸引公共图书馆的重要原因。

（二）提升图书馆服务效率

外包的明显优势还体现在提高图书馆的服务效率上，使图书馆的开放时间更长、入馆人数和采购资源数量增加、活动水平全面提升。图书馆由私营公司承接运营服务可以不受或者少受来自政府的直接行政干预，但这并不代表政府不再承担责任。在这种合作模式下，政府通常通过签订服务合同来规范购买内容和服务质量。合同将规定一定的服务期限，设定服务水平，提出绩效指标。因此，政府的角色从直接提供服务转变为对合同进行监督和评估。私营公司则需要确保提供的服务不断满足合同要求，否则他们很可能在合同期限结束时失去与政府继续合作的机会。这样的合作模式能有效提升图书馆服务提供的效率。

美国加利福尼亚州河滨县公共图书馆由 LSSI 运营后，延长了开放时间，增加了购书经费或使用，同时降低了成本，运营第一年就减少成本 90 万美元。美国阿普兰与 LSSI 签订外包合同之后，其公共图书馆开放时间从每周 42 小时增加到 50 小时，资源购置经费从 8 万美元增加至 12.5 万美元。英国沃金厄姆（Wokingham）政府称每年能节省 17 万英镑，同时确保图书馆服务和使用得到提升。日本武雄市图书馆由 CCC 公司接管后于 2013 年 4 月重新开放，从改造前的 25 万人次激增到 92 万人次，而开馆后第二年的访问人数也保持在 80 万人，图书出借量每天平均上升到 1644 册，大约增加了 2 倍，成为当地新兴观光景点，是私营公司管理运营公共图书馆的典范。

（三）强化图书馆服务创新

私营企业在运营公共图书馆时均有一些创新举措，如提供咖啡、书店和 IT 等附加服务等。"我们非常了解图书馆并乐于分享。我们爱图书馆，这就是为什么我们从事这个业务。图书馆是我们做的。我们的业务取决于在每个分支机构能每一天获得我们的服务。"LSSI 主管斯图尔特·菲茨杰拉德（Stuart Fitzgerald）如是说。①

日本武雄市图书馆之所以被称为"公共图书馆新典范"，是由于其创新的服务意识。外包重新开放以后，图书馆被打造成包含书店、音像店、咖啡店在内的复合式生活空间，增强公共文化设施对用户的吸引力。大阪、东京等许多图书馆将借阅服务、设施维护等推向市场，自己集中精力推出专业咨询服务，支援中小企业的经贸服务，为创业者等提供咨询服务，为现有企业提供改善经营的诊断等，增强图书馆专业服务的能力。这些案例证明图书馆新的管理制度能为机构注入新的活力，从而促进服务的改进和创新意识的发挥。②

二、产生的问题

美国曾经有 29 个公共图书馆系统采取管理运营外包，但后来有 8 个公共图书馆系统因外包费用高或服务效果没有达到预想，重新回归到政府直接管理运营。③在日本"指定管理者"制度开始实施的 5 年多时间里，也经常有被取消承接资格的情况发生。例如，2005 年 4 月，北海道带广市儿童保育中心的指定管理者"小鸠托儿所"，由于拖欠职员工资于 2006 年 12 月被取消承接者资格。推行公共服务民营化改革的主要动力在于政府购买服务等市场化手段能够节省成本，改进服务质量，缩减政府规模。但从实际发展情况来看，失败的情况也屡见不鲜。④国外学者总结撤回外包的直接原因有政府责任履行不到位、图书馆公益属性和专业性受到影响及私营企业趋利动机强等。

---

① LYNCH J, FITZGERALD S. Positive management in libraries: If you build it, they won't necessarily come [EB/OL]. [2019-02-20]. https://www.tandfonline.com/doi/abs/10.1080/08109028.2012.702482.
② 鲍延明. 日本公共图书馆管理变革与运营研究 [J]. 图书杂志，2007，26（6）：61-63.
③ 刘海丽. 美国公共图书馆"管理外包"：模式、争论与冲突 [J]. 图书馆建设，2015（7）：10-13.
④ CANDEIAS M, RILLING R, WEISE K. Crisis of privatisation: Return of the public sphere [EB/OL]. [2019-02-20]. http://www.rosalux.de/fileadmin/rls_uploads/pdfs/pp-Candeias01_2008.pdf.

(一)弱化政府责任

从国外政府考虑购买公共图书馆运营服务初衷中可以看出,几乎所有政府在考虑将公共图书馆外包的时候,都是因为面临着财政压力,这种财政压力甚至可能使公共图书馆面临关闭的风险。在严峻的财政压力下,似乎政府为图书馆和其他公共服务机构考虑一切替代品都是很自然的。国外政府、议会、媒体都认为"公共部门运营不良,私营部门则运营良好"。甚至,一些法律和政策正在强有力地推动着私营公司接管公共服务。

在美国,加利福尼亚州的圣克拉丽塔(Santa Clarita)图书馆考虑外包之事饱受争议。因为该市财政状况相对健康,图书馆不必选择外包,政府这样的举动很容易让人觉得是在甩包袱。在新泽西(New Jersey)州,图书馆外包服务的设想很可能是地方内部政治问题的楔子。例如,帕塞伊克(Passaic)市长和议员直接与LSSI谈判合同,回避图书馆理事会;林登(Linden)市有人指控馆长、政府和图书馆理事会成员之间就LSSI问题进行内部斗争。显然,这样的外包举措,政府已经不是因为关注公共图书馆运营本身的问题了。试问,当一个政府不再以公民的文化权益与需求为出发点时,政府责任将如何实现?

从日本的实践中可以发现,政府角色及规制行为应该随时进行适应性调整。日本推行指定管理者制度之初,政府实施招投标后,对合同签订后的具体管理运作不再干涉,彻底放权导致文化场馆的服务质量没有得到有效监管,同时,场馆之间的合作协调也出现困难。问题出现之后,日本政府适时调整,随后建立起相应的评估机制。因此,国外民营化失败的经验表明,无论以何种方式实现多元化供给公共文化产品和服务,政府移交的只是服务项目的提供方式而不是责任。政府必须履行公共服务职责,保障经费投入,同时,要通过对运营业绩与资助、投资挂钩的方式来增强委托代理的监管能力。[①]

---

① 金雪涛,于晗,杨敏. 日本公共文化服务供给方式探析[J]. 理论月刊,2013(11):173–177.

（二）影响图书馆公益属性

国外反对外包的声音很多，其中包括不希望私人公司进入国家教育及公共文化等公益属性领域。公共图书馆由私营公司运营意味着公共图书馆可能成为一个商业空间，将失去其独有的特点和同样重要的中立地位。

在日本，茑屋图书馆产生了数起暴露企业逐利本性、损害公共图书馆公益性的典型事件。2015年，神奈川县海老名市中央图书馆由CCC公司承接运营重新开馆后，读者发现馆藏中有关于色情按摩的图书；并且图书馆有超过一半的空间被书店和咖啡馆占据，为减少图书占用面积，还将书架的高度增加，没有照顾到老人和儿童读者的取用需求。2011年，CCC公司接管武雄市图书馆后，直接从下属的二手书公司为图书馆选购图书[1]，没有考虑到藏书地方性原则，未尽到搜集武雄市乡土、历史文献书籍的职责。在美国，有些企业为了提高书籍借阅率，在购书上大量购进"热门书"和"畅销书"，而知识普及性和科研用书则很少采购。[2]这些做法长此以往将影响图书馆藏书结构的合理性，最终将影响图书馆社会教育和保存文化遗产职能的发挥，从而损害公共图书馆的公益性。

公共图书馆由私人运营存在内在矛盾，公共图书馆的核心存在价值是保证图书借阅和服务（包括公共空间、图书馆员服务）的公益性，私营公司的目的是要赚取最多的利润，即便是非营利组织也如此。因此，任何私营公司与政府达成协议都将寻求利润，除了关闭图书馆，公司会寻找许多其他方式来省钱，很可能会选择减少开放时间、增加罚款和其他使用费用、削减员工工资或人员数量的方式，而任何这些举动都有可能导致服务质量的降低。另外，如果一家公司发现追求不到利润，那么它将解除合同，回购运营反而会增加政府额外的财政负担。有学者认为，不应简单地将外包引进到图书馆，外包之所以在公共服务领域取得成功，是因为公共服务项目多是有偿、收费

---

[1] 小秋. 日本市立图书馆的公私合营之争［EB/OL］.［2019-02-20］. http://www.chinalibs.net/Zhaiyao.aspx?id=390772.

[2] 王萍. 美国图书馆业务外包极端化的危害性分析［J］. 江苏图书馆学报，1999（5）：49-50.

服务，外包商有运营压力去提升服务质量；而公共图书馆服务是无偿的、免费的，市场经济原理在图书馆领域难以应用，外包商难以做到既要保持图书馆公益性、专业性，又要帮政府节省开支、提高服务质量。

（三）降低人员专业性

在国外，私营公司接管公共图书馆之后，确实出现了对人员保障及对人员专业性要求降低等现象。在英国，承接图书馆外包的开瑞林公司（连同其44家子公司），已被发现需要为14起员工黑名单事件承担责任，涉及侵害员工的工会会员身份、健康和安全等权益。20世纪90年代以后，日本图书馆正规编制职工数受到控制，只能通过增加临时馆员及特聘馆员来解决。采用社会化运营之后，有些正式馆员身份发生了转变，从以往政府雇员变为企业雇员，导致工作条件逐渐恶化、薪酬降低。[1] 随之而来的就是图书馆职工素质的降低。随着PFI、指定管理者制度等继续导入，雇用的短期或低工资职工进一步增多，使图书馆员整体素质下降，直接影响图书馆服务的专业性。1980—2005年，日本公共图书馆特聘（临时）馆员数量不断增长，与专职馆员差距比例一直在减小，如1980年临时馆员与专职馆员比例为1∶9，到2005年二者比例已经接近1∶1。在美国有些案例中，图书馆员工由政府雇员变为LSSI员工，由于作为政府雇员的福利普遍要比企业员工好，造成很多矛盾。同时，案例显示LSSI承接外包以后也倾向于雇用专业水平较低的员工，或者大量招收当地的志愿者降低运营成本，但是这样的做法存在很大弊端[2]：首先，缺乏激励机制，造成员工消极怠工；其次，大量使用志愿者，增加了培训费用，未取得明显效果提升；最后，由于薪资、福利水平较低，很难吸引到优秀的专业人才，造成专业水平降低，导致LSSI完全控

---

[1] 曹磊. 日本公共图书馆社会化运营的负面影响及社会反思[J]. 国家图书馆学刊, 2017（3）：29-35.

[2] 秦晓丹. 美国公共图书馆外包模式的发展经验[J]. 商丘职业技术学院学报, 2016（3）：142-144.

制专业话语权，出现垄断局面。① 例如，美国加利福尼亚州的圣克拉丽塔图书馆在进行外包以后，其专业图书馆员数已从 14 人减少到 9 人。LSSI 在运营穆尔帕克（Moorpark）市图书馆时，其公开招聘的职位，要求每周只工作 18~20 小时，只需要高中毕业，不需要图书馆学专业文凭。

显然，降低员工工资福利、不要求图书馆学专业背景、严重依赖志愿者和筹款已经成为国外许多图书馆运营外包之后的共同现象。应该指出，减少图书馆工作者的工资福利待遇之后，如果整体服务质量没有下降，对政府来说则无所谓。然而，人员数量、工作时间和工资福利待遇的降低，对人员专业性的不良影响，对公共图书馆核心竞争力的侵蚀，即使不会立即显现，但这种情况已不容忽视。

（四）暴露私营公司本性

在国外，出现了一些由于私营公司本身原因，对公共图书馆运营稳定性、公开性造成威胁和不良影响的事件。在英国，开瑞林公司于 2013 年 10 月下旬购买约翰莱恩综合服务公司。凭借此次收购，该公司成为事实上在该国最大的图书馆外包提供商，控制豪恩斯洛（Hounslow）、伊灵（Ealing）、克罗伊登（Croydon）和哈罗（Harrow）四个伦敦当局的图书馆服务。然而，这些机构的图书馆工作人员几乎与外界是在大致相同时间才得知这一消息的。根据报道，有的图书馆工作人员，是通过发现他们工作的电子邮件地址已改变，才得以知晓。特别是克罗伊登图书馆，约翰莱恩综合服务公司从当地政府那里接手其运营，到所有权的变更——运营仅仅才第三个星期。② 由此，国外学者对私营公司承接运营的稳定性产生了很多担忧，私营公司的商业变动随时会发生。在私营公司运营下，如果公共图书馆面临关闭，公司可

---

① 周永红，陈思. 政府购买图书馆公共服务的背景及实践探索［J］. 图书情报知识，2015（2）：22-27.
② Chiara Rimella. Local campaigners criticise Croydon council decision to turn over the boroughs'13 libraries to blacklisters Carillion［EB/OL］.［2019-02-20］. http://www.eastlondonlines.co.uk/2013/11/concern-over-blacklisters-carillon-buying-contract-to-run-croydons-13-libraries/.

能也会面临破产。同样,将图书馆交给一家规模不大的小公司,如果公司经营不善面临破产,图书馆将会受到怎样的影响?将图书馆等公共文化机构的生存机会完全托付给商业或慈善机构的成功或失败,这显然是一个具有风险性的举动。另外,私营企业运营图书馆的诸多信息对其而言属于商业机密,并不想为公众知晓,如图书馆利润、人事变动、物品采购渠道、服务细节要求等,信息的不透明为政府对图书馆的规划制定、费用分析及公众的监督和评价都增加了难度。河滨县在将图书馆外包给 LSSI 时,有一个具有丰富工作经验的馆员专门负责监督合同的履行情况。但由于信息不对称,该馆员并不能全面监督图书馆所有事项,如藏书质量、馆员水平和服务创新。① 其他未设专职监督岗位的图书馆,更难以落实相应的监督制约机制。②

三、总结的经验

(一)承接主体的选择

在英国,开瑞林公司在豪恩斯洛、克罗伊登、伊灵和哈罗等地区承接图书馆管理运营外包服务。在美国,18 个图书馆系统外包其管理运营服务(包含 75 个分支,遍布 6 个州),承接公司是 LSSI。其他国家也有图书馆管理运营外包的案例,如荷兰承接图书馆管理运营外包的卡马克(Karmac)③;新加坡运营学校图书馆的奇维卡(Civica)④,运营专业和法律图书馆的拓智源(Integreon)⑤ 等。

---

① Heather Hill. What is public library management outsourcing?[EB/OL].[2020-08-16]. https://ir.lib.uwo.ca/cgi/viewcontent.cgi?article=1134&context=fimspub.
② 刘海丽. 美国公共图书馆"管理外包":模式、争论与冲突[J]. 图书馆建设,2015(7):10-13.
③ Roderick Nieuwenhuis. Vier Noord-Hollandse bibliotheken in commerciële handen[EB/OL]. [2019-02-20]. https://www.nrc.nl/nieuws/2013/02/27/vier-noord-hollandse-bibliotheken-in-commerciele-handen-a1468321.
④ Civica. Sectors we serve[EB/OL].[2019-02-20]. https://www.civica.com/en-gb/sector-pages/education/.
⑤ Integreon signs three year library services agreement with kennedys[EB/OL].[2020-08-12]. https://www.legalitprofessionals.com/global-news/5504-integreon-signs-three-year-library-services-agreement-with-kennedys.

当政府面临深度财政危机时，能够保住图书馆，阻止其关闭，并在现有条件下寻求最适合的管理运营方式，这是各国公共图书馆选择外部组织来管理运营的出发点与落脚点。总体来看，私营企业作为承接主体的比例呈不断上升态势，这确实是由于私营企业能根据市场需求捕捉到商机的这种迅速的反应力和逐利本性决定的。

然而，想要节省成本并不是只有私营企业可选择，志愿者运营图书馆也能降低地方政府的运行成本。志愿者管理的图书馆显然比配备有酬全职工作人员所需费用便宜，因为对图书馆而言，人事费用可以占图书馆总开支的一半，甚至达到2/3，并且志愿者能增加社区参与程度、保障图书馆服务。因为运行图书馆的志愿者通常就来自当地社区，他们了解本地居民的需求，也可以不受政府的内部限制和政治约束，因而更具有创造力，能创新和多样化图书馆服务。从英国现有的运营模式可以发现，志愿者运营图书馆的数量增长迅速，这与志愿者运营的优势有关，被认为是公共图书馆服务面对变化环境所作出的明智反应。因此，从英国的经验来看，志愿者运营对小型图书馆外包来说不失为一种可行的选择。它不但能保证图书馆开放，保持社区服务提供，同时减轻了未来的资金压力；再加上政府的支持，地方社区能够改善或扩大现有的服务，进一步减轻大型图书馆的服务压力。

（二）监督和评估

在美国，由于贝德福德（Bedford）社区强烈抗议图书馆外包，承接者需要将其外包提案向公众发布[1]，提案本身及公众的意见影响其最后的评估和通过。另外，合同一旦生效，一些政府代表会进行监督。少数地区会确立一些特殊职位（专职图书馆监督员），而不是让政府人员兼职监督。美国加利福尼亚州河滨县指派专门的图书馆员负责监督外包合同[2]，但这很可能是因为河

---

[1] ODER N. Bedford, TX City Council, in 4-3 Vote, Rejects Outsourcing Library to LSSI［EB/OL］.［2019-02-20］. https://lj.libraryjournal.com/2007/08/managing-libraries/bedford-tx-city-council-in-4-3-voterejects-outsourcing-library-to-lssi/.

[2] ODER N. When LSSI comes to town［J］. Library Journal, 2004（16）: 36.

滨县图书馆系统的规模很大从而为设置这个位置提供了动力。除此以外，为了规范外包，时任加利福尼亚州州长杰瑞·布朗（Jerry Brown）于2011年10月签署一份法案（AB438），对加利福尼亚州其他城市选择图书馆外包服务提出更多要求。其中规定，议会必须在竞争性投标过程之后才能选择合同方；在实行变革之前连续四周公告，达到竞争者增加的目的；通过广泛的分析证明，用不同于以往方式运营公共图书馆系统可以节省政府成本；证明成本节约不会导致私营公司员工工资降低；在雇用每年收费超过10万美元的图书馆承包商之前，需要进行审计；确保公共雇员不会失去工作。另外，图书馆在运营中途转变外包商，必须经过政府的同意和全程紧密监督，以保证服务的质量和延续性不受影响。正如豪恩斯洛区议会发言人所言，"将约翰莱恩综合服务公司（JLIS）出售给开瑞林公司不会以任何方式影响与议会的图书馆服务合同。这仅意味着开瑞林公司现在将按照与以前相同的条款来执行这些操作，并且我们将继续监控其性能，以确保它们能够提供我们期望的服务"[1]。

（三）服务专业性

为了保持图书馆工作的专业性，进而获得用户的肯定和政府的合同，运营方应注重管理层和员工的沟通能力、工作经验和职业技能，对一线员工定期开展管理与业务技能方面的培训活动。LSSI之所以成为美国唯一一家开展图书馆运营服务的公司，与其员工具有良好的图书馆领域的知识和经验密不可分。LSSI于1997年与河滨县签订合同时，为提高员工的专业素养，该公司宣布成立一个专业咨询委员会，由LSSI聘请一些备受尊敬的老牌图书馆员加入。公司表示，河滨县图书馆"将有机会直接从该国最有经验和前瞻性的公共图书馆员那里获得帮助"[2]。此外，公司为员工提供教育援助基金，鼓励员工积极在图书馆领域学习深造，帮助他们取得专业学位，同时在公司

---

[1] Carillion Buy John Laing Integrated Services［EB/OL］.［2019-06-11］. http://neighbournet.com/server/common/johnlaing001.htm.

[2] ODER N. When LSSI comes to town［J］. Library Journal, 2004（16）：36-40.

内部为他们创造晋升的机会。因此，在 LSSI 开展外包业务雇用的员工中拥有图书馆学硕士（Master of Library Science，MLS）或图书馆和信息研究硕士（Master of Library and Information Studies，MLIS）学位的超过 125 名。[①] 为快速提高小型图书馆的服务水平，英国谢菲尔德地区市中心图书馆对被企业托管的上索普（Upperthorpe）社区图书馆的员工和志愿者进行培训，中心图书馆技术的先进性和业务的专业性既保证了培训的效果，也对社区图书馆的运营起到某种程度上的干预或监控，促发社区图书馆正式员工的危机意识，提高服务质量和水平。[②]

[①] LSSI. Employment benefits [EB/OL]. [2018-09-13]. http://www.lsslibraries.com/sites/default/files/Brochure Employment 2016.pdf.
[②] 文蓉. 英国社区图书馆的服务和运行机制——以 Upperthorpe 社区图书馆为例 [J]. 图书情报工作，2017（9）：74-79.

第四章

我国政府购买公共图书馆运营服务的发展现状

近年来，我国政府从法律法规、政策文件等层面积极推进公共文化服务的社会化进程。2010年，无锡、广州地区开始政府购买公共图书馆运营服务的尝试，其后，北京、上海、成都、无锡、合肥、滁州等城市在公共图书馆运营外包的实践中进行了许多探索，并取得良好成效，这种新型的图书馆服务提供模式正被越来越多的地方政府所接纳和采用。同时，我国政府购买公共图书馆运营服务尚处于起步阶段，存在的问题需要认真总结和解决，以提高图书馆服务的供给成效，满足公众日益增长的文化需求。

第一节 我国政府购买公共图书馆运营服务的法律政策

一、法律法规建设现状[①]

目前，我国尚没有出台政府购买公共图书馆服务的专门法律或详细条款，由于公共图书馆服务属于公共服务的一部分，它的购买基础主要是政府购买公共服务的相关法律法规和规章。

---

① 本部分内容参见：易斌，郭华. 政府购买图书馆服务的法律规制研究 [J]. 图书馆杂志，2018（2）：18–23.

（一）法律层面

狭义上的法律是由全国人大及其常委会制定的规范性法律文件。与政府购买公共图书馆服务密切相关的法律包括两类：一类是政府购买公共图书馆服务的合法性依据。《中华人民共和国公共图书馆法》（2018年修订）[①]、《中华人民共和国公共文化服务保障法》（2016年）[②]明确规定国家采取政府购买服务的措施，支持社会力量参与提供公共文化服务，包括参与公共文化设施的运营和管理。这两部法律为政府购买公共图书馆服务提供了坚实的法律依据和保障，对社会、市场和政府三方共同推动公共图书馆事业的发展具有重要意义。另一类是政府购买公共图书馆服务的操作性依据。《中华人民共和国政府采购法》（2014年修订）是规范政府采购行为的基本法，它规范的主体是各级国家机关、事业单位和团体组织，规范的行为是采购方使用财政资金以购买、租赁、委托或雇用等方式获取公共图书馆服务的行为。《中华人民共和国招标投标法》（2017年修订）规范政府进行公开招标和邀请招标采购公共图书馆服务时应当遵循的法定程序，明确违反法定程序应当承担的民事责任。政府采购服务合同具有民事合同和行政合同的双重属性，因此，政府采购公共图书馆服务合同的拟定要符合《中华人民共和国民法典》（合同编）（2020年）的规定，该法律为所有服务提供者提供平等的竞争机会。

（二）行政法规和部门规章

行政法规的制定主体是国务院。《中华人民共和国政府采购法实施条例》（2014年）完善了《中华人民共和国政府采购法》中的政府采购程序，规定

[①]《中华人民共和国公共图书馆法》第四十五条规定："国家采取政府购买服务等措施，对公民、法人和其他组织设立的公共图书馆提供服务给予扶持。"
[②]《中华人民共和国公共文化服务保障法》第二十五条规定："国家鼓励和支持公民、法人和其他组织兴建、捐建或者与政府部门合作建设公共文化设施，鼓励公民、法人和其他组织依法参与公共文化设施的运营和管理。"第四十九条规定："国家采取政府购买服务等措施，支持公民、法人和其他组织参与提供公共文化服务。"

政府采购的服务包括政府自身需要的服务和政府向社会公众提供的公共服务，进一步明确了当事人的权利义务。《中华人民共和国招标投标法实施条例》(2019年修订)进一步细化和规范政府招投标各环节的操作，使其具有更强的可操作性和针对性。《中华人民共和国政府信息公开条例》(2019年修订)提出政府购买信息公开的范围、公开的方式和程序、监督和保障机制，从制度上推进政府采购的规范化、法治化进程，让行政权力在阳光下运行。《民办非企业单位登记管理暂行条例》(1998年)、《社会团体登记管理条例》(1998年)、《基金会管理条例》(2004年)是规范社会组织登记和管理的三部重要行政法规，内容涉及社会组织的性质、作用、管辖、成立、权利、地位、监督、责任等方面。

部门规章的制定主体是国务院各部委。由于法律法规对政府购买行为的规定较为原则，具体指导政府购买公共图书馆服务的规章主要集中于财政部发布的一系列文件。例如，财政部的《政府购买服务管理办法》(2019年)对政府购买服务的购买主体和承接主体、购买内容及指导目录、购买活动的实施、合同及履行、监督管理和法律责任等进行全面规范。财政部的《政府采购货物和服务招标投标管理办法》(2017年修订)针对政府采购实践中出现的质次价高、恶性竞争、效率低下等突出问题，从制度设计和执行机制上规定相关解决措施。① 财政部的《政府和社会资本合作项目政府采购管理办法》(2014年)就政府和社会资本合作项目的采购程序、争议处理和监督检查等做出规范。

（三）地方性法规和规章

地方性法规和规章是由省(自治区、直辖市)政府、省级政府所在地的市和经国务院批准的较大市的人大及其常委会或者政府制定和颁布的。自我国实施政府采购制度后，1998年10月深圳市人大常委会通过了我国第一部

---

① 《政府采购货物和服务招标投标管理办法》解读[EB/OL]. (2017-08-18)[2018-09-20]. http://www.sohu.com/a/165571262_543060.

地方性法规——《深圳经济特区政府采购条例》，此后全国大多数城市制定了关于政府采购的地方性法规，为各地颇具特色的实践进行规范和指导。特别是近年来，越来越多的省、市人大常委会出台地方性法规，鼓励各级政府采取购买服务、项目补贴、资助或者奖励等方式为群众提供公共文化服务。例如，《陕西省公共文化服务保障条例》（2019年）、《湖北省公共文化服务保障条例》（2018年）、《天津市公共文化服务保障与促进条例》（2018年）、《浙江省公共文化服务保障条例》（2017年）、《江苏省公共文化服务促进条例》（2015年）、《广东省公共文化服务促进条例》（2011年）。

1998年12月，我国第一部政府采购地方性规章——《上海市政府采购管理办法》出台，此后，全国许多城市制定并颁布了地区性的政府采购规章。尤其是《政府购买服务管理办法（暂行）》（2014年）的发布大力推动了我国地方政府购买公共服务的法制化进程，并成为我国政府采购制度的重要组成部分。例如，湖南印发《政府购买服务管理实施办法（暂行）》（2018年）、山东省出台《政府购买服务管理实施办法》（2016年）、贵阳市印发《政府购买公共文化服务管理办法（暂行）》（2015年）、苏州市出台《向社会力量购买公共文化服务管理办法（试行）》（2015年）、北京市制定《购买社会组织服务项目管理办法》（2014年）、天津市出台《关于政府向社会力量购买服务管理办法》（2014年）、山西省发布《政府购买服务暂行办法》（2014年）。

二、中央政策建设现状

关于政府购买公共文化服务的中央政策最早出现在《国家"十一五"时期文化发展规划纲要》（2006年）中，但此后一段时期我国公共文化服务发展处于不温不火的状态，政府购买公共文化服务的政策建设未受到足够重视。2011年10月，《中共中央关于深化文化体制改革推动社会主义文化大发展大繁荣若干重大问题的决定》的出台吹响了公共文化服务春天的号角，党中央和国务院频频制定并发布促进政府购买公共服务发展的政策文件，标志着我国政府购买公共文化服务的工作开始走向规范化和制度化。按中央政策出台的主体进行分类，包括中共中央、国务院及相关部委颁布的文件。

（一）中共中央、国务院印发的文件

2006年9月，中共中央办公厅、国务院办公厅印发《国家"十一五"时期文化发展规划纲要》，明确提出"采用政府购买、补贴等方式，向基层、低收入和特殊群体提供免费文化服务"。该文件首次提出政府采购方式在公共文化服务中的运用。2012年2月，中共中央办公厅、国务院办公厅印发《国家"十二五"时期文化改革发展规划纲要》，强化了通过政府购买等多种方式鼓励社会参与公共文化服务，加大公共文化产品和服务供给力度，努力形成良性竞争、多元互补的公共文化服务供给体系。2013年9月，国务院办公厅发布《关于政府向社会力量购买服务的指导意见》，从购买服务过程的各个环节和内容提出明确要求，规范政府向社会力量购买公共服务工作的开展。它是政府全面推动政府购买公共服务，进一步转变政府职能的标志性文件。2015年1月，中共中央办公厅、国务院办公厅印发《关于加快构建现代公共文化服务体系的意见》，提出为实现2020年基本建成现代公共文化服务体系的目标，政府应加大向文化类社会组织购买服务力度，积极探索公共文化设施社会化运营试点工作。[①] 2015年5月，国务院办公厅转发《关于做好政府向社会力量购买公共文化服务工作的意见》，提出"到2020年，在全国基本建立比较完善的政府向社会力量购买公共文化服务体系"的目标任务，同时印发的还有《政府向社会力量购买公共文化服务指导性目录》。[②] 它是我国全面推行政府购买公共文化服务的标志性文件。2015年5月，国务院办

---

① 中共中央办公厅、国务院办公厅印发《关于加快构建现代公共文化服务体系的意见》（全文）[EB/OL].（2015-01-14）[2018-06-05]. http://www.gov.cn/xinwen/2015/01/14/content_2804250.htm.
② 国务院办公厅转发文化部等部门关于做好政府向社会力量购买公共文化服务工作意见的通知（国办发〔2015〕37号）[EB/OL].[2018-06-10]. http://www.gov.cn/zhengce/content/2015-05/11/content_9723.htm.

公厅转发《关于在公共服务领域推广政府和社会资本合作模式指导意见的通知》，文件对于明确项目实施的管理框架，健全财政管理制度，建立多层次监督管理体系，推进政府和社会资本合作项目实施起着重要指导意义。2017年5月，中共中央办公厅、国务院办公厅印发《国家"十三五"时期文化发展改革规划纲要》，明确提出推动各级政府购买公共文化服务，鼓励社会组织和企业参与公共文化设施运营和产品服务供给。

（二）国务院相关部委印发的文件

2012年11月，民政部、财政部印发《关于政府购买社会工作服务的指导意见》，明确政府购买社会工作服务的指导思想、工作原则、主要目标及主体、对象、范围、程序与监督管理等。2014年9月，财政部发布《关于推广运用政府和社会资本合作模式有关问题的通知》，强调政府和社会资本合作模式进入公共服务领域的重要意义和实践可行性。2014年11月，财政部印发《关于印发政府和社会资本合作模式操作指南（试行）的通知》，对政府和社会资本合作模式的项目识别、准备、采购、执行、移交等环节操作流程做了进一步的指导。2016年10月，财政部发布《关于在公共服务领域深入推进政府和社会资本合作工作的通知》，从公共服务领域供给侧结构性改革、PPP模式（即政府和社会资本合作模式）推广应用力度、引导各类社会资本参与、项目前期论证等11个方面来推进政府和社会资本合作改革工作。2016年11月，财政部、中央编办出台《关于做好事业单位政府购买服务改革工作的意见》，通过分类定位，明确了事业单位作为购买主体和承接主体的类型。2016年12月，财政部、民政部印发《关于通过政府购买服务支持社会组织培育发展的指导意见》，对加强社会组织的分类指导和重点支持，完善采购环节管理，加强绩效管理，推进社会组织能力建设等内容作出明确规定。2018年11月，文化和旅游部、财政部印发《关于在文化领域推广政府和社会资本合作模式的指导意见》，要求各级文化、财政部门通过加强规范项目运作,积极引导社会资本参与政府和社会资本的合作项目。^①它是目前文化领域支持 PPP 模式发展的重要政策文件。

三、地方政策建设现状

2015 年,《关于做好政府向社会力量购买公共文化服务工作的意见》的发布标志着我国政府购买公共文化服务的工作进入全面推广阶段,无论是经济发达地区还是西部偏远县城,各地方政府纷纷出台相应的"实施意见"(或"实施方案")及配套实施的"指导性目录"来推进和指导政府购买公共文化服务工作,以提高地方政府购买公共文化服务的绩效水平。例如,2016 年,北京市制定《关于政府向社会力量购买公共文化服务的实施意见》;2017 年,贵州省毕节市织金县印发《做好政府向社会力量购买公共文化服务的实施方案》。各级政府发布的"实施意见"(或"实施方案")在内容上大同小异,一般包括以下部分:政府向社会力量购买服务的目标要求、原则、购买主体、承接主体、购买内容、购买机制和保障措施。此外,上级政府部门的"实施意见"(或"实施方案")大多是下级政府部门政策文件制定的蓝本。但是,各地方政府也会结合本地实际情况对"实施意见"(或"实施方案")内容进行针对性规范。例如,2016 年,甘肃省天水市武山县印发的《做好政府向社会力量购买公共文化服务工作的实施意见》规定:购买主体包括符合条件的行政机关和群团组织,不包括承担行政管理职能的事业单位;2016 年,安徽省淮南市转发的《关于做好政府向社会力量购买公共文化服务工作的实施意见》对承接主体的条件做进一步规范,明确要求企业、机构的经营范围能够开展相关公共文化服务,且具备提供公共文化服务所必需的经验、规模、人才和实力等。

---

① 两部门关于在文化领域推广政府和社会资本合作模式的指导意见 [EB/OL].(2018-11-24)[2019-09-20]. http://www.gov.cn/xinwen/2018-11/24/content_5343003.htm.

第二节 我国政府购买公共图书馆运营服务的发展历程

自2010年,我国一些经济发达地区,如无锡、广州、上海、北京等开始尝试向社会力量购买公共图书馆的运营服务,在取得良好成效,积累宝贵经验的基础上,公共图书馆社会化运营模式在中西部地区,如合肥、芜湖、滁州、成都、贵阳、衡水、晋中等城市不断探索和运用。当前,政府购买公共图书馆运营服务的案例不断增多,购买方式多种多样,但整体上尚处于发展初期,根据其发展历程大体上可以划分为两个时期。

一、萌芽期(2010—2012年)

2008年始,我国加快建设覆盖城乡的国家、省、市、县、农村乡镇(城市社区)、农村行政村六级公共文化服务设施,并落实从城市住房开发投资中提取1%用于社区公共文化设施建设的政策①,这为各基层政府新建或扩建公共图书馆提供了政策和财政保障。由于受事业机构设置困难和财政编制紧缩的宏观政策影响,新建或扩建图书馆运行面临着缺乏管理人才和专业技术人员的困境,因此,对购买公共服务有着丰富经验的经济发达地区政府开始将目光投向专业的公司企业。最早的实践是2010年,无锡市无锡新区政府新建了馆舍面积为2500平方米的图书馆,为解决制约图书馆发展的人员编制瓶颈问题,政府将无锡新区图书馆的管理、运行和服务外包给艾迪讯电子科技(无锡)有限公司。服务外包模式不仅使政府转变了职能,而且良好的

---

① 周玮,璩静. 08年城市住房开发投资1%用于社区公共文化设施[EB/OL].(2008-02-23)[2018-09-20]. http://news.sohu.com/20080223/n255320056.shtml.

办馆成效为市民提供了优质服务，在尝试获得成功以后，全国众多政府部门、公共图书馆、高校到无锡新区图书馆参观、调研和交流。2011年，广州市南沙区作为国家级新区，只为图书馆配备了1个人员编制[①]，广州市增城区新塘镇图书馆则没有配备人员编制，在此背景下，政府为满足市民的阅读需求，将新建设的图书馆委托给公司企业去运营。这个时期的案例虽然不多，但由此拉开了我国政府购买公共图书馆运营服务实践的序幕。其发展特征如下。

（1）案例所在的地方政府有丰富的公共服务购买经验。政府购买公共图书馆运营服务之所以在经济发达地区——无锡市和广州市先行先试，与无锡和广州市政府早期就重视行政体制改革，加快政府职能转变是密不可分的。他们通过积极出台相关政策文件，加大财政专项资金投入，推进公共服务购买工作，取得丰富的公共服务购买经验，从而为政府购买公共图书馆运营服务起到重要的指导和推动作用。例如，2005年，无锡市开始对由政府直接参与的城市设施维护、生态环境、社会办养老机构、绿化养护、环卫保洁、公共文化、信息化服务等10多项公共事业，实行"政府购买公共服务"的改革试点。[②]无锡市先后出台《关于政府购买公共服务的指导意见（试行）》（2005年）、《关于推进政府购买公共服务改革的实施意见》（2008年）、《关于推进政府购买公共服务改革的实施办法》（2008年）、《无锡市政府购买行业协会商会公共服务实施办法（试行）》（2010年）、《政府购买公共文化产品和服务试行办法》（2011年）等一系列规范性文件以指导公共服务的购买。[③]此外，政府购买公共服务的费用全部纳入财政预算管理，强化绩效目标管理和考核验收，确保国家财政资金的高效利用。公共服务外包已成为无锡市政府采购的突出亮点，2011年和2012年，无锡市政府

---

① 穆宏志. 图书馆整体业务外包拓新路［N］. 中国出版传媒商报，2016-06-21（7）.
② 黄元宰，梅华. 无锡实施"政府购买公共服务"的改革实践与启示［J］. 改革与开放，2008（2）：16-18.
③ 易斌，郭华. 政府购买图书馆运营管理服务的比较研究——以北京市朝外地区和无锡市无锡新区为例［J］. 情报资料工作，2015（2）：73-77.

采购公共服务类金额分别是 8.04 亿元、12 亿元，资金节约率分别达 19.1%、12.3%。[1][2]

（2）案例具有强烈的示范效应。无锡和广州市政府结合本地实际进行的公共图书馆服务外包探索，其购买类型、购买方式、购买内容等各具特色。图书馆运营服务的购买类型既有无锡新区图书馆的合同外包方式，也有新塘镇图书馆的建设-经营-移交（BOT）的公私合作模式；购买方式既有无锡新区图书馆的单一来源采购，也有南沙区图书馆的招投标采购；购买内容既有无锡新区图书馆的运营权包括图书采购权，也有新塘镇图书馆的运营权和图书采购权分别外包。这些典型案例凭借社会化运营的特征和优势，获得多项殊荣和良好成效。例如，无锡新区图书馆 2012 年获得第四届文化部创新奖，2013 年获得"一级图书馆"称号。新塘镇政府通过公私合作，解决了图书馆开馆所需大量资金的财政缺口问题。南沙区图书馆利用公开招标的市场竞争优势，仅以每年 54 万元的外包费用获得读者满意的服务。他们在公共图书馆运营服务外包领域的开创性经验为其他地区的借鉴和推广带来强烈的示范效应。

二、发展期（2013 年至今）

2013 年始，我国在顶层设计上对政府购买公共服务问题给予高度的关注和重视。国务院常务会议专题研究推进政府向社会力量购买公共服务问题[3]，《关于政府向社会力量购买服务的指导意见》和《中共中央关于全面深化改革若干重大问题的决定》在 2013 年先后发布，强调"凡属事务性管理服务，

---

[1] 服务采购助力无锡政府职能转变［EB/OL］.（2012-09-20）［2019-02-10］. http://business.sohu.com/20120920/n353570584.shtml.
[2] 无锡：大力推进政府购买公共服务［EB/OL］.（2013-05-23）［2019-02-10］. http://finance.sina.com.cn/roll/20130523/211615566054.shtml.
[3] 李克强主持召开国务院常务会议：研究推进政府向社会力量购买公共服务部署加强城市基础设施建设［EB/OL］.（2013-07-31）［2018-09-20］. http://www.gov.cn/ldhd/2013-07/31/content_2458851.htm.

原则上都要引入竞争机制,通过合同、委托等方式向社会购买"[①]。相关举措和政策的密集出台表明我国已经深刻认识到建立服务型政府的重要性,将政府购买公共服务问题提升到全面推进国家治理能力现代化建设的战略层面来认识和实施。[②] 我国越来越多的基层政府结合本地实际,在向先行地区学习和借鉴的基础上,开始探索政府购买公共图书馆运营服务的优化和特色。有研究机构的调研表明,截至 2018 年年底,我国 23 个省(自治区、直辖市)共有 634 个公共图书馆(含城市书房)由社会力量运营,地方财政投入总额达到 2.89 亿元。[③] 在这一发展时期,政府购买公共图书馆运营服务呈现如下特点。

(1)购买对象的类型多样化。社会力量运营的公共图书馆不仅数量越来越多,而且层级、规模、服务对象等各不相同,如表 4-1 所示。公共图书馆的层级多样,既有层级较低的街道级图书馆,如合肥市高新区蜀麓社区图书馆(街道级),也有层级较高的地级市图书馆,如河北省衡水市图书馆;公共图书馆规模相差大,既有馆舍数百平方米、藏书数千册的公共图书馆,也有建筑面积达数万平方米、藏书数十万册的公共图书馆,如北京市海淀区北部文化中心图书馆;公共图书馆服务对象具有差异化,既有服务社会各类型读者的公共图书馆,如合肥市滨湖世纪社区图书馆(街道级),也有服务于特定读者群的公共图书馆,如北京市东城区体育馆路街道中英文少儿图书馆的服务对象是 0~15 岁小读者;既有政府对公共图书馆的单独购买,如芜湖市镜湖区图书馆,也有政府对街道(乡镇)文化服务中心(含图书馆)的整体购买,如上海浦东新区曹路镇金海文化艺术中心。

[①] 中央决定:凡属事务性管理服务,原则上都要引入竞争机制[EB/OL].(2013-11-15)[2019-02-10]. http://finance.people.com.cn/n/2013/1115/c1004-23559298.html.
[②] 吕侠. 中国政府购买公共服务研究[M]. 长沙:湖南师范大学出版社,2015:16.
[③] 北京大学国家现代公共文化研究中心. 我国公共文化机构社会化发展调研报告[R]. 北京:北京大学,2019:16.

表4-1 政府购买公共图书馆运营服务的部分样本

购买方式	图书馆级别	图书馆名称
合同外包	地市级	安徽省滁州市图书馆、河北省衡水市图书馆、山西省晋中市图书馆
合同外包	市辖区	芜湖市镜湖区图书馆、成都市武侯区图书馆、北京市海淀区北部文化中心的图书馆、无锡市无锡高新区图书馆、广州市南沙区图书馆、贵阳市南明区图书馆、南通市崇川区图书馆、合肥市蜀山区图书馆、廊坊市安次区图书馆
合同外包	县级	安徽省长丰县图书馆
合同外包	街道	北京市朝阳区朝外街道图书馆、合肥市滨湖世纪社区图书馆（街道级）、合肥市高新区蜀麓社区图书馆（街道级）、上海打浦桥街道图书馆、浙江省嘉兴市嘉善县魏塘街道图书馆、北京市东城区龙潭街道图书馆
合同外包	乡镇	上海浦东新区曹路镇图书馆
公私合作	乡镇	广州增城区新塘镇图书馆
公私合作	街道	北京市东城区体育馆路街道中英文少儿图书馆、北京市西城区广安门内街道图书馆

由于受机构设置困难、专业人员匮乏所限，政府购买运营服务的对象以市辖区和街道图书馆为主体。由于乡镇、社区受地方财力所限，图书馆建设数量不多，再加上其单体规模普遍很小，因此，实践中出现的运营外包案例也较少。另外，地市级图书馆不属于基层图书馆的范畴，相对而言，人员编制和财政拨款有较高的保障，其缺乏外包的现实需求，但近年来，随着一些地级市政府建设新图书馆，以填补本地公共文化服务设施的空白，其普遍存在着较高的办馆起点和缺乏专业技术人才的矛盾，因此，安徽滁州、河北衡水、山西晋中等地市级图书馆在2018年开始探索运营管理的社会化模式。

（2）承接方市场初具规模。加快构建现代公共文化服务体系的战略目标促使文化类社会力量队伍的扩大，推动政府购买服务的发展，政府购买资金的不断增加，反过来又加强了承接方的造血功能，促进承接方的健康发展，这是一个良性发展的过程。承接方市场初具规模特征表现在：其一，承接方的数量增长迅速。截至2017年年底，全国规模以上文化服务业企业数量已经达到30709家[①]，文化类民办非企业单位2.1万个[②]；与截至2014年年底，全国规模以上文化服务业企业数量为18231家[③]、文化类民办非企业单位1.41万个相比较，在短短的3年间，承接方的数量分别增长68.44%、48.94%，尤其是能胜任公共图书馆运营服务的承接方市场从2010年的几乎空白状态达到目前的迅速崛起和蓬勃发展。其二，承接方市场属性的多样化，如表4-2所示。图书馆运营服务承接方以文化类公司为主，其他性质的社会力量也积极参与其中。文化类公司不仅包括民营文化企业，国有文化企业也开始参与到公共图书馆运营服务，如皖新传媒图书馆管理公司、北京北图文化发展中心；科技类公司凭借其建设智慧型图书馆方面的优势，在设区市、县级图书馆的外包市场中崛起；社会组织具有公益性、非营利性特点及开展阅读推广活动的优势，在街道级图书馆的外包市场中占据重要地位；其他类的机构，如物业公司、人力资源公司，虽缺乏运营图书馆的专业优势，但凭借招投标的价格优势和在其他服务领域的经验也开始涉足图书馆服务领域。

正是由于适格承接方数量的迅速增长，市场可选择余地加大，自由竞争变得充分，政府购买图书馆运营服务的主要采购方式由早期的单一来源向竞争性磋商、公开招投标转变。例如，2010年，由于经营文化场馆整体外包的专业公司太少，很多公司甚至连招标书都看不懂，致使无锡新区图书馆在网上两次公开招标无一家机构前来投标。[④] 2018年，成都市武侯区图书馆向社会公开采购运营管理服务，共有7家知名供应商报名，经过资格审查、业绩筛选等，有3家公司进入竞争性磋商阶段。

[①] 国家统计局. 中国统计年鉴2018 [M]. 北京：中国统计出版社，2018：777.
[②] 中华人民共和国民政部. 社会服务发展统计公报 [EB/OL]. [2018-08-21]. http://www.mca.gov.cn/article/sj/tjgb/.
[③] 国家统计局. 中国统计年鉴2015 [M]. 北京：中国统计出版社，2015：80.
[④] 杜洁芳. 江苏无锡：探索公共文化服务社会化运营新模式 [N]. 中国文化报，2015-07-13（1）.

表4-2　参与政府购买公共图书馆运营服务的部分承接方名单

序号	承接方性质	承接方名称
1	社会组织	皮卡书屋、北京市西城区超爱阅读文化传播中心、北京市东城区梦想家文化艺术中心、成都高新区巨力文化服务中心、上海浦东上上文化服务中心
2	科技类公司	艾迪讯电子科技（无锡）有限公司、安徽华博胜讯信息科技股份有限公司、成都瑞福迪信息技术有限公司、北京艾迪讯智慧科技有限公司
3	文化类公司	安徽儒林图书馆咨询服务有限责任公司、安徽知本文化传播有限公司、北京悠贝成长科技有限公司、广东大音文化发展有限公司、深圳市粤图图书服务有限公司、深圳市拓新图书销售有限公司、深圳市育新文化发展有限公司、四川世博创想文化传媒有限公司、皖新传媒图书馆管理公司、山西华信天下图书馆管理服务有限公司、北京北图文化发展中心、廊坊市阅童年文化传媒有限公司
4	其他类公司	广州粤华物业服务有限公司、成都凡悟品牌管理有限公司

（3）BTO公私合作模式开始探索。政府购买公共图书馆运营服务的类型包括合同外包和公私合作，在这一时期，虽然合同外包仍是政府购买服务的主要类型，但公私合作尤其是BTO（建设－转让－经营）类型开始呈现积极探索之势。近年来，为保障公民的阅读权益，基层政府积极推进公共图书馆总分馆制建设，打造"十五分钟"公共文化服务圈，建设大量的基层图书馆任务迫在眉睫，为解决地方财力不足的困难，基层政府常通过公办民助的方式，引入社会力量运营街道社区图书馆。BTO模式通常是由政府免费提供公共图书馆馆舍和启动资金，承接方无偿负责公共图书馆的图书借阅、文化活动等运营管理，但可以在图书馆内经营有偿服务项目①，以获取利润，补偿图书馆运营费用的支出。例如，2014年，针对北京市东城区体育馆路街道的留守儿童和外来务工人员子女没有合适的阅读场所的问题，北京市东城区体育馆路街道和皮卡书屋合作开设少儿图书馆，由政府免费提供馆舍、设备和启动资金，承担装修、水电、网络费开支，皮卡书屋负责图书馆的专业化运营和日常管理，可以从有偿办理会员卡、举办培训班得到经济利益。

---

① 丁杨. 北京广内街道公共图书馆探索社区阅读文化新路［N］. 中华读书报，2016-03-02（2）.

第三节　我国政府购买公共图书馆运营服务的主要成效

我国政府购买公共图书馆运营服务的实践虽然时间不长，总体上尚处于启动和规范阶段，但在不少地方的实践中显现出较大的发展潜力，并获得了良好的社会效应和经济效益。

一、推动政府职能的转变

美国著名公共行政专家奥本斯认为，政府职能应该是"掌舵"而不是"划桨"。[①] 改革开放 40 多年来，我国完成了由计划经济体制向社会主义市场经济体制的巨大转变，市场调节作用的发挥释放出巨大的社会生产力，但政府管理体制仍需要相应的变革，改变以计划经济体制下集决策者、提供者、生产者、监管者于一身的"全能型"政府为主的状况，以适应市场经济的需求。在多次调研公共文化服务外包的专家来看，通过政府实施购买服务，将一部分具有专业性、事务性特征的公共文化服务具体实施职能交给社会力量来承担，政府可以从大量事务性工作中解放出来，专心承担决策者、提供者、监管者的角色，解决公共文化服务需求增多与政府直接提供能力有限的矛盾，做到"全能政府"向"有限政府"的转变，实现"小政府、大服务"的目标。[②] 例如，芜湖市镜湖区图书馆实现社会力量运营后，政府只负

---

① 戴维·奥本斯，特德·盖布勒. 改革政府：企业家精神如何改革着公共部门 [M]. 上海：上海译文出版社，2006：10.
② 杜洁芳. 江苏无锡：探索公共文化服务社会化运营新模式 [N]. 中国文化报，2015-07-13（1）.

责图书馆的资产监管、协作协调、财务和服务监督、绩效考核，企业则承担馆方工作以外的全部管理和运行服务工作，政府不再当"运动员"，只当好"监督员""裁判员"。

二、提升图书馆的服务质量

（一）有利于提供更优质的图书馆服务

在传统的政府垄断性提供公共服务模式下，由于竞争的缺乏，政府提供的服务经常存在质量不高、效率低下的问题，公众也缺乏选择的权利和机会。政府通过购买服务机制，将图书馆服务从行政生产转变为市场性生产，承接方通过竞争机制获取到图书馆服务的生产权，由此能最大限度调动和挖掘其运营管理的潜能，承接方由被动服务向主动服务转变，公共资源得到优化配置，创新活力得到有效释放，图书馆服务的质量、效率和水平得到大幅度提高。[1] 例如，北京市朝阳区朝外街道图书馆为吸引读者，于2013年6月重新装修，不仅环境变得整洁明亮，还为小朋友准备了读书专区。可是，丰富的少儿藏书、良好的阅读环境鲜有人使用，2013年下半年，只有107人次读者光顾，3人新办图书证。通过政府购买服务方式，悠贝亲子图书馆作为承接方发挥亲子阅读指导优势，仅2014年上半年，就举办了42场免费儿童阅读推广活动，吸引了1230位娃娃和家长参加；为69位读者新办了图书证，是2013年同期的20多倍；477人次前来借阅，是2013年同期的近4倍。[2] 又如，2015年，成都市武侯区政府购买图书馆运营服务后，承接方馆员不是在馆内坐等读者来，而是每周有三四天"走出去"，到各社区、各居民小区开展各项服务，包括办理借书证、了解居民想看什么书、想参加什么

---

[1] 王浦劬，萨拉蒙，等. 政府向社会组织购买公共服务研究：中国与全球经验分析［M］. 北京：北京大学出版社，2010：24.
[2] 专业"助教"教读书 娃娃迷上图书馆［EB/OL］.［2020-09-20］. http://www.china.org.cn/bjzt/chinese/2014-07/29/content_33082634.htm.

活动、收集对图书馆的意见建议。居民在惊诧的同时,更对公共文化机构服务意识的提高由衷地表示欢迎。①

(二)有利于满足群众多层次的阅读服务需求

随着我国经济水平的不断提高,群众的公共阅读服务需求越来越多元化、个性化,仅仅依靠政府单一的供给方式,难以满足群众不同层次、不同特点的服务需求。而公司企业和社会组织是按照细分市场成立的专业机构,在提供服务方面具有分工细致、贴近社区、反应迅速、机制灵活的特点。专业机构凭借具有的专门人才、专业技能和专业化管理,能够根据本区域的实际情况、群众的不同需求,制订具体的服务方案,及时提供符合实际需要的特色服务。例如,无锡新区是众多高新技术企业的聚集区,年轻人多、接受新鲜事物快、数字阅读普及,无锡新区政府根据这一现状,引入既有图书馆运营经验又在信息科技的设计与开发方面具有优势的公司,将图书馆建设成运用诸多高科技的"智慧图书馆"。北京市朝阳区朝外街道、东城区体育馆路街道、东城区东总布胡同社区针对所辖居民区儿童多、活动少的特点,积极引进民间阅读机构参与图书馆的运营管理,通过儿童阅读推广教师举办丰富多彩的故事会、手工艺、讲座等亲子活动,不仅吸引小读者的兴趣,而且带动孩子的长辈到图书馆一起参加活动。

三、提高公共财政的使用效率

(一)有利于降低办馆成本

政府购买图书馆服务就是发挥市场在资源配置中的决定性作用,通过引入优胜劣汰的公平竞争机制,在图书馆服务提供领域形成市场竞争,通过市

---

① 郑海鸥. 文化脉动:成都武侯 优化文化微生态[EB/OL].(2016-07-21)[2019-06-22]. http://ex.cssn.cn/wh/wh_cysc/201607/t20160721_3129196.shtml.

场运行机制进行资源配置，从而促进资源配置效率的提高。社会力量相比政府而言，运营图书馆有更灵活的用人机制、更规范的办事流程、更到位的激励机制，这不仅促进图书馆服务专业性程度的提高，而且能够有效减少政府公共服务成本。①2011 年，广州市南沙区将图书馆外包给广东大音文化发展有限公司，如果按照政府办馆的费用计算，图书馆需要的 10 名工作人员，在不计社保和医疗保险的前提下，至少每年就要花 50 万元，这已经超过了图书馆服务外包的价钱。②2015 年，成都市武侯区图书馆由艾迪逊电子科技（无锡）有限公司运营，根据政府测算，若按照传统方式运营，图书馆仅人员经费就需要 400 多万元，但政府购买社会机构的服务全部运行经费只需要 280 万元，可谓"低投入、高产出"。③

（二）有效控制政府的刚性支出

我国有一些本应由社会力量承担的职能，却由政府部门承担下来，政府每年需要以财政拨款的方式供养大量的单位和人员，以至于造成政府机构臃肿，人浮于事。由于不存在竞争压力和下岗危机，这些机构的服务效率低下，服务意识淡薄，已逐渐丧失核心竞争能力，甚至成为国家财政的沉重负担。④政府将自己承担的公共职能，通过购买公共服务的方式转移给社会机构，即政府从购买"人"转变为购买"事"，从而精简政府冗员，减轻财政负担，有效避免刚性支出的增长，使更多的资金用于提高公共文化服务生产和供给效率。

（三）提高财政资金的使用绩效

政府通过引入专家学者、群众或第三方机构参与到图书馆服务的招投

---

① 冯华艳. 政府购买公共服务研究［M］. 北京：中国政法大学出版社，2015：81-82.
② 许琛. 南沙区图书馆"外包"走出新路［EB/OL］.（2012-01-11）［2019-09-20］. http://news.gd.sina.com.cn/news/20120111/1226249.html.
③ 郑海鸥. 文化脉动：成都武侯 优化文化微生态［EB/OL］.（2016-07-21）［2019-06-22］. http://ex.cssn.cn/wh/wh_cysc/201607/t20160721_3129196.shtml.
④ 吕侠. 中国政府购买公共服务研究［M］. 长沙：湖南师范大学出版社，2015：18.

标、监督管理和考核评价等全过程中,不仅有助于完善图书馆运营服务的购买流程,使购买行为更加规范合理,促使政府在图书馆服务提供过程中当好"裁判员"的角色,而且能够降低政府的权力寻租空间,督促政府在购买过程中比质比价,注重过程控制和群众满意度,从而提高资金使用效率。①

四、激发文化类社会组织的发展

(一)促进文化类社会组织的规模发展

政府购买公共文化服务为社会组织的生存和发展提供必要的资金、场地、设施和政策支持,对长期困于资金瓶颈的社会组织起到积极作用。近年来,为推动覆盖全社会的公共文化服务体系建立,实现基本公共文化服务均等化,各地政府不仅加大购买公共文化服务的资金量,而且通过免费或低价提供办公场所、设施设备、培训工作人员等方式培育文化类社会组织,从而吸引更多的社会资源投入文化类社会组织的成长中,快速壮大整体队伍。例如,从民政部对2012—2018年我国文化类社会组织的数量统计中可以看到(表4-3),文化类社会团体由2012年的2.50万个增加到2018年的4.18万个,文化类民办非企业单位由2012年的1.06万个增加到2018年的2.66万个,其六年期间的年均增长率分别为11.2%和25.2%,均高于社会组织年均增长率的10.6%,从中可以看出文化类社会组织规模的发展速度较快,总体上超过社会组织的发展。

---

① 冯华艳. 政府购买公共服务研究 [M]. 北京:中国政法大学出版社,2015:82.

表4-3　2012—2018年文化类社会组织数量统计表[①]　　　单位：万个

类型	2012年	2013年	2014年	2015年	2016年	2017年	2018年
文化类社会团体	2.50	2.71	3.01	3.30	3.50	3.90	4.18
文化类民办非企业单位	1.06	1.17	1.41	1.70	1.80	2.10	2.66
社会组织	49.90	54.70	60.60	66.20	70.20	76.20	81.70

（二）拓展文化类社会组织的成长空间

通过向文化类社会组织购买公共文化服务，为其提供必要的资金、场地、实物、技术和政策支持，不仅能提高文化类社会组织的专业水平和管理能力，也为其成长发展提供了广阔空间，有利于"政府—企业—社会"三元结构的形成。例如，有着良好的亲子阅读活动组织能力的悠贝亲子图书馆在承接北京市朝阳区朝外街道图书馆的运营管理任务后，被媒体广为报道，其知名度和影响力有了显著提高，越来越多的图书馆表达购买其亲子阅读服务的意愿，北京CBD文化创意图书馆、北京东城区东总布胡同社区图书馆，以及安徽繁昌图书馆、重庆北碚图书馆等与悠贝亲子图书馆进行合作，包括开展劳务派遣、项目合作、提供培训等服务，这在很大程度上拓展了悠贝亲子图书馆的活动范围。成都高新区巨力文化服务中心在承办成都市武侯区图书馆的全民阅读推广活动过程中，既锻炼了自身的专业服务和实践能力，也更容易得到社会其他力量的信任和支持。应该说，各地政府通过向文化类社会组织购买公共文化服务方式，有效地推动了这些社会组织的健康发展，发掘和培育了文化类社会组织的"领军人物"[②]，为承接政府购买的公共图书馆运营服务项目奠定良好基础。

---

① 中华人民共和国民政部. 2012—2018年社会服务发展统计公报［EB/OL］.［2019-08-21］. http://www.mca.gov.cn/article/sj/tjgb/.

② 王浦劬，萨拉蒙，等. 政府向社会组织购买公共服务研究：中国与全球经验分析［M］. 北京：北京大学出版社，2010：26.

五、促进基本公共文化服务的均等化

基本公共文化服务均等化的实现是完善公共服务体系的一项重要任务，是保障人民群众基本文化权益实现的重要目标，也是当前各地各级文化部门的重要战略任务。当前，我国图书馆服务发展严重不均衡，不仅表现在城乡不均衡、地域（东中西）不均衡、人群不均衡，而且表现在同一城市中越到基层，公共图书馆的设置率越低。[1] 因为政府往往对一个城市的中心城区或人口相对集中区域的公共图书馆比较重视，将其建设成城市的标志性建筑，经费一般也能得到保证，但具体到街道（社区）、乡镇这些基层单位，政府的重视程度较低，往往面临缺乏公共图书馆设施的问题，而且即便有公共图书馆，也存在着馆舍场地狭小、设备与资源匮乏、服务人员不足等问题，导致群众的阅读权益得不到保障。

政府购买公共图书馆运营服务是实现基本公共文化服务均等化的一条重要途径，为此，我国政府在顶层设计上给予持续的关注和肯定。2014年1月，文化部出台的《"十二五"时期公共文化服务体系建设实施纲要》强调：逐步建立公共文化服务政府采购制度，推动公共文化服务均等化。2015年5月，国务院批转的《关于2015年深化经济体制改革重点工作的意见》明确提出：逐步推进基本公共文化服务标准化均等化，推动政府向社会力量购买公共文化服务。通过政策的引导和调控作用，实践中越来越多的基层政府根据自身财力有限、专业人员缺乏的现状，因势利导，以提供财政资金、图书馆场地、设备、优惠政策的方式和社会力量合作新建图书馆，解决辖区公共图书馆缺失的问题；也有不少的基层政府由于已建设的公共图书馆运营效果不佳，而将图书馆外包给社会力量运营。通过政府购买图书馆服务方式，街

---

[1] 有学者曾在2013—2014年对我国20余省市进行基层图书馆发展现状调研，发现526个街道中有342所图书馆（其中有1个街道设置了2所），设置率为64.83%；5693个社区有图书馆1639所（其中有2个社区各设置了2所），设置率为28.75%。参见：龚蛟腾. 城镇化进程中基层公共图书馆建设研究［M］. 北京：知识产权出版社，2016：61.

道、社区图书馆的设置从无到有,从少到多,办馆成效从"门可罗雀"到"一座难求",不仅解决了老百姓看书难的问题,而且以其环境舒适、活动接地气、服务深入基层的特性受到百姓的喜爱。

第四节 我国政府购买公共图书馆运营服务的主要问题[①]

政府以社会购买服务的方式为民众提供图书馆服务,改变了传统的服务供给理念和模式,激发了社会活力,积累了相关经验,取得了良好效果。同时,我国政府购买公共图书馆运营服务尚处于探索阶段,存在着诸多问题和不足,影响着该模式的进一步推广和应用。

一、法律规范问题

(一)相关法律规范层级不高

《中华人民共和国政府采购法》《中华人民共和国政府采购法实施条例》《中华人民共和国招标投标法》《中华人民共和国招标投标法实施条例》的立法宗旨主要是规范政府采购货物、工程的行为,并不是为了政府购买公共服务的制度设置和设计,这些法律虽为政府购买公共服务提供了一定的法律依据,但政府购买公共服务和政府采购货物、工程毕竟在适用对象、法律主

---

① 本节内容参见:易斌. 公共图书馆整体外包模式的现实困境与策略选择[J]. 国家图书馆学刊,2017(4):42-48;易斌,葛琳琳,黄华彩,等. 我国政府购买图书馆服务的责任缺失及应对策略[J]. 图书馆建设,2018(5):90-94,101.

体、购买方式、服务受益者、评价标准等方面都有着种种区别①，因此，现有法律法规并不能满足政府购买公共文化服务的需要。近年来，政府主要依靠法律层级不高的规章和强制力较弱的"通知""意见"或"决定"等政策规范性文件来指导购买服务行为，如《政府购买服务管理办法》（2019年）、《政府采购货物和服务招标投标管理办法》（2017年修订）、《关于做好政府向社会力量购买公共文化服务工作的意见》（2015年）、《关于支持和规范社会组织承接政府购买服务的通知》（2014年）。这些红头文件是政府购买服务的宏观性指导意见，缺乏有效的刚性约束力，执行效率不高。尤其是地方政府出台的制度规范是由相关机构和部门制定的，其制定程序的严密性不强、科学性不够，甚至不同地方政府文件之间出现互相抄袭的现象，这对法律规范的权威性、严肃性和社会公信力带来负面影响。

（二）相关法律规范的缺失

政府尚未出台购买公共文化服务的专门法规规章，也没有针对特殊的采购对象——公共图书馆服务制定具体的管理办法或实施标准，导致政府在购买过程中所涉及的服务项目范围、招投标程序、监督管理、评价考核等关键环节存在着法律空白。具体表现在：其一，外包内容的选择有待明确。政府对购买公共图书馆运营服务的范围界定不明，其应包括哪些服务项目，或者说哪些内容不适合外包，并没有出台相关的指导标准或行业规范，实践中做法也不一。争论焦点包括：馆长职位应不应该由政府公务人员担任；图书、数据库等固定资产的采购适不适合外包；水电供暖、网络费用由购买方还是承接方负责。其二，招投标程序有待健全。政府购买图书馆服务与采购工程、货物相比较，其招投标过程中存在着评比标准难以制定、合格的评标专家缺乏、服务成本难以衡量等困难，因此，适合工程、货物的招投标采购方式、程序并不太适合购买服务。在实践中就曾出现过相关案例：某市辖区文

---

① 王浦劬，Jude Howell，等. 政府向社会力量购买公共服务发展研究［M］. 北京：北京大学出版社，2016：40–41.

化主管部门在组织招标购买图书馆外包服务时，有投标方对其招标程序质疑，内容涉及该主管部门不具备组织招标的资质资格、评标细则的制定及量化未公开、评标评委的抽取程序不合理等方面，但区政府回应招标程序不存在违法违规问题。双方产生分歧的主要原因是缺乏明确的招投标法律程序来规制图书馆服务外包行为。其三，监督机制有待完善。《中华人民共和国政府采购法》《中华人民共和国政府采购法实施条例》都强调，各级人民政府财政部门和其他有关部门依法履行与政府采购活动有关的监督管理职责。问题是，政府负责监管的部门有哪些、监管什么、怎样监管、如何追责，现有法律规范多是原则性规定，并没有进行明确详细的规定，导致现实中政府的监督管理模式无标准可循，监管执行不到位常常导致服务质量存在问题。其四，绩效评估缺乏针对性。现行法律法规规定了采购方对承接方的验收义务和责任，但没有就绩效评估出台具体标准，地方政府为加强实践的可操作性，出台了一些绩效评估制度，如《武汉市政府购买社会工作服务项目评估实施办法》（2016年）、《厦门市政府购买社会工作服务项目评估实施办法（试行）》（2014年）、《广州市政府购买社会服务考核评估实施办法（试行）》（2010年）。这些制度规定了政府购买社会工作服务的绩效评估方式、标准、程序、抽样、观测、结果等，但购买图书馆运营服务和社会工作服务是不同性质的项目评估，如果适用同一评估标准，其弊端还是非常明显的。

二、购买方问题

（一）新公共服务理念不清

新公共服务理念对政府职能的定位为"掌舵"而非"划桨"，政府作为公共服务的购买方，应引导并鼓励社会力量参与公共文化服务的多元化供给。然而长期以来"大政府""全能型政府"理念使政府习惯对所有公共服务的提供和管理进行大包大揽，当新的公共文化服务供给模式出现时，政府部门的事权减少，意味着他们的可支配资源和权力相应减少，直接影响到部门利益[①],致使许多政府部门对推进公共文化服务购买工作持不习惯、不积极、不愿意的态度,对公共服务项目的不放权、不让渡,使社会力量很难进入图书馆服务领域。而有些政府部门对购买服务的理解产生另一种偏差,认为图书馆服务外包是节约公共财政资金、向社会"甩包袱"的好方法,于是将所管辖的公共图书馆向社会一推了之,再加上缺乏严格的监督管理机制,使政府购买图书馆服务的效能大打折扣。

(二)监督管理的力度不够

政府购买图书馆服务后,其行政职能发生了转变,由办文化转向管文化,伴随而来的监管问题主要表现为:其一,自我监督不够严格。有些政府部门把购买服务当作一项政绩工程,将项目直接委托给有依附关系的机构或有官方背景的社会组织,而没有对项目进行充分的市场调研和成本效益分析,存在权力寻租的风险。其二,日常监督不够及时。政府部门作为购买方往往只关注外包的年度考核工作,疏于日常监督管理,导致运营过程中出现问题难以及时补救。例如,某市辖区图书馆外包后,政府没有委派专人和承接方对接,平时双方的沟通交流也不到位,在年终考核未通过后,承接方以政府停发外包费用为由,停止了图书馆的大部分读者活动,并拖欠员工的工资和津贴,给政府形象造成负面影响。其三,监管的专业性有待提高。由于一些图书馆服务的专业性和技术性要求较高,而政府部门缺乏相关专业人员,难以对合同的履行情况进行有效的监管。例如,某图书馆运营社会化后,由于图书采编的业务性强,监管工作难度大,承接方对图书的分编加工存在着分类主题标引粗糙,错误较多,多卷书、丛书、再版图书等不按要求著录,同书异号、异书同号现象等严重问题。[②] 其四,监管的群众参与度不高。有些地方政府的监督责任主体不明确,认为监管主要是政府职能部门的工作,吸纳群众参与监管图书馆服务仅限于发放读者调查问卷,忽视专家学者、社会人士、读者在利

---

① 葛晓梅. 政府购买公共服务探析[J]. 湖北经济学院学报(人文社会科学版),2013(5):9-11.
② 程明. 市场化环境下图书馆业务外包调查与分析[D]. 合肥:安徽大学,2015:23.

用图书馆过程中及时、有效的监督管理作用，群众的意见建议不能及时得到解决。

（三）评估机制的科学性不够

政府购买图书馆运营服务的评估机制科学性有待提高，主要表现为：其一，购买方对评估机制的重视程度不够。政府作为购买方，认为图书馆运营服务既然交给了承接方，就应该由承接方承担责任，于是在购买服务实施过程中不仅缺少对市场主体的监管，也缺乏必要的评价考核指标、流程和方式。例如，某镇政府引入社会力量建设和运营图书馆，但政府对承接方的办馆要求仅是保障开放时间、不能多次出现公众投诉、不能出现公众重大投诉；在购买服务合同中既没有制定具体的办馆指标，也没有出台对承接方的日常监督和期中、期末的考核评价办法，更没有进行公众满意度的调研。其二，第三方评估主体参与度不高。政府作为公共文化服务的购买者，虽然有权对承接方进行考核，但政府毕竟是利益相关方，由政府独自扮演考评角色是不合适的。由读者、专家学者、社会人士等组成的第三方应当参与其中，这样才能真正做到监督有力、考核公正。实践中政府经常扮演委托者和评价者的双重角色，评估小组成员大多由财政、纪检、文化等政府部门的工作人员担任，或是"上级部门"的"照顾评价"，或是"兄弟单位"之间的"友情评价"，导致考核评价工作常常流于形式而走过场，其评价结果自然缺乏公信力。其三，评估指标有待科学规范。政府在制定公共图书馆购买服务考核标准时，由于没有国家层面的行业规范或地方性的指导标准作为参考依据，地方政府常以同类型先进图书馆的办馆效益或文化部出台的各级公共图书馆评估标准为指导制定评价指标，没有结合本地区、本馆的实际进行相应修改，导致政府和承接方产生分歧。例如，某市辖区图书馆购买服务的评价指标体系整体采用国家第五次县级一级图书馆的评估等级标准，承接方认为评估定级标准针对的对象是政府运营的公共图书馆，如果将其套用到社会力量的运营中，很多评价指标都存在问题，包括"设施与设备条件""经费的投入""重点文化工程"等指标是政府应担负的责任，不应转嫁给承接方。其四，评估对象不够完整。在我国政府购买公共图书馆运营服务的案例中，普遍都是将承接方作为唯一评估对象，评估对象过于单一。公共图书馆作为购买对象，将原有的部分生产职能交由承接方完成，其自身应更多地承担购买方与承接方之间行政命令、相关政策的上传下达及行政管理、监督工作，这些工作都会直接影响政府购买服务的最终质量和效果，因此，公共图书馆也应该作为被评估的对象一同接受评测。例如，某市辖区图书馆的政府主管人员对自身管理边界不清晰，在承接方运营过程中越界干涉，向承接方管理层打招呼，插手外包员工升迁，从而造成承接方管理工作加重，运营服务效能大打折扣。

（四）公共财政保障程度不高

政府在图书馆服务社会化运行中财政保障程度不高，表现在三个方面：其一，公共文化资金投入不足。自2001年以来，我国文化事业费总量虽然不断增长，但人均水平不高，文化事业费占全国财政总支出的比重明显偏小，长期不超过0.4%（图4-1），文化事业的发展依然受到资金的严重制约。和国际横向比较，2014年，我国文化事业费支出仅占国内生产总值的0.083%，远低于2013年法国的1.23%，英国的0.77%，德国的0.70%，韩国的0.60%，日本的0.30%，美国的0.27%。[①] 和我国经济发展水平比较，2000—2015年，文化事业财政投入年均增长为16.78%，低于全国财政收入年均增长的17.59%，文化投入占财政收入比从2.24%下降至2.02%。[②] 根据《文化建设蓝皮书：中国文化发展报告（2015—2016）》的调查，对我国政府的文化投入情况，公众评价并不高，认为"比较充足"和"非常充足"的人加起来只占26.4%，认为"一般"的人占37.7%，认为"不太充足"的人占21.4%，认为"很不充足"的人占6.6%。可以说，大部分公众认为政府对文化建设的资金投入依然不太充足或不足。[③] 其二，没有科学核算外包费用。一些地方政府认为图书馆服务社会化的主要目的是减少政府的文化事业投入，减轻政府的财政压力，因此，对

---

① 李国新. 强化公共文化服务政府责任的思考［J］. 图书馆杂志，2016（4）：4-8.
② 吴高，韦楠华. 公共文化财政投入现状、问题及对策研究［J］. 图书与情报，2018（2）：54-66，108.
③ 张雯鑫. 我国文化建设成就显著，但仍存在四方面不足——《中国文化发展报告（2015—2016）》指出［EB/OL］.（2016-06-30）［2019-06-19］. https://www.pishu.cn/psgd/377830.shtml.

公共图书馆运营的财政投入不增反降。例如，某中部市辖区级图书馆馆藏总量12余万册，馆舍面积5000余平方米，政府的运营购买经费为每年185万元，看似不少，但政府要求图书馆的馆员数量为24人，以每人每年5.5万元的经费计算，此项费用就要132万元，再加上企业所得税、图书馆每年200多场活动费、办公费、人员培训费、场馆和设备维护费、通信费等，承接方盈利的空间相当有限。由于受到经费的制约，承接方举办活动时更多考虑的是达到考核指标的活动数量要求，而不是举办活动的质量和效果。其三，政府购买资金未纳入公共财政预算。县（区）一级的政府大多在财政预算中体现了政府购买资金，更高层级的政府购买资金则普遍未纳入公共财政预算，大部分是以财政预算外资金或专项资金的形式拨付的，因此，政府购买的项目难以获得稳定而持续的财政支持。① 例如，2011年1月，北京市民政局和文化局拨付51万元专项资金，购买16家民办文化场馆的免费开放服务②，但由于该公益服务经费并非常设项目，导致该项目仅仅开展了1年便中断了。

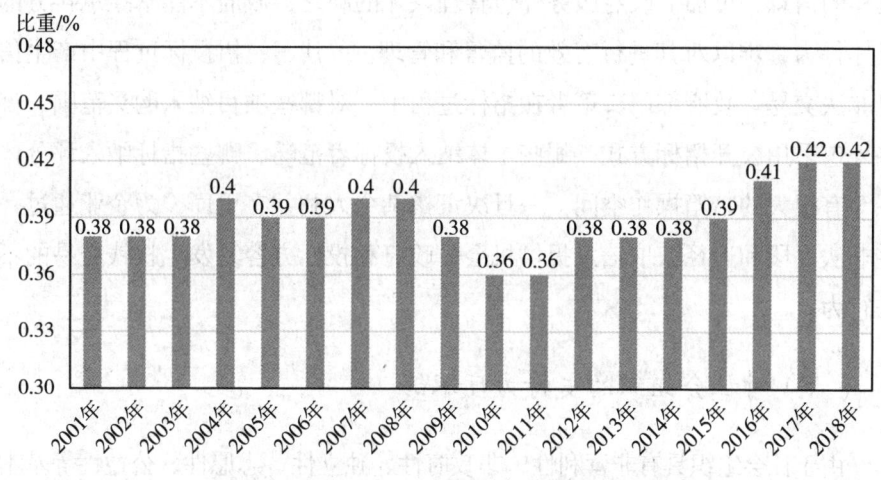

图4-1　全国文化事业费占财政总支出的比重③

---

① 王雪云，高芙蓉. 政府购买公共服务研究 [M]. 北京：经济科学出版社，2016：343.
② 童曙泉. 政府购买民办文化场馆公益服务项目启动 [EB/OL]. (2011-01-17) [2018-01-19]. http://www.gov.cn/gzdt/2011-01/17/content_1786150.htm.
③ 中华人民共和国文化和旅游部 .2019年文化和旅游发展统计公报 [EB/OL].（2020-06-22）[2021-05-30] . http://www.gov.cn/xinwen/2020-06/22/content_5520984.htm.

（五）购买服务信息不透明

在购买公共图书馆运营服务的实践中，不仅政府部门存在信息公开不够的问题，承接方在运营过程中也可能隐瞒真实信息，导致出现以下弊端：其一，购买服务信息公开不充分，容易导致公众的"被服务"。一些政府部门对普通公众参与的理解仅限于政治领域的选举、投票范围或价格听证会，认为公共服务的供给应由政府来安排，公众只需要被动接受服务即可，因此，政府既没有让公众参与到服务的决策层面，也没有向公众主动公开购买的理由、过程、程序、资金来源等，导致公众不明确政府购买的项目与自己的需求是不是一致，知情权的缺失可能导致公众的"被服务"；公开信息的有限也会导致投标者不清楚政府购买服务的具体情况，从而失去服务的提供权，减弱市场的有效竞争。其二，购买公共图书馆运营服务的质量评价、服务效益测定都比较困难。服务合同的信息梗阻使承接方可能采取投机行为，隐瞒真实的信息，再加上政府服务外包管理人才的缺乏，政府不能掌控承接方的具体行为，难以对其进行有效的监督和管理。① 其三，招投标过程中产生信息非法交易。政府部门决策者在招标过程中，对哪些项目纳入购买范围、哪些外包采用公开招标方式、哪些主体纳入投标者范畴、哪些指标纳入评分体系等有很大的暗箱操作空间，一旦决策掺杂个人利益在里面，为企业通过一些非法手段和途径获取信息提供机会，政府和投标方容易发生权钱交易的不法行为。

（六）对社会组织的支持力度不够

由于社会组织具有非营利性、非政府性、独立性、志愿性、公益性等基本特征，在英、美等公共服务购买成熟的国家，承接服务的大多是非营利性社会组织。而我国社会组织的数量和规模化、专业化程度都不尽如人意，致使承接图书馆服务的市场主体大多是营利性的企业。政府部门一方面苦恼没有适

---

① 王雪云，高芙蓉. 政府购买公共服务研究［M］. 北京：经济科学出版社，2016：221.

合的社会组织承接服务，另一方面对社会组织的培育和发展没有给予足够重视，具体表现在：其一，不信任社会组织的能力。政府在寻求图书馆服务的承接方时，往往会有意无意地忽视社会组织的存在[①]，而更信赖资质高、规模大、实力强的文化事业单位或公司参与到图书馆事业中，容易造成少部分承接方垄断图书馆运营服务的提供。其二，对社会组织的发展长期采取以限制为主的态度。政府对社会组织的注册采取双重管理制度，不仅需要民政部门对其进行登记管理，而且需要行政机关或事业单位对社会组织进行业务管理，致使许多草根社会组织[②]找不到业务主管机构而失去合法身份。其三，对社会组织参与政府购买的条件缺乏支持。政府在招投标评分细则中对承接主体资质规定了诸多要求，如具有的职称证书数量、获得的认证证书和奖励情况、服务外包业绩、财务状况报告、商业信誉等，这些评分标准对公司更为有利，对规模、资金、业绩等难与公司相比的社会组织来说无疑处于劣势，这无疑限制其参与市场竞争的积极性。

三、承接方问题

（一）适格承接方匮乏

21世纪初，我国图书馆图书采编加工、自动化建设、阅读指导活动等业务外包的兴起，促进了图书供应商、信息技术公司、民间阅读组织等各类专业机构的产生和发展。但由于图书馆各项业务具有独自的专业性，而且整体外包市场需求量小，有能力提供图书馆整体外包服务的公司、社会组织数量极少，即便在北京、上海这样的一线城市也不多。[③]地方政府在寻找合适承接方时，经常遇到"有钱难买"的局面，即便图书馆外包出去了，政府在

---

① 于萍. 公共文化服务外包亟待政府引导支持[N]. 中国文化报, 2014-10-17 (7).
② 草根社会组织主要是指扎根于城乡社会的基层民众组织，其没有业务主管单位进行审核管理，未在民政部门注册获得合法身份。
③ 李国新. 完善农村公共文化服务政府购买政策与机制[J]. 行政管理改革, 2019 (5): 24-26.

决定承接方时也没有太多的选择权。这种情形势必使政府对图书馆外包行为心存顾虑，担心外包失败承担责任而选择自己运营，这反过来又会影响到市场供给主体的发展壮大。2013年，芜湖市镜湖区文广新局为图书馆寻找承接方时，因没有3家以上的招标采购单位来应标，政府只好采用单一来源采购方式选择承接方，由于没有经过充分的市场比较和选择，难免为以后双方合作的不顺畅埋下隐患。同时，许多文化机构并不了解政府购买图书馆服务的法律法规和政策，缺乏招投标的经验，不擅长与政府部门打交道，这在很大程度上限制了其承接服务的能力。

（二）馆员队伍建设难度大

公共图书馆整体外包后，馆员队伍包括图书馆原有馆员、承接方馆员，馆员状态不稳定、经济待遇低、专业人才缺乏、合同期限短等决定了馆员队伍的建设面临诸多困难。其一，原有馆员安置困难。原有馆员习惯了传统管理模式下安逸的工作环境，外包后他们一时难以适应企业化快节奏、高强度的管理，同时担心外包后调岗、减薪甚至下岗等情况发生，因此对服务外包会持有消极怀疑态度和不满情绪。例如，深圳市南山区图书馆的读者窗口服务项目外包，工作多年的员工普遍有被图书馆"抛弃"的感觉，对自己的"新东家"充满抵触情绪，甚至有的员工愤而辞职。[①]其二，专业人员匮乏。图书馆专业服务能力依赖于工作人员的专业性。政府对外包后图书馆的服务质量要求大幅提升，但现实中图书馆学专业人员非常稀缺，再加上待遇不高、稳定性差，承接方难以招聘到图书馆学专业的毕业生，尤其是具有工作经验的高层次管理人才极度缺乏。其三，馆员流动性过快。虽然人员自由流动是市场经济的基础，但馆员过于频繁的离职会对图书馆工作的连续性和服务质量产生负面影响。由于图书馆工作相对而言压力不大、劳动强度不高、工作环境舒适，许多馆员将它作为一个跳板，一旦有更好的去处，便辞职不

---

① 牟兰. 浅析公共图书馆服务外包的风险控制与监督管理——以深圳南山图书馆为例 [C] // 全国中小型公共图书馆联合会研讨会会议论文集（三），2015.

干,导致馆员队伍缺乏稳定性。例如,合肥市某整体外包的图书馆,由于经济待遇低和合同期限短,馆员感到缺乏归属感和安全感,20人的馆员团队,在半年多时间里就有7人离职。① 又如,北京市某区图书馆社会化运营后,在短短一年时间内,40余人的馆员队伍有近1/3选择离开。②

（三）文献资源建设质量受到影响

承接方接管图书馆的文献资源采购后,文献资源建设的质量很可能会受到由承接方的运营期限短、专业能力匮乏及追求商业利润所带来的不良影响。具体表现在：其一,采购通俗类廉价资源。承接方受商业利益的左右,可能过度采购网络小说、怪异作品,而不是经典著作、获奖作品;采购养生励志及已过时效的考试类、计算机类图书,而不是畅销的科普读物;采购自己生产、出版或代理的图书和数据库,而不是广受读者好评的文献资源。其二,地方文献缺失。公共图书馆承担着收集、整理和保存本地区文献的任务,但地方文献的收集是一项长期、艰巨的系统工程,承接方不愿为收藏与本地乡土、历史相关的地方文献而做费时耗财的调研和收集工作。其三,馆藏结构不合理。承接方所签订的运营合同一次最长是3年,承接方难以有资源建设的长远目标和规划,再加上文献资源的采购是专业性很强的工作,如果承接方的专业素养有限,对文献资源建设业务缺乏了解,或者具体运行过程控制不当、计划不周,都会导致馆藏结构的不合理。例如,连续出版物、多卷书、丛书的系统收藏就需要承接方经过一个长期的采购过程。

（四）转包现象有待防范

转包是指原承接方在和政府就图书馆的运营服务签订协议之后,由于某种原因,原承接方将已承包的服务转让给一个或几个承接方的行为。在实践

---

① 方雅琴. 安徽省内图书馆整体服务外包调查与思考 [D]. 合肥：安徽大学,2015：34.
② 李国新. 完善农村公共文化服务政府购买政策与机制 [J]. 行政管理改革,2019（5）：24-26.

中，已有个别的转包案例出现。例如，2015年，某市辖区图书馆整体外包给一家图书馆服务领域比较知名的公司，该公司在运营一年以后，由于图书馆运营理念、管理风格和政府的设想存在诸多的差异，在原合同仍然存续期间，将运营管理权转让给其他公司，但受让公司每年要交中标金额的6%，以管理费的名义给转让公司。转包行为可能导致的危害：其一，破坏原有的合同关系。在原承接方和政府签订的协议仍然有效的情况下，擅自进行项目的转让，破坏合同关系应有的稳定性和严肃性。其二，导致服务质量的下降。由于受让方需要支付一定的资金给转让方，这必然挤压受让方本来就不高的利润空间，资本的获利性特征，将导致受让方在运营方面的投入减少，服务质量受到影响。其三，扰乱公共文化服务外包的市场秩序。由于市场主体的不健全，一些规模较大、资质较高、服务能力较强的承接方在招投标方面有明显的优势，其在中标后又转手卖给其他实力较弱的公司，这不仅导致很多有发展潜力的供应商难以通过中标方式进入图书馆服务社会化领域，而且加剧图书馆服务市场的不良竞争，严重扰乱服务外包的市场秩序。[①] 其四，导致公职人员腐败行为的发生。转让方和受让方为了达到双方顺利转包的目的，可能会贿赂公职人员，让其为转包行为"开绿灯"。

四、受益方问题

（一）公民的权利意识薄弱

我国市场经济的发展大力推进了社会主义民主政治建设，公民的权利意识、参与意识不断增强，但由于受传统观念的长期束缚和受教育程度的限制，部分公民对参与公共事务的管理抱有消极态度。具体表现在：其一，不敢主动争取应有的权利。由于长期受封建专制统治的影响，我国一些公民不可避免形成对政治权力的顺从和依附，导致公民权利观念和政治参与意识的缺失，认为政府供给公共文化服务是一种"恩惠"，从而对参与政府

---

① 张映红. 工程转包与违法分包的危害与防范［J］. 建筑经济，2013（11）：15-17.

购买公共决策抱着敬而远之的态度。其二，存在着"搭便车"的心理。公民参与政府购买服务的设计、监督和考核，需要消耗自己大量的精力、时间和其他成本，但和其他未参与的公民共享获益，因此，"搭便车"心理使部分公民选择不参与，希望坐享其成。其三，责任意识淡薄，选择性参与公共文化政策供给。部分公民参与政府购买公共政策，不是出于公民精神或者关心民生的责任意识，而是基于自身利益的考虑，只关心与自身利益相关的公共文化事务，选择性地参与公共文化政策供给。2011年，中国社会科学院做过一项"中国公民政策参与"的调研，结果显示我国公民对参与公共政策的重要性认知和政策内容的了解方面得分不高，并且实际参与方面得分也非常低。[1]

（二）公民的参与渠道有限

相对于政府、承接方而言，公民是政府购买公共文化服务模式中最为弱势的一方，公民的话语权和影响力缺失。具体表现在两个层面：其一，在法律政策层面，当前公民参与政府购买公共服务制度体系中的原则性内容规定较为完备，而有关公民参与制度的执行与落实等方面规定有待具体化。[2]公民在政府购买初期的参与权、在购买过程中的监督权和考核评价权、购买终结的参与反馈权等都缺乏可供实践操作的制度规定[3]，对忽视公民参与政府购买权利的行为也缺乏惩戒措施。其二，在实践操作层面，一方面，政府在购买公共文化服务过程中片面地只考虑财政资金、人员编制问题，忽视公民的主体地位，公民并没有参与到购买服务的规则、标准与流程的制定中，在购买什么、如何购买、购买值不值方面，公民缺乏参与的渠道，其地位没有得

---

[1] 王怡昕. 公民参与公共政策供给的困境及其对策研究［J］. 中北大学学报（社会科学版），2017（3）：21-24.
[2] 金莹. 基层政府购买公共文化服务的理论与实践［M］. 武汉：武汉大学出版社，2017：164.
[3] 王浦劬，Jude Howell，等. 政府向社会力量购买公共服务发展研究［M］. 北京：北京大学出版社，2016：103.

到足够的关注;①另一方面，承接方对政府而非读者的需求保持敏感，承接方从完成考核指标体系的目标出发提供服务，读者被动地接受服务，至于推出的这些服务是不是读者受欢迎的、急需的，不是承接方首要考虑的因素，承接方更多考虑的是开展服务的次数、费用、难度、自身专长和政府部门偏好等，缺乏征求读者意见的渠道及读者点单、看单下菜的服务方式。

五、购买效果问题

（一）公益性受到影响

公共图书馆的开放是免费的，而企业的目的是营利，两者之间是互相冲突的。在企业营利目的达不到预期时，公共图书馆的公益性可能会受到影响，公益性的丧失可以说是公共图书馆外包的失败。这种情况更有可能发生在以公私合作方式运营的图书馆，因为政府对承接方只是提供部分运营经费，尚不能支撑其免费开放之所需，经费缺口只能靠承接方对某些项目进行有偿服务来补充，本该免费的图书借阅、数字阅读等基本服务项目可能被承接方不当利用。例如，北京市东城区体育馆路街道和皮卡书屋合作运行少儿图书馆，皮卡书屋向居民外借图书实行会员制收费办法，此举就受到很多人的质疑。②

（二）服务专业性遇到危机

公共图书馆服务的专业性有一套成熟的人才队伍体系作为保障，它由不同层次的学历和职称人员、不同学科专业背景的馆员构成，因此，图书馆服务的专业性更多地体现在文献资源采编、信息检索、古籍保护、参考咨询和阅读推广等工作的良好开展，这些也是图书馆的立身之本。企业运营图书馆

---

① 刘舒杨，王浦劬. 中国政府向社会力量购买公共服务的深度研究［J］. 新视野，2018（1）：84-89.
② 苗美娟. 政府购买图书馆公共服务的实践探析［J］. 图书馆论坛，2016（7）：60-66.

后，在经济利益的驱使下，容易忽视公共图书馆作为公共文化传播载体的责任，或者出于节约资金的目的，招聘的员工学历不高、专业不对口、年龄偏大，自身专业能力受限，图书馆工作的专业性受到影响。例如，某市辖区图书馆被委托给某物业公司运营管理，该公司缺乏图书馆管理经验，招聘的员工专业性不强，图书馆服务质量不高，政府管理人员表示不满，认为公共图书馆社会化运营不适合我国国情。

（三）可持续发展可能中止

我国相关政策规定政府购买图书馆服务的合同履行期限最长为3年[①]，有些地方政府进一步规定服务类的外包合同期限是1年，1年后需要重新公开招标，短期服务合同使公共图书馆的后续发展存在不确定性。主要体现在：其一，和物业、保洁等服务类外包不同的是，图书馆文献资源建设的系统性、地方文献收集、专题跟踪服务、品牌活动创建等都需要长期的建设过程，而每个承接方都有自己的管理特色和企业文化，如果频繁更换承接方，图书馆的特色馆藏、特色服务和特色活动难以打造，业务管理和读者服务工作的有序性与延续性难以保持。其二，在承接方交接工作时，可能会造成工作资料和档案文件的遗失或保存不规范，影响到图书馆的日常管理、发展规划制定和读者个人信息的保护。例如，某市辖区政府和图书馆的承接方终止运营合同后，承接方带有情绪地撤出图书馆，留下来的资料和档案寥寥无几，导致图书馆重新正常运营要经过较长时间的过渡。其三，图书馆工作人员和读者都希望在熟悉的环境下工作及学习，而每个承接方的管理方式、薪

---

① 2017年5月，财政部发文《关于坚决制止地方以政府购买服务名义违法违规融资的通知》，规定"政府购买服务期限应严格限定在年度预算和中期财政规划期限内"，年度预算就是当年，中期财政规划按照《国务院关于实行中期财政规划管理的意见》规定为3年期的滚动财政规划，因此政府购买服务合同履行期限最长为3年。2019年11月，财政部通过《政府购买服务管理办法》，第二十四条规定："政府购买服务合同履行期限一般不超过1年；在预算保障的前提下，对于购买内容相对固定、连续性强、经费来源稳定、价格变化幅度小的政府购买服务项目，可以签订履行期限不超过3年的政府购买服务合同。"显然，公共图书馆运营服务的特点符合政府购买合同履行期限最长为3年的相关要求。

资报酬、服务理念等都差异较大，人与人之间的信任也需要过程，新环境的改变难免导致工作人员和读者的流失，因此，承接方的频繁变更将影响图书馆的持续稳定发展。

第五节 基于读者和馆员的问卷调查

一、调查概况

（一）调查的目的和意义

通过对政府向社会力量购买运营服务的部分公共图书馆进行问卷调查，了解读者和馆员对图书馆社会化运营的认知、评价及诉求，可以对当前政府购买公共图书馆运营服务的运行状况有客观、清晰的认识。这不仅为转变政府职能，探索公共图书馆社会化运营模式提供实证依据，而且有助于承接方有针对性地开展读者服务工作，提升图书馆的服务效能；同时，本调研有助于推动政府购买公共图书馆运营服务的相关理论研究，促进研究的深化。

（二）调查时间和对象

课题组于2016年10月至2018年12月分别到芜湖市镜湖区图书馆、成都市武侯区图书馆、无锡市无锡高新区图书馆、广州市南沙区图书馆、北京市朝阳区朝外街道图书馆、合肥市滨湖明珠社区图书馆，通过随机取样的方式进行问卷调查。课题组向读者发放纸质调查问卷160份，回收有效问卷

127 份，回收有效率为 79.4%；向馆员发放纸质调查问卷 85 份，回收有效问卷 64 份，回收有效率为 75.3%。

（三）调查问题设计

读者调查问卷共设计 23 个问题，分为三个部分：第一部分为读者基本情况（7 个选择题）；第二部分为读者对馆员素质、书刊资源、信息服务等方面的评价，以此了解公共图书馆外包后的服务成效（15 个选择题）；第三部分是读者对提高图书馆服务质量所提出的意见和建议（1 个开放式问题），见附录一。

馆员调查问卷共设计 20 个问题，分为三个部分：第一部分为馆员基本情况（6 个选择题）；第二部分为馆员对自我、读者、承接方等方面的感受和评价，以此了解公共图书馆外包后的运行状况（13 个选择题）；第三部分是收集馆员对做好政府购买公共图书馆运营服务所提出的意见和建议（1 个开放式问题），见附录二。

二、读者问卷调研情况

（一）样本的基本情况

调研的样本总数为 127 个（表 4-4），其中男性样本比例稍高于女性，占 54.3%；85.8% 的样本为青年人（18~44 岁）；具有本科以上学历的占 64.6%，由于样本的文化层次相对较高，能较好完成问卷调查；88.2% 的样本是被调研图书馆所属行政区域的居民，66.9% 的样本很频繁（几乎每天）或经常（每星期 2~3 次）利用图书馆，由于样本对所在地的图书馆比较熟悉，所以问卷的可信度较高；样本以上班族和学生为主，占 85.0%，这应该与他们较强的阅读需求有密切关系；由于图书馆良好的学习氛围及丰富的书刊资源，因此，读者到图书馆的主要目的是自学或备考（占 66.9%）、阅读书刊（占 44.1%）。

表4-4 读者样本的基本情况

调查项目	选项	样本人数	比例/%
性别	男	69	54.3
	女	58	45.7
年龄	18岁以下	9	7.1
	18~29岁	66	52.0
	30~44岁	43	33.8
	45~60岁	6	4.7
	60岁以上	3	2.4
学历	研究生	11	8.7
	本科	71	55.9
	大专	22	17.3
	中专、高中及以下	23	18.1
在该居民区居住的时间	居住5年以下	48	37.8
	居住5~10年	33	26.0
	居住10年以上	31	24.4
	不在该居民区居住	15	11.8
目前的职业	上班族	71	55.9
	学生	37	29.1
	待业	10	7.9
	退休	5	3.9
	其他	4	3.2
到图书馆的频率	很频繁（几乎每天）	32	25.2
	经常（每星期2~3次）	53	41.7
	偶尔（每月2~3次）	39	30.7
	很少（每年2~3次）	3	2.4
到图书馆的主要原因（可多选）	阅读书刊	56	44.1
	学习或备考	85	66.9
	陪家人来	12	9.4
	参加活动	4	3.1
	会友聊天	3	2.4
	其他	6	4.7

（二）读者对图书馆的评价

该部分内容包括10个问题，问题均采用李克特五点量表法，计分方式为："很好"5分，"较好"4分，"一般"3分，"较差"2分，"很差"1分。10个题项统计结果如表4-5所示。

表4-5 读者对图书馆的评价结果

问题	认同程度（分值）					均值
	很好（5分）	较好（4分）	一般（3分）	较差（2分）	很差（1分）	
1	77	45	5	0	0	4.57
2	67	53	7	0	0	4.47
3	15	59	43	8	2	3.61
4	41	49	36	1	0	3.99
5	49	70	7	1	0	4.31
6	60	48	15	3	1	4.28
7	44	58	23	1	1	4.13
8	61	43	20	2	1	4.26
9	34	66	23	1	3	4.00
10	43	70	12	2	0	4.18

1.对工作人员的评价

读者对问题1（图书馆工作人员的服务态度）和问题2（图书馆工作人员的业务水平）评价的均值分别是4.57、4.47。较高的均值表明读者对工作人员的服务是满意的，原因可能是基层图书馆的主要工作是图书借阅、活动开展，专业性并不是很强，馆员一般都能胜任一线岗位的工作，再加上承接方普遍重视工作人员的队伍建设，招聘时有年龄、学历等硬性条件要求，平时对工作人员的岗位规范、职业道德、业务能力等也有明确的考核指标。

2.对书刊资源的评价

读者对问题3（图书馆书刊资源的满意度）和问题4（图书馆的书刊推荐和宣传工作）评价的均值分别是3.61、3.99。书刊资源是图书馆开展服务工作的基础，面对读者日益增长的个性化、多样化阅读需求，基层图书馆由于经费原因，不够丰富的馆藏资源导致读者的评价分值不高，尚未达到满意的程度。承接方重视读者导读工作，实践中常采取专题书展示、新书宣传栏、网络推送等方式，读者对该项工作的评价较好。

3. 对服务工作的评价

该部分包括五个问题（问题5~问题9），分别是读者对图书馆的借还书刊便利性、开放时间、举办活动、阅读环境、网络信息服务的评价，均值分别是4.31、4.28、4.13、4.26、4.00，表明读者对图书馆提供的基本服务项目是满意的。社会化运营的图书馆注重运用先进的技术手段和设施设备，注重科技与公共文化服务的融合发展，图书馆基本实现了自助办卡、图书自助借还、24小时还书、通借通还、网上预约或续借图书等功能来提升服务效能，有些图书馆甚至取消了外借图书的押金制度，因此，读者对借还书刊便利程度的评价较高，均值达到4.31。同时，图书馆普遍能做到延长开放时间，实现节假日、双休日和晚上都开放；举办各种展览、讲座、沙龙、故事会、手工活动、技能培训等丰富多彩的活动；通过个性化的家具布置、绿色植物的摆放、赏心悦目的空间装饰等营造一个舒适安静的阅读环境；县（区）级图书馆大多建立了自己的网站、微信公众号、手机App，想方设法吸引读者利用图书馆。因此，读者对这些服务的评价均值都在4.00以上，达到满意的程度。

4. 对图书馆的总体评价

读者对问题10（对图书馆的总体评价）的选项，33.86%选择很好，55.12%选择较好，均值是4.18，表明读者对外包后图书馆的服务认可度较高。由于成都市武侯区图书馆、广州市南沙区图书馆、北京市朝阳区朝外街道图书馆、合肥市滨湖明珠社区图书馆在外包前由政府运营，课题组就这四所图书馆的读者专门设置了一道题目，就是比较图书馆外包前后的变化，共有32人参与了调研，其中17人（占53.13%）认为图书馆服务得到提高，4人（占12.50%）认为没有提高，11人（占34.37%）回答不清楚，大多数读者给予的肯定态度从一个侧面反映了政府购买公共图书馆运营服务的成效。

(三)对政府购买图书馆运营服务的认识

对"您是否知道图书馆的服务是由公司、企业提供的"问题的回答,有102人(占80.3%)选择"不知道",只有25人(占19.7%)知道图书馆已外包,表明读者注重图书馆服务质量,并不会过多地关心图书馆的服务由谁提供。对"您是否赞成政府向社会购买图书馆运营管理服务"问题的选择,有81人(占63.8%)选择"赞成",有11人(占8.7%)选择"不赞成",有35人(占27.5%)选择"无所谓",如图4-2所示。只有极少数读者反对图书馆整体外包,表明绝大多数读者对图书馆运营模式的改变抱有宽容的态度,对政府和承接方给予充分的信任,这也为我国推进图书馆服务社会化进程营造了一个宽松的环境。

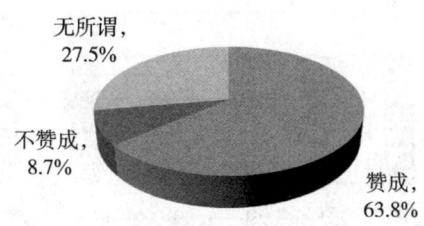

图4-2 读者是否赞成政府购买图书馆运营服务的统计情况

根据"读者赞成政府购买图书馆运营服务的原因(可多选)"题目的统计结果,排在前四位的分别是提高服务质量、改善服务态度、利用图书馆更加方便、促进社会组织的发展,选择的人数分别是62、38、35、34,如图4-3所示。这表明读者赞成图书馆外包的主要因素是自己利用图书馆的权益得到了更好的保障,因此,政府部门应因势利导,选择承接方时应将提高图书馆服务效能摆在首位,而不是降低办馆成本。根据"读者不赞成政府购买图书馆运营服务的原因(可多选)"的统计结果,如图4-4所示,各选项的数量都比较平均,并没有较为突出的原因,表明反对图书馆整体外包的意见尚未形成足够强的牵制力。

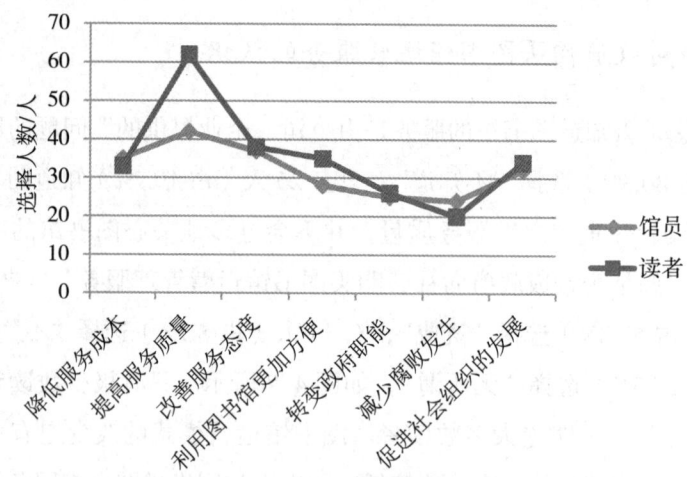

图 4-3 读者和馆员赞成政府购买图书馆运营服务的原因统计情况

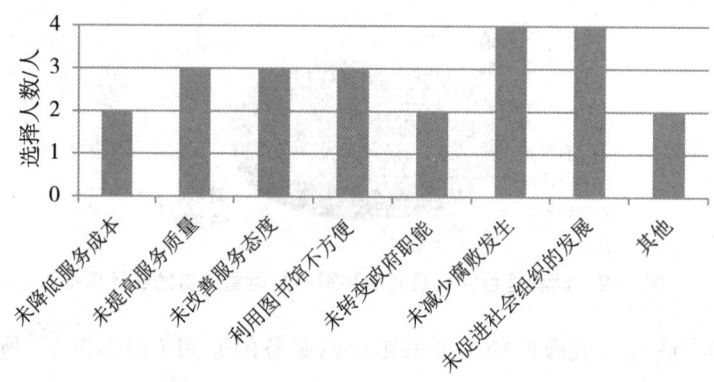

图 4-4 读者不赞成政府购买图书馆运营服务的原因统计情况

（四）读者的建议和意见

读者针对图书馆的运营实际，提出多个方面的意见和建议。

管理制度：加强管理，杜绝读者在图书馆睡觉、占座玩手机游戏等不文明现象；提供叫餐服务，并设置专门的就餐区；早上 9：30 开馆时间太晚，应提前开放，晚上应延长闭馆时间；少儿区域与成人区域相隔太近，小孩子太吵闹，应设置分区；个别读者说话声音、打电话、手机铃声太大，工作人员要加强管理；每天要清理自习室的占座物品。

文献资源：增强图书上架的时效性，最好能和书店同步；增加专业类的图书，减少网络小说、养生、心灵鸡汤等图书；图书分类和摆放位置更合理，便于读者查找。

现代化技术：开发手机 App 功能，提供更多的数字服务；提高网络速度以学习视频等。

读者活动：亲子活动太多，希望活动内容更丰富和全面；增加技能培训类、证书考试类的课程或讲座；多举办主题读书活动。

硬件设施：增加阅览座位数量；增加电源插座数量，便于笔记本电脑的使用。

三、馆员问卷调研情况

（一）样本的基本情况

调研样本总数为 64 个（表 4-6），其中女性样本是主体，占 78.1%；年龄段主要集中在 18~29 岁，占 67.2%；学历主要是本科和大专，分别占 51.6%、45.3%，这和承接方招聘馆员普遍要求年龄不超过 35 岁、大专以上学历相吻合；样本所从事的岗位主要是流通阅览和活动推广，分别占 48.4%、21.9%，这与基层图书馆的主要服务内容相符；样本中图书馆学专业的毕业生只占 7.8%，42.2% 的样本在图书馆就业前并不具备相关业务知识，这从一个侧面反映了就业市场上具备图书馆学专业知识的人才缺乏状况；馆员的工资收入[①] 普遍不高，78.1% 的样本工资收入在 2000~2999 元，工资水平在当地处于低收入阶层。[②]

---

① 根据国际惯例，工资收入统计的是个人税前工资，并且包括个人缴纳的养老、医疗、住房等个人账户的基金。
② 以调研期间的 2017 年各城市月平均工资为例，北京是 9240 元，广州是 7409 元，成都是 6402 元，合肥是 6173 元，无锡是 6095 元。资料来源：中国平均工资：2017 年全国城市平均工资排名［EB/OL］.（2017-06-27）［2018-09-20］. http://www.chashebao.com/shebaotiaoli/17709.html.

表4-6 馆员样本的基本情况

调查项目	选项	样本人数	比例/%
性别	男	14	21.9
	女	50	78.1
年龄	18~29岁	43	67.2
	30~39岁	18	28.1
	40~49岁	3	4.7
	50岁及以上	0	0
学历	研究生	0	0
	本科	33	51.6
	大专	29	45.3
	中专、高中及以下	2	3.1
从事的岗位	行政人员	5	7.8
	采编	3	4.7
	活动推广	14	21.9
	信息技术	2	3.1
	流通阅览	31	48.4
	参考咨询	0	0
	其他	9	14.1
上岗之前是否具备图书馆学知识（可多选）	不具备	27	42.2
	图书馆学专业毕业	5	7.8
	参加了单位组织的岗前培训	31	48.4
	原来从事过图书馆工作	4	6.3
	参加过高校或学会举办的图书馆进修班	7	10.9
月收入	2000元以下	6	9.4
	2000~2999元	50	78.1
	3000~3999元	7	10.9
	4000~4999元	1	1.6
	5000元及以上	0	0

（二）馆员对在图书馆工作的评价

该部分内容包括10个问题，问题1~问题8均采用李克特五点量表法，统计结果如表4-7所示。

表4-7 馆员对在图书馆工作的评价结果

问题	认同程度（分值）					均值
	很满意（5分）	满意（4分）	一般（3分）	不满意（2分）	很不满意（1分）	
1	27	21	10	5	1	4.06
2	24	39	1	0	0	4.36
3	34	27	3	0	0	4.48
4	7	31	14	9	3	3.47
5	23	35	6	0	0	4.27
6	23	28	10	3	0	4.11
7	16	36	10	2	0	4.03
8	14	17	28	5	0	3.63

1. 对自我的评价

馆员对问题1（对图书馆工作压力的适应性）的评价均值是4.06，表明馆员大多能适应图书馆的工作压力，这与在图书馆工作压力不大、劳动强度不高的性质相吻合。馆员对问题2（自己所具备的工作岗位能力）的评价均值为4.36，表明馆员普遍对自己的工作能力感到满意和自信，其原因可能是基层图书馆更看重馆员的服务态度、岗位规范，相对而言，专业性要求不是很高。对问题3（从事图书馆职业的自我感觉）的评价均值达到4.48，因为在图书馆工作的工作强度不大、工作环境舒适、社会认同感较高，因此，馆员普遍对图书馆职业抱着满意和喜欢的态度。

2. 对读者的评价

馆员对问题4（读者在图书馆的行为表现）的评价均值为3.47，尚未达到满意的分值，表明读者在遵守图书馆规章制度方面不尽如人意，馆员对读者的宣传引导及双方沟通上还要进一步提升。对问题5（读者对馆员工作的满意度）的回答均值为4.27，表明馆员普遍认为读者对自己的工作是满意的，这有助于提升馆员获得读者认可的职业自豪感。

3. 对承接方的评价

馆员对问题6（对承接方提供的继续教育）、问题7（对承接方提供的成长环境、晋级晋升）、问题8（对承接方提供的薪酬待遇）的评价均值分别是4.11、4.03、3.63。由于馆员的专业知识普遍比较薄弱，承接方往往通过请专家授课、参加相关会议、参观先进图书馆、参加培训班等方式提升馆员的专业素养；同时，承接方也会采取措施鼓励馆员撰写学术论文、参加专业技术职称评定、从优秀馆员中选拔管理人员和部门负责人，为馆员营造良好的成长环境，因此，对承接方提供的继续教育和成长环境，馆员的评价还是比较满意的。虽然有87.5%的样本的工资待遇在3000元以下，但馆员对工资待遇的评价值（3.63）并不是很低，介于满意和一般之间，可能与馆员对民营公司用工薪酬期望不高有关，因此，馆员的心态还是比较平和的。

4. 其他

对于"是否考虑过跳槽"的问题，33个样本（占51.56%）的回答是"没考虑"，27个样本（占42.19%）回答"偶尔考虑"，只有4个样本（占6.25%）回答"经常考虑"。这表明馆员对工作条件和薪酬从心理上还是能接受的，但从实践来看，馆员队伍的主体是毕业不久的大学生，暂时的就业不理想或存在准备继续深造的想法，使图书馆在很大程度上成为过渡单位，一旦这些暂时性困难得到解决后，馆员的大量流失便在所难免。根据"您认为本图书馆服务需要加强的方面（可多选）"问题的统计结果，如图4-5所示，排在前四名的依次是丰富书刊数量、改善阅览环境、推进网络服务和举办各种活动。

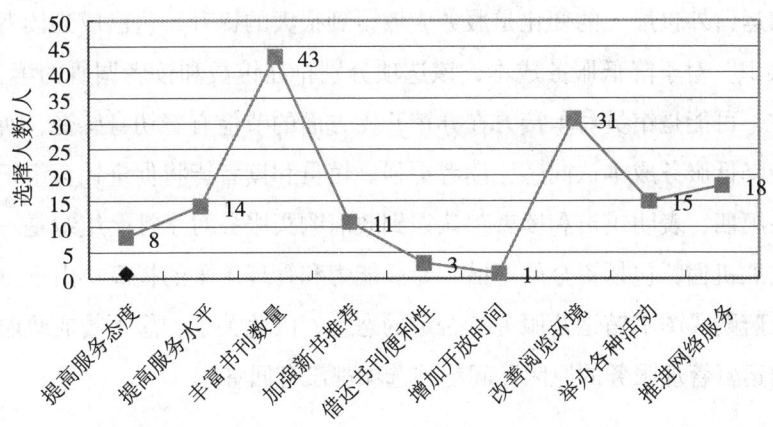

图 4-5 对图书馆需要加强的服务项目统计情况

将该统计结果与读者对图书馆的评价进行比较，可以看出馆员和读者对图书馆的书刊数量、网络信息服务的看法一致，满意度都居后。不仅书刊采购经费是基层图书馆最大的短板，而且图书馆偏低的工资待遇难以吸引到计算机技术、网络技术等专业性很强的人才，因此，图书馆数字化、网络化服务的发展水平亟待提高。馆员和读者对图书馆开放时间、借还书刊便捷性、馆员服务态度的看法较为一致，满意度均排在前四名，这三项调研内容是读者利用图书馆最直接的体验和感受，也是政府和承接方最重视的工作，读者的满意度在很大程度上反映了图书馆社会化运营管理的成效。

（三）馆员对政府购买图书馆服务的看法

该部分内容包括 3 个问题。关于"是否赞成政府向社会购买图书馆运营管理服务"问题的调研结果，53 名馆员（占 82.8%）持"赞成"态度，11 名馆员（占 17.2%）表示"无所谓"，没有馆员持否定的态度，表明政府购买图书馆运营服务得到馆员的普遍认可。在选择赞成政府购买服务的原因中，排在前四位的分别是提高服务质量、改善服务态度、降低服务成本、促进社会组织发展，选择的人数分别是 42、37、35、32，和读者对该问题的选择情况相比，双方的曲线趋同性较为一致，表明双方所持的看法和观点相差不大。读者和馆员都将提高服务质量和改善服务态度两个选项分列前两位，这表明图书馆运营外包最大的变化是服务成效得到很大的提升，这已成为读者和馆员的共识。对于降低服务成本，该选项分别排在馆员和读者调研的第三位、第五位，可能是馆员对承接方在办馆开支方面的节俭有着切身感受，所以对外包能降低服务成本认同感比读者更强。馆员和读者皆将促进社会组织的发展排在第四，表明馆员和读者都认识到政府购买服务对于社会组织是一个很好的发展机遇，包括资金的筹措、专业能力和管理水平的提高。由于没有馆员对政府购买图书馆运营服务持否定的态度，因此关于"您不赞成政府购买图书馆运营管理服务的原因"问题的选项都没有回答。

（四）馆员的建议和意见

馆员针对如何做好政府购买图书馆运营服务这项工作，提出了一些意见和建议。

政府层面：加强与企业的沟通和交流，并给予更多的支持；给予承接方信任的态度，不要过多干涉公司的正常运营情况；政府积极与一线馆员沟通，获取馆员、读者的反馈和意见；外包前，政府要面向市场，充分考证，了解读者的真正需求，寻求图书馆创新发展机遇。

承接方层面：引进更丰富的管理方法和特色化人才；提升馆员的专业素质、打造专业团队；提高馆员的工资福利待遇，稳定馆员队伍；加强企业的文化建设，多开展馆员的文体活动。

读者层面：加强志愿者的招募工作，解决人手不足的问题；对读者占座位、乱扔垃圾、撕书等不良行为，采取曝光方式；经常有小孩在图书馆喧哗，影响到其他读者，希望家长加以监督。

四、调研结论

（1）我国推进政府购买图书馆运营服务有着良好的群众基础。在国外，公共图书馆实现委托管理常遭遇到社会公众很大的阻力和强烈的反对，反对声音认为这种业务和管理外包的极端化意味着承接方为追求更多的商业利润而导致公共责任感的降低。例如，1981 年年初，日本京都市立图书馆实行委托管理时，引起轩然大波，该市民众递交万人请愿书，日本各地图书馆也进行声援，反对图书馆委托财团管理。①2010 年，加利福尼亚州圣塔克拉利塔（Santa Clarita）准备将图书馆外包给专业公司时，遭到居民的强烈抗议而不得不终止外包。②本课题组的调研结果表明，只有极少数读者（占 8.7%）不赞成政府购买图书馆运营服务，读者和馆员普遍对图书馆运营外包持肯定的态度，这为我国推进政府购买图书馆运营服务创造了良好的社会氛围。

（2）读者对图书馆社会化运营所提供服务的总体评价为满意。无论是新建设的公共图书馆，还是外包前已经运营的公共图书馆，调研结果都显示实行外包后，读者认为他们获得了更好的图书馆服务，普遍对工作人员的素质、借还书刊便利性、开放时间、举办活动、阅读环境、网络信息服务等基础服务感到满意，尤其是调研外包前后的图书馆服务变化，只有 12.50% 的样本认为外包后服务质量没有得到改善。不仅读者，包括馆员也认为图书馆运营外包的最大优势是提高图书馆服务质量。

（3）馆员队伍建设存在"有喜有忧"的状况。根据本课题组的调研结果，读者对馆员的业务水平和服务态度比较认可，馆员自身对承接方提供的继续教育、进修培训和成长环境也比较满意，馆员薪酬待遇虽然不高，但馆员并没有表现出过多的不满和抱怨。整体而言，承接方比较重视馆员队伍建设，使之能适应图书馆社会化运营的需要。但本课题组在调研中也发现了问题：其一，图书馆学专业毕业的馆员很少（占 7.8%）。当前，读者对深层次服务需求不强烈，基层图书馆提供服务的专业性要求也不高，因此，两者之间尚不存在突出矛盾，但面对读者日益增长的服务需求，对图书馆服务层次、内容和方式的要求越来越高，专业人才缺乏的困境将日益显现。其二，馆员队伍的稳定性存在隐患。虽然调研结果表明只有少数人（占 6.25%）对当前现

---

① 陈俊翘，诸葛列炜. 新公共管理影响下的国外公共图书馆总体外包研究——以美英日为例［J］. 图书馆论坛，2013（1）：52-58.
② 陈雪梅. 基层公共图书馆"管理外包"模式思考［J］. 图书馆理论与实践，2017（5）：28-33.

状非常不满,但馆员中有不少人准备考本科、考研,他们把图书馆工作作为一个临时性的过渡,一旦考试成功,就会离开图书馆,这给保持馆员队伍的稳定性提出严峻挑战。

(4)政府对公共图书馆购书经费短缺、保持办馆公益性等问题要给予足够的重视。本课题组调研得出的结论还包括:其一,政府没有因为图书馆运营模式的转变而加强文献资源建设。有的图书馆年购书经费和外包前相差无几,有的图书馆在新馆建设时,一次性购置图书,其后在长达数年的运营期,很少添置新书。购书经费严重不足的现状,导致读者和馆员接受调研时,都将馆藏书刊资源列为满意度最低的项目。政府利用社会机构的管理优势来提高图书馆服务质量,一项重要的基础工作是要重视文献资源建设,持续增加文献资源购置费,否则承接方容易陷入"无米之炊"的困境。其二,保持公共图书馆的公益属性是政府购买服务成功的前提。在调研读者和馆员反对政府购买公共图书馆服务的原因时,有调研对象认为企业是以营利为目的,必然会以利益为导向去分配资源,不能公平地对待每个读者。例如,举办培训班,哪些项目可以收费,收多少费用;哪些是基本服务项目,不能收费,应当通过相关政策文件予以明确,否则,有偿服务容易沦为承接方牟利的工具。在实践中,有图书馆承接方将主要精力放在有偿服务上,扩大有偿服务的营业面积,这应引起政府部门高度重视,防微杜渐,通过加强对承接方的监督管理、出台图书馆服务购买细则、加大读者满意度的考核力度等有效措施来防止趋利性驱逐公益性。

第五章

政府购买公共图书馆运营服务的国内实践

我国从 2010 年开始政府购买公共图书馆运营服务的实践尝试，通过 10 多年的探索发展，出现了许多图书馆运营服务购买创新性案例。本章所选取的四个案例[①]具有代表性，包括：政府购买类型既有合同外包类型，也有政府与社会资本合作模式；购买方式既有面向社会的公开招标方式，也有邀请招标和单一来源采购方式；承接方既有高新技术企业、文化类公司，也有民间阅读机构；政府购买对象既有市辖区图书馆，也有街道图书馆和乡镇图书馆，既有新建设的图书馆，也有外包前已经运营的图书馆；政府购买结果既有合同到期后续订合同的，也有合同存续期间终止合同的。对这些典型案例的剖析和总结，将为推进我国政府购买公共图书馆运营服务的发展提供经验和启迪。

第一节　无锡市无锡高新区（新吴区）图书馆

一、地情及馆情介绍

无锡高新区（新吴区）（简称"无锡高新区"）原为无锡新区，是国家传

[①] 四个案例的部分数字介绍和评述内容来源于课题组 2016 年 10 月至 2018 年 12 月的实地调研。

感网创新示范区、国家创新型园区、国家生态工业示范园区、国家知识产权试点园区。1992年，经国务院批准设立无锡国家高新技术产业开发区；1995年1月，在无锡国家高新技术产业开发区、无锡新加坡工业园的基础上成立无锡新区；2015年10月，国务院批复在无锡新区所辖区域基础上设立新吴区，为江苏省无锡市的一个市辖区。截至2017年年底，无锡高新区区域面积220平方千米，下辖六个街道，常住人口近60万人①，加上流动人口共70余万人；无锡高新区有高新技术企业364家，规模工业总产值3855亿元，进出口总额432.5亿美元，公共财政预算收入176亿元②，近年来，多次当选中国工业百强县区。

无锡高新区图书馆位于锡士路民生大厦第5层，2010年12月开始建设，2011年8月30日正式开馆，总面积达2500平方米，图书馆全年无休，每周开放80小时，除周一上午为闭馆修整时间，每天9:00—21:00免费开放。馆藏纸质图书9.5万册，期刊250种，报纸40种，订购的数据库有中华数字书苑、国务院发展研究中心信息网、读秀学术、龙源期刊、维普资讯、万方视频、书香中国、库客音乐、爱迪科森网上报告厅等10余个。服务场所分为传统阅读区、自由阅读区、电子阅览区、少儿阅读区、讨论室、视听阅读区、残障阅读区、自助还书区、休闲区等多项功能区，满足了不同读者的阅读需要。另外，图书馆还设立国家软件园、科创中心2个直属分馆，以及高新区下属的6个街道分馆和72个社区图书室。

无锡高新区图书馆秉承"自由阅读、梦想起航"的办馆理念，通过各类先进技术手段及服务方式，为高新区人提供一个足不出户就可以轻松获取知识的海洋；提供一个全免费错时开放的学习场所；提供一个服务优质、环境舒适的阅读空间；提供馆内自助借阅服务及24小时自助还书服务。③无锡高

---

① 无锡高新区（新吴区）2017年四季度常住人口统计［EB/OL］.（2017-12-31）［2018-09-20］. http://www.wnd.gov.cn/doc/2017/12/31/2106945.shtml.
② 无锡高新区管委会，新吴区人民政府.2017年1—12月主要经济指标完成情况［EB/OL］.（2018-03-02）［2018-09-20］. http://www.wnd.gov.cn/doc/2018/03/02/2075878.shtml.
③ 无锡高新区（新吴区）图书馆：服务宗旨［EB/OL］.［2018-09-20］. http://www.wxxqlib.com/features.cfm?uuid=E53D9533D7B3473A9039ACE2F4C3D263.

新区图书馆 2012 年获得第四届文化部创新奖，2013 年出台的《新区图书馆服务管理规范》通过 GB/T 19001—2008/ISO 9001：2008 质量管理体系认证，2013 年和 2017 年连续两次获得国家区县级"一级图书馆"称号，2016 年获"江苏省文化系统先进集体奖"。

二、政府购买服务的情况

（一）实施背景

无锡高新区是国家 56 个高新技术产业开发区之一，经过 20 多年的建设，大量的拆迁使原来居民相对集中居住，大量高新科技就业人口入住新区，其中外来人口占总人口的 7/13，他们的职业类型广泛，既有金融企业的金领、IT 行业的白领，也有制造业的蓝领。他们不仅对文化知识有着强烈需求，而且这种文化需求是多元化的，对文化产品和服务的消费各有特点，但政府建设图书馆，面临着设立机构、增加编制、培养人才等方面的现实困难。无锡高新区是开发区，不属于真正意义上的行政区域，高新区和经济开发区、新城区秉承的都是"小政府、大社会""小机构、大服务"的工作原则，无法设立配套的公共文化机构和增加事业编制人员来满足居民的多元化阅读需求。针对本地实际情况，无锡高新区决定采用政府购买服务的模式，由专业公司规划、管理、运行新区图书馆。①

（二）实施过程

由无锡高新区原社会事业局牵头，通过调研考察国内先进图书馆，组织专家对项目进行论证完善，制定出项目服务外包招投标文件，文件对图书馆的服务内容和目标做了明确规定。② 2010 年，招投标公司通过网络两次向全社

---

① 赵锋. 从办文化到管文化——以无锡新区图书馆"服务外包"模式为样本 [J]. 群众，2014（2）：62–63.
② 孙军. 无锡新区公共文化服务社会化实践分析 [J]. 文化艺术研究，2014，7（4）：10–15.

会公开招标采购,由于当时图书馆整体外包是个新鲜事物,这方面的专业公司很少,很多公司甚至连招标书都看不懂,没有一个公司前来投标。无锡高新区政府得知曾负责新区图书馆硬件建设的艾迪迅电子科技(无锡)有限公司也能承接图书馆整体管理与服务业务[①],双方经过多次的磋商和洽谈,通过单一来源采购方式,无锡高新区把图书馆的规划、管理、运行和服务外包给艾迪迅电子科技(无锡)有限公司。合约的合作期限是5年,从2011年4月到2016年4月,合同实行一年一签的方式。2016年到期后,无锡高新区进行第二次公开招标,合作期限是3年,有3家符合条件的公司参加投标,中标方仍是艾迪迅电子科技(无锡)有限公司。

无锡高新区为图书馆的运行、开放、装修维护及固定资产(如书刊、数据库、借还机与计算机)的购置提供经费保障,对承接方的工作进行考核监管,并派出一名政府工作人员担任馆长职务,馆长的职责是代表政府对承接方的运营过程进行管理和监督,在承接方遇到困难时进行指导、协调,确保图书馆的公益特性和社会效益最大化。艾迪迅电子科技(无锡)有限公司负责为图书馆聘任和培训20余名馆员,公司提供的服务包括:图书馆和分馆的日常开放借阅服务及读者的阅读指导、文化沙龙、讲座培训等各类体验活动;承担图书馆的布局规划、计算机软硬件和书刊资料的采集、物业保洁;承担对街道(社区)图书馆的技术支撑、人员培训和管理服务;配合政府完成临时性的工作任务等。[②]

无锡高新区居民代表与政府工作人员共同组成项目监督管理委员会,定期举行工作例会,审议图书馆服务效果并作出决议。对政府财政资金使用情况进行监督和跟踪,要求每个季度审核一次资金使用情况,同时要纳入年度

---

① 艾迪迅电子科技(无锡)有限公司成立于2010年11月,业务范围主要涉及图书杀菌机、图书馆RFID硬件、图书馆管理软件、图书馆空间规划设计和图书馆社会化运营等,其母公司是我国台湾地区的艾迪讯科技股份有限公司,在图书馆领域有着多年经营管理经验,在台湾地区负责多家图书馆的管理和运行。资料来源:神通集团艾迪讯科技[EB/OL].[2018-10-26]. http://www.claridychina.com/;薛海燕,陈莹莹.政府买来的图书馆[N].经济日报,2014-02-13(D8).

② 易斌,郭华.政府购买图书馆运营管理服务的比较研究——以北京市朝外地区和无锡市无锡新区为例[J].情报资料工作,2015(2):73-77.

综合考核中，以帮助新区政府更好地掌握图书馆服务效果和资金支配去向。同时，政府聘请第三方机构对图书馆的服务人群、服务单位进行暗访和满意度抽样调查。①

政府对艾迪迅电子科技（无锡）有限公司的季度和年度履约进行考核，从队伍建设、公共服务、管理规章、群众满意度等方面进行打分考评。考核总分为100分，由三个部分构成：第一部分（40分）是新区成立专门的文化、纪检、财政、审计联合考核小组，根据承接方提供的书面材料，就合同约定的指标逐一进行考核。第二部分（40分）是单位服务对象的满意度。向高新区内的企业、街道、社区等单位发放满意度测评表，测评项目包括馆员的专业能力和服务态度、举办活动的精准性和实效性等。第三部分（20分）是读者满意度测评。通过随机取样的方式对读者进行文献资源、信息服务和空间服务等方面的满意度调查。政府每季度都要考核艾迪迅电子科技（无锡）有限公司，总分达到80分以上才能够按合同兑现一定比例的服务费用，但要预留20%的费用作为质保金，在每年的年终考核合格后再进行支付。考核评分不得低于80分，80分以下会提出整改要求，如整改不力则终止服务合同。②

（三）实施成效

1. 提升图书馆服务效能

与传统办馆模式不同的是，无锡高新区图书馆不是坐等读者上门，而是深入社区、企业，宣传服务内容、征询居民意见、现场办理借阅证，把更多的读者"请进"图书馆；③图书馆围绕阅读需求，举办丰富多彩的读者活动，将更多的读者"吸引进来"。在2014—2018年服务外包期间，图书总馆（不

---

① 王伟健. 无锡新区图书馆有了专业管家：读者多了，成本低了［EB/OL］. （2014-06-27）［2019-02-21］. http://culture.people.com.cn/n/2014/0627/c87423-25207659.html.
② 政府购买公共文化 助力自由阅读 梦想起航［J］. 中国政府采购, 2015（10）: 47-48.
③ 王伟健. 无锡新区图书馆有了专业管家：读者多了，成本低了［EB/OL］. （2014-06-27）［2019-02-21］. http://culture.people.com.cn/n/2014/0627/c87423-25207659.html.

含分馆）运营的各项服务指标都超过合同考核要求，如表5-1所示。五年期间，新增注册读者年均5674人，是合同指标年均4300人的1.3倍；馆藏图书外借率[①]年均2.02次，是合同指标年均1.46次的1.38倍，是我国第六次县级图书馆评估标准加分项满分的2.02倍；接待到馆读者年均139779人次，是合同指标年均104000人次的1.34倍；人均到馆次数年均0.234人次，是合同指标年均0.15人次的1.56倍；尤其是举办各类活动（含讲座、展览、培训）的数量远远超过合同指标的要求，五年间年均举办活动235场，是合同指标年均78场活动的3倍，是我国第六次县级图书馆评估标准加分项满分的2.14倍。另外，承接方在合同内容没有相应规定的情况下，积极在企业、商场和学校建设阅读服务点共20个，打通居民阅读的"最后一公里"。

表5-1　2014—2018年无锡高新区图书馆办馆效能的主要指标比较

指标	2014年		2015年		2016年		2017年		2018年	
	实际数量	合同指标	实际数量	合同指标	实际数量	合同指标	实际数量	合同指标	实际数量	合同指标
新增注册读者/人	6182	5000	7195	5000	6484	5000	5335	4000	3174	2500
馆藏图书外借率/次	1.92	1.50	2.20	1.50	2.25	1.50	2.07	1.50	1.68	1.30
接待到馆读者/人次	124410	90000	136917	100000	147988	110000	146526	110000	143052	110000
人均到馆数/人次	0.21	0.15	0.23	0.15	0.25	0.15	0.24	0.15	0.24	0.15
举办各类活动/场	113	29	220	59	308	41	362	131	172	128
新增企业服务点（含商场）/个	3	无	5	无	4	无	4	无	4	无

2. 促进全区图书馆事业的发展

无锡高新区图书馆和各街道（社区）的文化站、图书馆一起开展公共文化进社区服务，为新区街道（社区）图书馆统一建设图书馆自动化系统，设立数字图书馆服务点，将数字资源免费推送到社区内。图书馆开设15条高

---

① 图书外借率（图书流通率）＝一定时期内借出图书册次/图书馆藏量。它是衡量图书馆图书质量和服务质量的重要指标。

速 VPN 专线为区企业客户提供和新区图书馆内一样的专业数字资源服务。图书馆与园区 2 个分馆、6 个街道图书馆、72 个社区图书室实行图书通借通还服务，方便读者借阅图书，提高图书利用率。图书馆制定《新区图书馆服务管理规范》，对分馆和街道图书馆的日常管理实行 ISO 9001 质量管理体系的要求，实现了"1+8"新区图书馆联盟的管理标准一致化。①

3. 公共财政资金使用效率提高

在社会化运营公共图书馆后，承接方通过灵活设置岗位，招募服务志愿者，强化奖惩激励机制来提高服务效能。与同等规模的公共图书馆相比，无锡高新区图书馆人员减少了 1/3，但服务时间和服务内容却没有减少，政府财政支出大幅减少。2014 年，据政府部门测算，无锡高新区图书馆花在购买服务上的钱每年仅 200 万元左右，运营成本比同类公共图书馆节约了 2/3，解决了公共文化服务需求增多与政府直接提供能力有限的矛盾。②

三、个案的分析

（一）个案的特点

1. 具有社会化运营的引导作用

针对公共图书馆运营服务进行政府购买，该案例是我国首例，由于没有现成的经验可供借鉴，因此，该案例的招投标过程、承接方选择、监督管理办法、考核评价机制等对我国具有创新意义和实践参考价值。例如，馆长由政府工作人员担任；两次合同期限虽为 5 年和 3 年，但实行一年一签，考核合格自动续签的合同履行方式；每季度和年终都要进行考核，考核合格后按比例兑付费用；用户满意度在考核评分体系占 60% 等，这些举措得到业界的认可，

---

① 孙军. 无锡新区公共文化服务社会化实践分析［J］. 文化艺术研究，2014（4）：10-15.
② 王伟健. 无锡新区图书馆有了专业管家：读者多了，成本低了［EB/OL］.（2014-06-27）［2019-02-21］. http://culture.people.com.cn/n/2014/0627/c87423-25207659.html.

并在实践中得以推广、运用。据统计,无锡高新区图书馆平均每周要接待2起文化行政主管部门、公共图书馆、高校教学单位或文化公司的参观调研。

2. 通过先进技术打造智慧图书馆

无锡高新区政府根据图书馆馆舍面积较小,以及数字阅读日益普及的现状,将2010年建成的新馆定位为运用诸多高科技的智慧图书馆。在艾迪迅电子科技(无锡)有限公司的设计、建设和管理下,全馆的纸质图书通过RFID技术,让读者皆能享受自助借还书服务模式,采购了385万种电子图书原文,665万种电子图书馆题录信息,22000种电子期刊,1047余份电子报纸,超过50万首古典无损歌曲,11.5万套各种职业资格考试题库等数字资源,20多万张高清图片供用户下载。无锡高新区图书馆还实现了跨平台阅读方式,市民用手机、平板电脑等移动设备登录网上图书馆,可以很方便地浏览阅读。海量的数字信息资源和RFID技术、图书馆App、自助借还机、视障阅读区、自助书籍消毒机、电话隔音亭等现代化服务技术与设施的应用体现了无锡高新区打造"智慧图书馆"的办馆理念。[①]

(二)个案中的问题

1. 图书馆外包范围颇有争议

争论焦点是图书采购由艾迪迅电子科技(无锡)有限公司负责合不合适。赞成者认为,艾迪迅电子科技(无锡)有限公司在图书馆运营过程中,更加了解读者的阅读需求,采购的图书具有针对性和吸引力,并且少了图书采购商这个中间环节,该公司可以第一时间采购到读者所需图书,缩短新书与读者见面的时间。笔者认为图书应由政府另行组织招标采购,形成图书采购和运营服务相分离的方式,而不适宜由运营方承接图书采购,否则,在政府对图书采购缺乏必要监督的情形下,图书质量的好坏将完全取决于运营方的自律。合理的采购模式应当是根据图书馆馆藏和读者阅读需求,由运营方提出

---

① 易斌,郭华. 政府购买图书馆运营管理服务的比较研究——以北京市朝外地区和无锡市无锡新区为例[J]. 情报资料工作,2015(2):73-77.

采购清单，经过政府部门派出的馆长同意和备案后，将书单交予图书采购方，并且运营方在图书到馆后对图书质量进行监督和管理，将意见反馈给政府部门。以此，充分发挥政府部门的主导作用和运营方的管理职责，形成政府部门、图书馆运营方、图书采购方三方各司其职、相互制约、共同监督的模式，使图书馆的文献资源建设质量得到持续保障。

2. 考核人员的构成不尽合理

无锡高新区政府虽然建立了一套较完善的监督考核机制，但考核小组的成员基本由文化、纪检、财政、审计等相关政府部门的人员构成，应按适当比例纳入专家学者、读者，以防兄弟单位的"友情评价"，使评价考核更公允、更全面。从长远来看，政府部门可将监督考核职责交予独立的第三方机构承接，提高外包全程的监管和掌控能力，避免政府既做"运动员"又做"裁判员"的尴尬局面。

第二节　北京市朝阳区朝外街道图书馆

一、地情及馆情介绍

朝外街道是北京市朝阳区下辖街道，位于朝阳区西部，区委、区政府驻地，是朝阳区的政治、文化、经济发展中心和涉外窗口。朝外街道古迹有日坛公园、道观东岳庙、神路街琉璃牌坊、南下坡清真寺等，朝外大街为重要商业区。朝外街道始建于1954年，面积2.2平方千米，辖7个社区。

朝外街道图书馆位于吉市口八条，距离城市主干道朝外大街不到1千米。朝外街道图书馆于2007年设立，位于朝外街道文化服务中心3楼，建筑面积 230 多平方米，现藏有 2.4 万册图书，绘本 4500 册，期刊 60 余种；设有少儿阅览区、成人阅览区、电子阅览室区、借阅服务区、读者检索区等；实行计算机管理，实现北京市公共图书馆"一卡通"及通借通还服务。图书馆全年无休，只在春节放假 7 天，开放时间为 9：00—11：30，13：00—17：30，在提供日常借阅服务的基础上，积极开展亲子阅读、讲座培训、文化沙龙等阅读活动。

二、政府购买服务的情况

（一）实施背景

自 2002 年北京市开始实施"百米万册图书馆"工程，2006 年朝阳区 43 个街乡全部建成达标的图书馆，2007 年朝阳区文委与街道签订图书馆委托管理协议，资源、设备、人员由区图书馆保障，日常开销则由街道负责。几年后发现，这些街道图书馆 1/3 运行不错、1/3 苦苦强撑、1/3 停止服务。[①] 朝外街道图书馆的运营情况也不理想，由于馆员业务能力的局限和体制的弊端，图书馆仅限于借还书业务，没有正常开展读者活动。2013 年 6 月，图书馆重新装修后，环境变得整洁明亮，可是，丰富的藏书、齐全的设备仍然少有人使用，2013 年下半年，只有 107 人次光顾，3 人新办图书证。[②] 朝阳区图书馆针对街道居民中学龄前儿童多、老人多的特点，建议朝外街道购买民间阅读机构的服务，将图书馆整体委托给社会机构运营，以激活街道图书馆的服务效能。

（二）实施过程

在寻找合适的民间阅读机构时，与朝阳区联合举办过阅读活动的民营

[①] 李雪. 北京朝阳尝试社会力量运营图书馆 [EB/OL]. （2014-01-27）[2018-09-20]. http://www.wenming.cn/whhm_pd/yw_whhm/201401/t20140127_1720165.shtml.
[②] 北京朝阳公共文化服务社会化试新招 专业"助教"教读书 [EB/OL]. （2014-07-29）[2018-09-20]. http://www.wenming.cn/syjj/dfcz/bj/201407/t20140729_2087756.shtml.

机构——悠贝亲子图书馆进入政府视野。围绕各方的责、权、利，经过多次的磋商、沟通，2014年1月，悠贝亲子图书馆与朝外文化服务中心、朝阳区图书馆签订了三方协议——《社会力量参与朝外街道图书馆运营合作协议书》。朝外文化服务中心负责提供图书馆馆舍，承担图书馆的物业、水、电、暖、网络等相关费用的支出；朝阳区图书馆承担朝外街道图书馆软硬件设施和书刊资源的采集、补充与保障，确保年图书配送不低于6次，年配送图书总量不低于2000册，期刊年入藏数量不低于60种，报纸年入藏数量不低于20种，其中儿童读物的配送参考悠贝亲子图书馆的建议；悠贝亲子图书馆承担朝外街道图书馆的业务管理、书刊流通、阅读指导等服务工作。朝外街道图书馆的运营费用则由朝外文化服务中心、朝阳区图书馆各承担50%。每次签订的合同期限是一年，通过考核后签订下一年的合同。

悠贝亲子图书馆派出两名员工负责朝外街道图书馆平时的借阅服务，并和总部的活动推广员工积极开展绘本之旅、专家讲座、阅读沙龙等活动。开展的系列活动包括每天举办一场小型馆内故事会，每周开展一场阅读分享会，每月开展一期阅读主题沙龙，每季度举办一场大型阅读专家讲座，每年举办一场阅读嘉年华。[①]

在管理模式上，朝外街道与朝阳区图书馆在参照《朝阳区街乡级图书馆评估标准》的基础上，制定服务标准、考核办法，并共同对悠贝亲子图书馆进行监督管理和绩效考核。例如，2014年签订协议中的考核办法包括定性考核和定量考核两部分，定性考核是对图书馆的日常管理、阅览环境、设施维护、业务规范、资料归档、安全管理、意见征集等方面进行实地查看和主观评判；定量考核是对图书馆运营的开架图书误差率、年流通总人次、年外借册次、年办证数量、年开展阅读指导活动等主要业务指标和读者满意度进行

---

① 北京朝阳区试点社会力量参与管理图书馆［EB/OL］.（2014-01-22）［2018-09-24］. http://culture.people.com.cn/n/2014/0122/c172318-24188908.html.

数据统计和资料核查。[①]每季度末，朝外街道和朝阳区图书馆都要对承接方的工作进行相关考核，朝阳区图书馆负责审核承接方报送的运营情况材料，朝外街道负责读者满意度的调查和统计。通过考核后，朝外街道和朝阳区图书馆支付本季度应付款项，考核不合格，有权按照服务成效酌情付款，若连续两个季度考核不合格，有权提前终止合同。

（三）实施成效

通过悠贝亲子图书馆"小手拉大手"办馆理念的运营，2014年上半年，朝外街道图书馆与悠贝亲子图书馆联合举办了42场免费儿童阅读推广活动，吸引了1230位小孩和家长参加，而外包前图书馆未开展此类活动；图书馆的借阅人次达到477人，是2013年同期（外包前）的近4倍；新增69名读者办理图书馆证，是2013年同期（外包前）的20多倍。[②]尤其是小孩的家长，一有空闲时间就会习惯性带着小孩来到朝外街道图书馆，听馆员讲绘本中的故事，让孩子在快乐的成长中学习美德；父母课堂、阅读沙龙等活动为家长们提供一个舒适的亲子阅读空间，也带领他们走进孩子们的内心世界。悠贝亲子图书馆的到来，不仅为朝外街道居民带来了专业、优质的阅读服务，而且也吸引了附近街道的家长带小孩来参与活动，提高了"书香朝阳"全民阅读活动的参与率。朝外街道图书馆通过社会化运营管理后，经费支出与原来政府运营的费用基本持平，但图书馆的服务质量和社会效益却有了质的变化。

[①] 朝外街道图书馆的定量考核指标包括：开架图书误差率低于2%；年流通总人次高于地区常住居民人口的30%；年外借册次高于地区常住居民人口的50%；年办证数量不低于150个；年组织读者参加"书香朝阳"全民阅读活动次数不低于24次，活动总人次不低于5000人；年开展阅读指导活动不低于100次，服务人次不低于1000人；年举办书刊推荐活动不低于12次，每次不少于20种书刊；每年做2次读者满意率调查，调查人次不低于流通人次的10%，读者满意率不低于80%。
[②] 专业"助教"教读书　娃娃迷上图书馆［EB/OL］.［2020-09-20］. http://www.china.org.cn/bjzt/chinese/2014-07/29/content_33082634.htm.

三、个案的分析

(一) 个案的特点

1. 民间阅读机构积极展示自身能力

政府在购买公共文化服务时对于民间阅读机构的信任度普遍不高,认为民间阅读机构普遍规模小、专业能力弱、资金缺乏、管理不够规范,其很难与规模庞大、资金充裕、运作规范的公司企业相竞争。在这种情形下,民间机构要通过自身努力改变政府的看法。2012年,北京市朝阳区政府与民间阅读机构合作开展亲子阅读活动,吸引学生和家长走进图书馆分享读书乐趣。悠贝亲子图书馆抓住机遇,面向社会招募了50名阅读推广人,走进社区、商场、企业、地铁站介绍活动内容,仅当年就完成10万人次的亲子阅读指导。这次合作让朝阳区文委看到了悠贝亲子图书馆在活动组织、品牌推广上的优势[1],在朝外街道探索图书馆社会化运营模式时,悠贝亲子图书馆自然而然地进入朝阳区文委的重点考察视野。因此,民间机构要根据政府和社会需求,充分发挥自身的专业服务能力,积极主动地做好服务,赢得政府的关注和信任,才能得到资金、技术和政策的支持。

2. 朝阳区图书馆成为合作方之一

政府购买公共图书馆运营服务的合作方通常只有两方,即文化主管部门和社会机构,而本案例签署的是三方协议,不仅包括文化主管部门(朝外文化服务中心)和社会机构(悠贝亲子图书馆),而且包括朝阳区图书馆。由于图书馆是专业性较强的业务单位,而政府主管部门擅长图书馆的政治目标贯彻、部门关系协调、重大事项决策等行政管理工作,针对图书馆文献资源的采集、考核评价业务指标的制定和外包过程的监督检查等业务工作,则需要发挥上级图书馆的业务指导、资源协调和检查评估功能。朝阳区图书馆负

---

[1] 李雪. 北京朝阳尝试社会力量运营图书馆 [EB/OL]. (2014-01-27) [2018-09-10]. http://www.wenming.cn/whhm_pd/yw_whhm/201401/t20140127_1720165.shtml.

责全区（包括朝外街道图书馆）书刊资料的采购和配送，可以有效地保证文献资源的质量、文献资源的共建共享和降低图书购买成本。针对朝外街道图书馆的业务管理问题，朝阳区图书馆根据多年的工作实践和管理经验，和朝外文化服务中心共同制定详细、量化的服务标准、考核办法，并且共同对悠贝亲子图书馆的运行工作进行日常监督和考核工作，有效规范承接方的运营和管理行为。[①]

（二）个案中的问题

1. 承接方选择的低竞争性

在市场竞争主体发育不健全、适格承接方匮乏的情形下，朝阳区政府部门在购买图书馆运营服务时采取当时普遍的单一来源方式，领导的主观印象和工作经验在承接方的选择中占了很大的比重。单一来源采购就像"双刃剑"一样，可以让政府选择到自己了解的、社会信誉和反响比较好、双方运营理念比较一致的承接方，为双方良好合作奠定基础；同时，单一来源采购缺乏竞争性的特点，也可能导致承接方通过个人关系或利益交换承接到项目后，并没有将精力放在读者服务中，而是将经济效益、领导满意放在首位。总之，政府购买方式如果长期处于低竞争的环境下，不利于图书馆的持续发展和服务创新。

2. 读者活动覆盖范围较窄

由于悠贝亲子图书馆是一家为0~8岁儿童提供亲子阅读服务的社会机构，因此，其在图书馆开展的故事会、阅读分享会、阅读培训、主题沙龙、专家工作坊等活动的服务对象以儿童及家长为主，针对其他群体，如未成年学生、中青年人、老年人、残疾人等开展的活动很少，致使图书馆活动受益人数和类型仍显不足，这对其他类型读者，尤其是特殊群体是有失公平的。街道图书馆的服务对象是各年龄段的所有居民，如何让承接方投入更多的人

---

① 易斌，郭华. 政府购买图书馆运营管理服务的比较研究——以北京市朝外地区和无锡市无锡新区为例［J］. 情报资料工作，2015（2）：73-77.

力、物力扩展活动的服务对象范围,是政府部门实现基本公共文化服务均等化目标应注意的问题。

第三节 芜湖市镜湖区图书馆

一、地情及馆情介绍

镜湖区是芜湖市的中心城区、服务业的核心区,区域面积121平方千米,常住人口约60万人,现辖滨江、天门山、弋矶山、赭山、赭麓、张家山、镜湖新城、大砻坊、汀棠、荆山10个公共服务中心和方村街道办事处,55个社区居委会,12个村委会。2017年实现地区生产总值512亿元,财政收入51.8亿元,城乡居民人均可支配收入39172元。[①]镜湖区文化活动丰富多彩,荣获我国民间文化艺术之乡、全民健身先进单位等称号。

镜湖区图书馆位于绿地世纪城的镜湖区文体活动中心,馆舍面积5200平方米,分为两层,2014年1月正式开馆。图书馆全年无休,日常开放时间为8:30—17:30(周一上午闭馆),7—8月暑假期间开放时间为8:30—20:30。馆藏图书12万余册、期刊300余种、纸质报纸60余种、典藏图书近2000册(芜湖市志、《四库全书》等大型连册书籍),订购中华数字书苑、国务院发展研究中心信息网、龙源期刊、维普资讯、公元图片、万方视频、书香中国、库客音乐、爱迪科森网上报告厅等10余个数据库,提供全天候数字资源检索服务。组织机构设置为馆长、办公室、采编流

---

① 数据来源于2017年芜湖市镜湖区人民政府工作报告。

通部、技术保障部，设有综合、少儿、期刊、电子、典藏、视障共6个阅览区，同时还设有休闲大厅、自习室、书吧、活动室、读者沙龙、多功能会议室等多个功能区。镜湖区图书馆始终坚持"五全"宗旨，即全年开放、全免费、全年龄段阅读、全馆无障碍服务、全阅读方式，为读者营造极具人文关怀的阅读和交流空间，2013年被评定为公共图书馆县（区）级一级馆。

二、政府购买服务的情况

（一）实施背景

镜湖区原来没有建设图书馆，文化职能缺失，为保障群众的基本阅读需求，依照国家政策，区政府从镜湖世纪城住房开发投资中提取1%的资金，2010年始建设文体活动中心，含图书馆、文化馆、体育馆和游泳馆4个主体馆。图书馆由于没有单独的事业编制，在馆舍建设过程中，一直由文化馆监管。2012年图书馆建成并投入使用之后，政府意识到虽然文化场馆与图书等资源已经完备，但图书馆运行缺乏有编制的管理人员和馆员，无法提供专业的力量管理图书馆，而这凭借政府自身的能力难以得到有效解决。[①] 因而，2013年采取"政府投入、委托运管、业主监管、免费开放"的方式对图书馆进行社会化管理是一个必然的选择。[②]

（二）实施过程

镜湖区文化广电新闻出版局（简称"文广新局"）在选择承接方时，市场上能胜任公共图书馆整体外包的社会机构极其有限，政府采购尚未形成良好的竞争态势，镜湖区政府在经过市场调研、比较后，分别和安徽师范大学图书馆、安徽儒林图书馆咨询服务有限责任公司（简称"安徽儒林图书

---

① 李祝启，陆和建. 我国基层公共图书馆社会化管理实证研究——以安徽省芜湖市镜湖区图书馆社会化管理为例[J]. 图书情报工作，2015（1）：73-77.
② 陆和建，吴凡，开源. 我国基层公共图书馆社会化管理现状分析及启示——以安徽省芜湖市镜湖区图书馆为例[J]. 图书馆工作与研究，2016（2）：31-34，40.

馆公司")①进行了接触、了解和磋商。政府在和安徽师范大学图书馆的沟通中，由于双方对运营费用、服务方式、管理人员待遇等产生分歧，最终未能达成一致；而安徽儒林图书馆公司的运营方案、服务水平、投标价格、在手案例、专业人员数量等内容指标均符合政府所制定的运营考核标准，因此，镜湖区决定采取单一来源采购方式与安徽儒林图书馆公司于2013年12月签订了镜湖区图书馆服务外包合同。镜湖区委托安徽儒林图书馆公司管理的内容包括：图书馆的日常运营，包括图书借还、读者管理、网络平台和硬件设备的管理与维护；组织开展活动，包括参考咨询、展览、讲座和数字文化等服务；配合政府做好其他工作，如精神文明创建等。政府负责馆舍建设和维护、文献资源建设及提供外包运营费用（含人员、办公、活动开展和管理培训费用）。这些费用采用合同约定的方式，在通过政府相关考核后分批支付。在合同中，双方约定外包服务期限为5年，一年一考核，考核通过自动续期一年；如果考核结果为不合格或者在非考核期间委托方有充分理由认为承接方未能达到合同约定的工作目标或服务要求，则委托方随时拥有终止合同的权利。②

2013年12月，安徽儒林图书馆公司选调1名公司资深员工担任执行馆长，从社会上招聘20余名工作人员开始试运营镜湖区图书馆，2014年3月镜湖区图书馆正式开馆。2014年1—10月，图书馆共接待读者27万人次，图书外借5.24万册次，图书外借率为77.1%，举办读者活动101次（场），其中讲座类活动19次，少儿活动类42次，特殊群体活动4次，阅读推广15次，参与总人次7万多人次，并打造了"绘声绘色""宝宝快到书里来""英语角""健康镜湖"四大活动品牌。③ 2014年11月，镜湖区文广新局组织

---

① 安徽儒林图书馆咨询服务有限责任公司成立于2013年，是一家专门从事图书馆咨询管理服务的专业公司，也是国内从事图书馆全流程服务外包的开创者。公司率先在国内开启图书馆管理社会化运作，成为一个能提供全流程技术解决方案、全流程业务设计方案和全流程服务外包的综合型公共文化服务机构。
② 徐珊珊．区级公共图书馆总体外包评价体系构建研究［D］．合肥：安徽大学，2015：19．
③ 数据来源于镜湖区图书馆2014年度工作总结。

专家评价小组①对镜湖区图书馆外包情况进行考核，评价指标体系采用我国第五次县级图书馆一级馆的评估标准。由于图书馆在"重点文化工程""设施与设备维护""举办展览""人员管理""文献资源"评价指标中得分较低，总分未能达到县级一级图书馆的要求，专家评价小组的评价结果为不合格。镜湖区文广新局要求安徽儒林图书馆公司对评价中暴露出的问题进行整改，并按照合同暂停支付后续外包费用。2015年3月，镜湖区文广新局再次组织一个专家评价小组②评价安徽儒林图书馆公司的整改情况，评价结果为合格。③

2016年1月，镜湖区文广新局决定结束和安徽儒林图书馆公司的合作，重新向社会力量购买图书馆的运营服务。政府部门认为市场上具备图书馆运营能力的服务商已初具规模，可采取竞争性购买方式，但由于图书馆运营管理的业务性较强，不像物业、保洁服务外包对承接方的专业性要求不高，因此，政府认为采用公开招标方式尚不成熟，决定采用邀请招标的方式，共邀请4家图书馆服务商参加招投标，最终艾迪迅电子科技（无锡）有限公司中标。服务外包合同期限为3年，实现一年一签的方式，外包费用采用按季度支付方式，留下总费用的10%在年度考核合格后再行支付。

镜湖区政府通过健全监督管理和考核评估机制来监控图书馆的运行效果，以提高艾迪迅电子科技（无锡）有限公司的履约质量。监督管理措施包括：镜湖区文广新局委派工作人员担任图书馆馆长一职，对运营方的活动进行审批和监督；政府邀请镜湖区的"两代表一委员"（即党代表、人大代表和政协委员）参与图书馆的运行监督；引入第三方机构，通过读者座谈会和调查问卷的形式，不定期对读者进行满意度调查。政府对承接方的考核评估

---

① 该专家评价小组由1名市级图书馆馆长、2名高校图书馆部门负责人、1名国有资产审计人员、1名人力资源与社会保障局工作人员组成。资料来源：徐珊珊. 区级公共图书馆总体外包评价体系构建研究［D］. 合肥：安徽大学，2015：20.
② 该专家评价小组由1名县级图书馆馆长、1名高校图书馆馆长、1名高校图书馆部门负责人组成。资料来源：徐珊珊. 区级公共图书馆总体外包评价体系构建研究［D］. 合肥：安徽大学，2015：21.
③ 徐珊珊. 区级公共图书馆总体外包评价体系构建研究［D］. 合肥：安徽大学，2015：20-21.

采用月考核、季度考核和年度考核相结合的方式，及时发现问题并解决问题，降低运营风险。在参考公共图书馆定级评估标准的基础上，对规范政府行为的考核指标进行适当删除和修改。政府对承接方的季度和年终考核采取第三方评估的方式，即以专家为主体的考核小组[①]对图书馆的运营情况进行考评，并对图书馆的运营成效提供专业性意见。同时，政府要求艾迪迅电子科技（无锡）有限公司针对服务工作成效、员工素质培训、读者满意度等自身服务情况进行月度、季度的自评。

（三）实施成效

1. 办馆成效显著

政府向社会力量购买服务以来，镜湖区图书馆凭借专业人才优势和专业管理经验，服务效率与服务水平得到了保证。2017 年 1—11 月，镜湖区图书馆共接待读者 31 万人次，借阅图书近 20 万册，平均每月接待 2.8 万人次。与此同时，镜湖区图书馆积极围绕人文镜湖、健康镜湖两大立足点积极开展各类公益活动，包括少儿活动、特色活动、主题活动、周日电影展播、阅读推广活动等。2017 年 1—11 月共开展活动总数 279 场，参加人数 4.5 万人次，形成"七色花"少儿系列活动、智慧小课堂、国学屋、镜图阅生活、镜湖讲坛、镜湖展览厅等品牌性活动。[②] 各种类型主题活动的开展，丰富了广大市民的精神文化需求，读者满意率调查超过 97%。

2. 办馆成本降低

镜湖区图书馆在实施社会化管理后，和政府运营的同类型图书馆相比，在办馆成本下降的同时，办馆效益提高了。以 2015 年为例，安徽省 90 个县级（市辖区）图书馆的运营成本平均值约 270 万元，包括读者活动成本、人力成本和管理成本，而镜湖区图书馆外包费用约 200 万元，运营成本降低

---

① 专家考核小组构成一般是 5 人，包括公共图书馆和高校图书馆的 4 名专家以及镜湖区劳动局 1 名工作人员。
② 芜湖镜湖区免费开放文化场馆　打造特色公益服务［EB/OL］.（2017-12-12）［2018-10-23］. http://www.ahwang.cn/p/1761665.html.

了 26%，其中人力成本降低了 41%，如表 5-2 所示。在镜湖区办馆成本大幅降低的同时，办馆效益却明显比其他基层图书馆提高了，2015 年镜湖馆区图书馆在藏书量、馆舍面积和 90 个县级（市辖区）图书馆平均值相差不大的情况下，其有效借书证数、总流通人次、读者活动数量分别是 90 个县级（市辖区）图书馆平均值的 2 倍[1]，办馆的经济效益和社会效益都非常明显。

表 5-2 2015 年镜湖区图书馆与其他县级图书馆办馆成本对比　　单位：万元

指标	镜湖区图书馆	安徽省 90 个县级图书馆平均值
管理成本	40	46
人力成本	45	76
读者活动成本	115	148
合计	200	270

三、个案的分析

（一）个案的特点

政府通过反思不良事件吸取教训，加强日常对承接方的监督考核。由于镜湖区图书馆曾发生过承接方没有通过政府的年终考核而遭到停发外包费用，资金短缺导致承接方长期拖欠员工工资，员工通过各种渠道上访的事件，给政府形象和读者权益都造成了很大的负面影响。政府认识到不能将工作重心只放在年终考核上，而应该加强平时对承接方的监督和考核。因此，政府制定了详细的考核指标，实行对承接方的日常考核、月度考核制度（表 5-3），规定如果承接方同一考核指标出现一次不合格，承接方要进行整改，出现两次不合格，承接方要接受经济处罚，并从履约保证金中扣除，出现三次不合格，政府有权单方面解除合同。日常监督的主体包括政府

---

[1] 毛丹. 基于政府购买服务的社区图书馆发展模式实证研究［J］. 山东图书馆学刊，2016（4）：69-72.

委派的馆长、热心群众、两代表一委员、政府工作人员，他们都可以随时监督承接方的工作。例如，镜湖区文广新局工作人员有一次巡查，发现图书馆计算机不能联网利用电子资源，馆员在规定时间没能解决问题，承接方由此得到整改的批评，并在年终考核时扣了分。

表5-3　镜湖区图书馆日常运营考核指标

考核内容	考核标准	考核时间	追究责任
人员管理	1. 专业岗位人员是否坚持到岗情况（资质依据年度考核目标的要求执行）： （1）管理人员1名 （2）采编人员1名 （3）计算机硬件维护人员1名 （4）软件的维护（网站维护）1名 （5）软件平台维护1名	月考核和不定期考核相结合	每人次处罚金1000元
	2. 每月员工是否配备到位，签到记录是否按月上报文广新局	每月一查	处罚金1000元
	3. 工资的发放与五险、公积金的购买是否按照合同要求执行	每月一查	每人次处罚金2000元
设备维护	1. 保证所有设备正常运行	不定期	处罚金1000元
	2. 做好图书馆自动化管理系统日常维护（重点考核能否正常安全使用）	不定期	处罚金1000元
	3. 图书馆网站建设与服务（重点考察网站建设规划及其结构、内容；网页美化、维护、更新、管理及网上服务项目等）	每月一查	处罚金1000元
	4. 存储设备运营维护（保证所有设备正常运营并负责计算机的运行和维护）	每月一查	处罚金1000元
业务工作	1. 图书馆的排架是否按照图书馆标准进行排架，正确率不低于96%	每月一查	处罚金1000元
	2. 是否及时对过刊进行整理、装订	每月一查	处罚金1000元
	3. 日常活动的开展是否正常审批，并按照要求完成	每月一查	处罚金1000元
	4. 各项工作的软件资料是否按月进行整理	每月一查	处罚金1000元
群众满意率	1. 现场问卷调查，满意度不低于95%	月考核和不定期考核相结合	处罚金1000元
	2. 群众投诉，经调查投诉事件合理，确属乙方责任的	月考核和不定期考核相结合	处罚金1000元

（二）个案中的问题

镜湖区图书馆在早期社会化运营管理时，外包过程不甚顺利，双方合作不甚愉快，抛开承接方过于追求经济利益、缺乏和政府沟通的技巧和耐心的因素，政府部门在探索行政职能转变时，对自身的服务意识、服务水平也应严格要求。

1. 双方的合作意识有待加强

政府将公共图书馆运营服务社会化以后，不仅要监督承接方的日常服务过程，防止服务供给上的弄虚作假，更重要的是政府对于与社会力量合作应持积极的态度，将承接方视为合作的伙伴，而不是上下级领导关系。承接方在运营过程中也要更好地理解政府的政策和办事规律，在许多问题上应主动和政府部门联系与沟通，而不是在运营问题出现后，双方互相猜疑、指责，导致相互间不信任的局面发生。镜湖区在更换承接方后，吸取以前的经验教训，设置由政府公务人员担任馆长一职，及时解决图书馆运营过程中出现的问题，以此架起政府和承接方互相信任、彼此理解的桥梁，使双方在真诚、融洽的氛围中进行合作。

2. 考核标准体系有待完善

镜湖区政府和安徽儒林图书馆公司合作产生矛盾的重要原因之一是双方对考核指标体系的理解出现偏差。由于镜湖区图书馆是县（区）级一级馆，政府理所当然沿用公共图书馆评估定级标准作为社会化管理考核指标，但承接方认为考核指标设置针对的对象是政府运营的图书馆，而不是社会力量运营的图书馆。政府应该根据社会化管理特性及镜湖区自身特点设置相应的考核指标，才能准确反映公共图书馆运营成效，而不能简单套用其他现成的指标体系，否则，社会机构难以在人员技术职称、重大工程、文献资源建设等方面达标。

第四节　广州市增城区新塘镇图书馆

一、地情及馆情介绍

新塘镇隶属于广州市增城区，位于珠江三角洲东江下游北岸，辖32个行政村。地域面积85.09平方千米，2012年的常住人口为49.05万人，其中户籍人口12.8万人，外来人口36.25万人。2013年，新塘镇规模以上工业总产值598.51亿元。2018年，新塘镇入选全国综合实力千强镇前100名，支柱产业是汽车及其零配件、摩托车及其零配件、牛仔服装，是广州市增城区的工商业重镇。主要景点有湛怀德祠、湛横云墓、宁远楼、古海遗迹、天下士祠等。

新塘镇图书馆位于新塘镇市民文化活动中心二层、三层，总面积5000平方米，馆藏图书13万余册、报纸10种、期刊100余种，业务功能区主要包括报刊阅览区、图书阅览区、少儿阅览室、电子阅览室等。图书馆采用图创管理系统、自助借还系统、RFID点检设备等多种先进技术；开放时间为周二至周五的9：00—12：00，14：30—17：30，19：00—21：00，周六、周日为9：00—21：00，节假日照常开放，周一不对外开放；其已实现增城区公共图书馆"一卡通"及图书通借通还服务。

二、政府购买服务的情况

（一）实施背景

2008年，广州市委、市政府为加快公共文化服务体系建设，提出2009年实现城乡公共文化基础设施全覆盖和 2010 年基本建成布局合理、设施先进、功能完善、覆盖城乡的公共文化服务体系的目标任务。[①] 同时，广州市重视并启动图书馆立法，2008 年《广州市公共图书馆条例（草案）》出台，该条例最大亮点是规定每条街（镇）都设立独立运作的公共图书馆，形成以市图书馆为中心、区图书馆为总馆、街道图书馆为基础的辐射型图书馆网络。[②] 正是在广州市高度重视公共文化服务发展的背景下，基层政府纷纷启动公共图书馆新建、改建和扩建工程，新塘镇于 2010 年建成了含图书馆、文化馆、艺术馆的市民文化活动中心。图书馆馆舍有了，但对外开放存在诸多困难，不仅政府缺乏购置图书、软件、硬件设备的近千万元财政资金和工作人员编制，也没有运营现代化图书馆的经验。结合实际情况，2011 年新塘镇开始积极探索"公私合作""政企合建"的市场运营图书馆模式。

（二）实施过程

新塘镇政府提出公共图书馆社会化运营合作模式：政府提供场地并承担水电费和物业费，企业提供设备、图书、人员管理，承担网络费和电话费，免费对外开放，每年镇政府以补偿金的形式补贴给外包企业，补偿期限为10 年，期限结束后，图书馆所有资产归政府所有。考虑到图书馆的固定资产采购和日常运营管理由不同的承接方运营，可以形成承接方互相监督和合作的良好关系，有利于图书馆的健康发展。2011 年 6 月，新塘镇决定向社会公开招标图书销售公司和图书馆服务公司。最终，深圳市拓新图书销售有限公司（简称"拓新公司"）和深圳市粤图图书服务有限公司（简称"粤图公司"）中标，拓新公司负责图书资料、设备及管理软件的采购，为图书馆提供种类齐全的书籍，粤图公司则负责图书馆日常的流通、图书的加工及设备的管理和维护。

---

① 潘拥军. 广州地区公共图书馆事业发展存在问题与对策 [J]. 江西图书馆学刊, 2010 (4): 14—17.
② 陆秋洁. 让更多的人享受图书馆——浅议广州地区镇街图书馆的服务模式 [J]. 科技视界, 2014 (36): 270, 329.

新塘镇图书馆属于镇级图书馆，但建设的起点还是比较高的，图书馆开馆时购入 10 万册图书，并配备自助借还系统、RFID 点检等先进设备，前期投入达到 1100 余万元，政府每年补贴给公司的补偿金数额包括公司的前期投入、运营成本及合理利润。新塘镇图书馆配备 8 名工作人员，负责三个场所的日常开放（自科阅览室、社科阅览室和少儿阅览室）及地方文献的收集工作。在图书馆征集地方文献的倡议下，2014 年 3 月，新塘镇本土作家湛汝松向新塘镇图书馆捐赠各类图书近千册，这是新塘镇图书馆首次接受社会图书捐赠。[①]

新塘镇政府对承接方的监督管理主要是政府工作人员不定期到图书馆实地检查各场所开放、馆员到岗及服务意识、服务态度等情况，如果图书馆运行情况平稳，没有出现群众多次投诉、重大投诉等事件，政府每年按期给承接方兑付合同约定的补偿金。

（三）实施成效

新塘镇图书馆开馆之初就取消了图书外借的押金制度，为各层次读者群体，尤其是特殊群体带来良好的阅读体验。2017 年持读者证人数有 6000 多人，日平均接待读者超 3000 人，年到馆读者 10 万余人次，年外借图书数量约 3 万册。读者到馆人次和图书利用率相当于一个县级图书馆的运行情况。

三、个案的分析

（一）个案的特点

1. 图书馆运营采用 BOT 模式

新塘镇政府与社会资本采取 BOT 合作模式，引入社会资金为市民免费提供图书馆服务，由于图书馆服务是公益性项目，运营方不可能对接受服务

---

① 陈雪梅. 基层公共图书馆"管理外包"模式思考［J］. 图书馆理论与实践，2017（5）：28-33.

方收取费用，因此，政府需要每年支付运营方补贴资金，达到运营方回收成本及获利的商业目的。BOT模式的优点：其一，解决政府短期内项目建设资金不足的问题，减轻政府的财政负担；其二，运营方的投入和利润由政府每年从财政预算中支出，项目营利相对稳定，基本不存在运营风险，运营方也能安心地管理图书馆。缺点是由于该模式合作期限相对较长，政府变更运营方困难，可能导致运营方缺乏合同终止的压力，工作积极性不高，服务质量受到影响，办馆效能下降。这种模式比较适合建设资金来源较少、图书馆服务体系构建相对不完善和资源相对匮乏的地区，如乡村地区、中西部贫困地区。①

2. 图书馆日常管理和资源采购相分离

政府购买新塘镇图书馆运营服务时，对固定资产采购和图书馆日常开放分别进行招投标。这有两方面的优点：其一，不同类型的公司有自己擅长的经营领域，让公司发挥各自的运营优势，可以使图书馆管理更专业，弥补政府在提供图书馆服务方面经验的不足。其二，中标的两家公司既是合作关系，也是监督关系。图书服务公司不仅应当及时就图书馆运营情况，如读者对图书的采购意见和建议进行沟通与交流，而且在使用图书销售公司提供的图书、硬件为读者服务时，要对产品质量进行有效的监督和反馈。

（二）个案中的问题

1. 政府的监督考核机制有待加强

镇政府对新塘镇图书馆服务的要求仅停留在保障图书馆开放时间，不能出现群众多次投诉和重大投诉。在平时的监督方面，由有关政府工作人员偶尔到图书馆现场察看运行情况；在年终考核时，仅由相关镇领导采用会议商议的方式决定。在图书馆的外包合同中缺乏具体的办馆指标、监督评价考核办法、读者的满意度调查等内容，更没有引入第三方人员或机构参与考核评

---

① 王培培，吴瑞丽. PPP模式应用于公共图书馆服务体系建设研究［J］. 图书情报知识，2016（4）：12–17.

价。这些都可能导致承接方运营图书馆的压力和动力不足。

2. 馆员综合素质有待提高

新塘镇图书馆招聘馆员条件较低，原则上要求高中毕业，年龄在50周岁以下即可，这导致馆员队伍中有大专学历的仅2人，基本上为40周岁以上、家住附近、便于照顾家庭的中年妇女。馆员队伍综合素质普遍不高，职业认同感低、专业能力欠缺、人员流动性强，仅能满足书刊的日常借阅服务，服务水平的进一步提高受到制约。

3. 读者服务活动有待开展

我国虽没有规定镇图书馆的基本服务内容，但社会力量运营新塘镇图书馆的成效不应该仅仅是书刊借阅、电子阅览服务，也应当适当开展一些阅读推广、亲子阅读课堂、知识讲座、读书会、书画展览、影视鉴赏等活动，帮助读者更好地利用图书馆的资源，激发民众的阅读热情，丰富市民的第二课堂。

第六章

政府购买公共图书馆运营服务的完善路径

第一节 完善相关法律制度

我国规范政府购买公共文化服务的行为由于立法供给的不足，现阶段主要依据中央和地方政府下发的红头文件，虽具有一定的现实合理性，但从长远来看，红头文件缺乏法律强制性和约束力，不能为公共文化服务购买提供强有力的法律支持，我国须从法律、法规和规章等不同层面建立健全一套完善的公共文化服务购买体系。

一、全国人大出台法律

（一）出台《政府购买公共服务法》

由于政府购买公共服务与政府采购工程和货物两者存在的诸多不同，决定了不宜将政府购买公共服务纳入《中华人民共和国政府采购法》。同时，政府购买法律主体的复杂关系，也决定了不应将政府购买公共服务纳入《中华人民共和国政府采购法》，因为该法的内容很难全面涵盖政府购买公共服务形成的复杂法律关系，形式上也很难加以编排。随着我国购买公共服务的进程不断推进，尽快出台政府购买公共服务的专门法律已成为客观要求，只有制定统一完善的专门法，才能避免政府购买公共服务推进过程中产生的各种法律风险，确保政府购买实现预期目的。《政府购买公共服务法》所规定的内容应包括政府购买公共服务的内涵，遵循的基本原则，购买内容边界界定，管理机关的设置，遵循的程序，监督评价及救济措施等。[①]

（二）修订《中华人民共和国政府采购法》

目前，我国政府购买公共服务尚处于起步阶段，理论界及政府机构对政府购买公共服务与政府采购工程和货物的关系、如何开展政府购买公共服务等问题尚达不成共识，并且一部法律的出台需要经过严格的立法程序。在这种情形下，《政府购买公共服务法》在短时期内出台是不现实的。《中华人民共和国政府采购法》现有法律条文并没有对公共服务的购买进行特别规范，没有考虑公共服务的购买范围、购买程序、购买方式、承接主体和服务对象等理论与现实问题，在当前阶段，急需通过修订《中华人民共和国政府采购法》来规范政府购买公共服务工作。修订的方式有两种：一种是充分考虑政府购买公共服务的特点，设立专章来规范政府购买公共服务；另一种是不设立专章，只是在原有条文基础上进行文字修改以体现政府购买公共服务的特征。[②]例如，将政府购买公共服务纳入服务采购的标的，拓展其适用范围，细化服务采购的规定；明确供应商的类型涵盖社会组织，使今后社会组织和政府的合作名正言顺。

（三）完善政府购买公共服务的配套法律

为了进一步扩大承接主体的规模，有必要对限制社会组织发展的法律规定进行修改、废除，如修订《民办非企业单位登记管理暂行条例》《事业单位、社会团体、民办非企业单位企业所得税征收管理办法》《中华人民共和国公益事业捐赠法》等，并在适当时机出台《社会组织法》。《社会组织法》作为调整社会组织行为的基本法，对其从法律层面进行实体法规范，可以保障社会组织的权益，为社会组织的发展壮大保驾护航。具体内容参见本章第六节。

[①] 王浦劬，Jude Howell，等．政府向社会力量购买公共服务发展研究［M］．北京：北京大学出版社，2016：203-204．
[②] 王雪云，高芙蓉．政府购买公共服务研究［M］．北京：经济科学出版社，2016：260．

二、国务院颁布法规或规章

相比全国人大的立法,行政法规和部门规章的出台更为快速、修订更为及时,因此,颁布专门性的政府购买公共服务的法规或规章可及时填补相关法律的空白。

(一)制定《政府购买公共服务管理条例》

该条例由国务院出台,作为政府购买公共服务的专门行政法规。考虑到购买公共服务,尤其是图书馆服务不同于政府自身消费服务的特殊性,在《中华人民共和国政府采购法》中无法详尽规定其购买程序、购买方式和范围等方面的内容,应对政府购买公共服务进行单独立法。通过《政府购买公共服务管理条例》规定政府购买公共服务的目标、定义、主体、范围、程序、方式、资金、监督、评估等,明确政府和供应商的权利和义务,使双方都有法可依。[①]

(二)颁布《政府购买公共服务实施办法》

由财政部、民政部等联合颁布行政规章《政府购买公共服务实施办法》,制定政府购买公共服务各环节的实施细则、标准或办法,包括购买主体、承接主体、购买范围、购买方式、购买流程、购买合同、财政预算、监督管理、绩效评估等内容。对政府购买公共服务作出比较细致的法律规定,使政府购买图书馆服务更加具有可操作性。[②]

(三)颁布《政府购买公共文化服务实施标准》

由财政部、文化部等联合颁布行政规章,根据公共文化服务采购的特

[①] 易斌,葛琳琳,黄华彩,等. 我国政府购买图书馆服务的责任缺失及应对策略 [J]. 图书馆建设,2018(5):90-94,101.

[②] 易斌,郭华. 政府购买图书馆服务的法律规制研究 [J]. 图书馆杂志,2018(2):18-23.

点，制定政府购买公共文化服务的实施标准，涉及外包全过程的"标的、发包、评标、评委、中标、合同"及"承包方资质、第三方评估、发包方考核"等一系列标准的制定。

三、地方政府建立制度

（一）完善地方配套制度

为保障政府购买公共文化服务进程，地方政府要遵循"制度先于改革"的原则，依据法律和国家政策，颁布一系列公共文化的社会化指导文件，如购买公共文化服务的目录、预算管理、流程规范、合同参考文本、监督管理、绩效评价、信息报送机制、信息公开制度、社会组织培育办法，使地方政府的购买工作做到有法可依、有章可循。

（二）建立公众参与制度

随着服务型政府的兴起，广泛的利益主体参与行政过程是现代行政活动取得正当性的根本所在。地方政府需要建立公共文化服务的公众参与制度，包括：外包项目的公开听证制度，引入公众和专家论证政府购买服务决策的科学性；服务定价的听证制度，实现服务对象参与定价，并把他们的意见作为服务价格确定的重要依据；服务质量的公众评价制度，引入服务对象的评价，并将评价结果作为判断服务质量的重要依据。

（三）健全监管和评估制度

地方政府制定和健全购买公共文化服务的监督管理与绩效评价制度，并根据实际情况及时进行修订，以确保服务效果达到预期目的。绩效评价实施方案包括绩效评价对象、评价方式和内容、评价程序、评价结果和运用及评价指标体系；监督管理办法包括监督管理的主体、监管职责、监管方式、监管内容、违法违规行为、处理方式等内容。

第二节　强化政府的保障责任[①]

政府责任，即基层政府在购买基本公共文化服务中必须履行的职能和在保障群众基本文化权益时必须履行的义务。[②]近年来，我国先后颁布《中华人民共和国公共文化服务保障法》《中华人民共和国公共图书馆法》等法律，通过立法的方式进一步强化政府在公共文化服务体系建设中的主导作用，明确政府购买公共文化服务项目的经费预算、监督考核、公共参与等职责，为实现民众的基本文化权益提供有力保障，从而使政府成为公共文化服务项目的"服务买家"和"精明买家"[③]。

一、财政资金的保障责任

财政资金的保障是政府购买图书馆服务进程中的基石，因此，政府对于购买资金的投入不能有"甩包袱""撤摊子"的错误思想，政府应树立服务型政府和公共服务财政理念，政府职能应积极由管理型向服务型转变，建立制度对经费投入进行持续的规范和保障。

[①] 本节内容参见：易斌，葛琳琳，黄华彩，等. 我国政府购买图书馆服务的责任缺失及应对策略［J］. 图书馆建设，2018（5）：90-94，101.
[②] 李敏. 基层政府在购买基本公共文化服务中的责任研究［D］. 重庆：西南政法大学，2016：13.
[③] 公共图书馆服务提供过程中，政府责任体现在两个方面：一方面是保障民众的基本阅读文化权益，解决好"买什么""向谁买""怎么买"的问题，政府成为"服务买家"；另一方面是履行图书馆服务外包的经费测算、监督管理和绩效考核，解决好"买得值不值"的问题，政府成为"精明买家"。

（一）加大财政购买经费投入力度

公共文化服务的财政购买总额取决于我国对文化事业的财政投入力度。我国在"十三五"期间基本建成现代公共文化服务体系，政府应该提供与社会文化服务需求相适应的财政投入，确保我国文化事业的良性发展。加大文化事业资金投入力度主要有两项举措：一是提高文化事业费占财政支出总比例。我国文化事业费占财政总支出的比例多年来控制在 0.4% 左右（图 4-1），对此，一些学者根据我国国情提出文化投入的具体标准设想。例如，吴理财提出全国文化事业费占国家财政支出的比重至少达到 0.5%；[①] 王列生等提出到 2020 年该比例应该提高到 1.5%；[②] 张启春等认为到 2020 年应将 1% 作为基本公共文化服务的财政最低保障比例。[③] 随着经济社会的持续发展，为满足人们不断提升的公共文化服务需求，我国逐步提高文化事业财政保障标准已成为必然之举。二是地方政府对公共文化建设的财政投入要确保一定的增幅。由于绝大部分地方政府的公共文化投入滞后于财政收入增长，2011 年中共中央在《关于深化文化体制改革推动社会主义文化大发展大繁荣若干重大问题的决定》中，对各级政府明确提出"保证公共财政对文化建设投入的增长幅度高于财政经常性收入增长幅度，提高文化支出占财政支出比例"，但由于政策的权威性、强制性不够，各地各级政府大多都没有完成该目标要求。[④] 因此，国家应出台权威性的法律规定，确定文化事业费在财政支出中的比例及文化事业费投入增长率等保障性指标。

[①] 吴理财. 非均等化的农村文化服务及其改进对策[J]. 华中师范大学学报（人文社会科学版），2008（3）：10-17.
[②] 王列生，郭全中，肖庆. 国家公共文化服务体系论[M]. 北京：文化艺术出版社，2009：197.
[③] 张启春，李淑芳. 基本公共文化服务财政保障模式[J]. 湘潭大学学报（哲学社会科学版），2014（4）：13-16，27.
[④] 吴高，韦楠华. 公共文化财政投入现状、问题及对策研究[J]. 图书与情报，2018（2）：54-66，108.

（二）合理测算外包费用

政府购买公共图书馆运营服务能够在一定程度上缓解政府财政压力，但这并不代表政府可以减少公共文化服务的财政投入，服务外包的着眼点应是提高图书馆服务效能，满足群众日益增长的阅读需求。因此，政府要根据本地区的服务人口、工资标准、图书馆馆舍面积、馆藏和外包范围等，合理测算外包费用[①]，同时，对每个预算项目进行明确说明，避免以后的费用纠纷，如表6-1所示。外包费用测算办法可采用微利法，即根据社会平均成本加上承接方的合理利润来确定，合理利润可控制在6%~10%。这可以兼顾政府、承接方的经济利益需求，最大限度避免承接方因运营资金不足而导致服务供给数量不足、质量下降，或者承接方为了弥补经营损失而千方百计设定一些不必要的收费项目。例如，读者借阅图书需要有偿办理会员卡、承接方举办培训班收取超过成本的费用，以及对某些书刊和影像制品实行付费租借，这些行为容易导致图书馆服务公益性的丧失。在提供与群众服务需求相适应的财政投入基础上，政府要根据承接方提供的服务内容与质量合理调整购买价格，建立可持续的财政支持机制。

表6-1　2014年政府购买某街道图书馆运营服务的经费预算

序号	预算项目	经费预算/元
一	人力资源	73729.68
1.1	工资	48000
1.2	社会保险费	11809.68
1.3	住房公积金	4320
2	劳务费	0
3	福利费	0
4	志愿者	9600
5	其他经费	0

---

① 外包费用包括员工工资（含奖金、福利、五险一金）、开展活动支出、办公费用、业务培训、设备维护及合理利润。

续表

序号	预算项目	经费预算/元
二	日常管理成本	9400
1	办公费	1200
2	交通费	0
3.1	固定话费	0
3.2	网费	0
4	话费补贴	0
5	快递费	0
6	社区关系维护	0
7	培训费	0
8	水电费	0
9	租金及物业费	0
10	主题活动	8200
11	其他经费	0
总计		83129.68

（三）保障政府购买资金纳入财政预算

政府购买图书馆运营服务所需资金在既有财政预算安排中统筹考虑，可有效保障图书馆社会化运营的持续发展。实施措施包括：第一，各级地方政府购买图书馆服务的财政资金应按照预算管理要求，在部门预算安排的公用经费或经批准的专项经费中统筹安排，实现购买资金的专款专用，保障足够的资金来源及合理支出。例如，2015年，山东省面向社会组织购买公共文化服务，省级率先开始编制政府购买服务预算，强化资金管理，改变过去将资金直接拨付给单位使用的方式。[①] 第二，我国应加快修改《中华人民共和国预算法》的进程，将政府购买公共服务的经费在现有的政府预算项目下单独列项，这

---

① 山东各级财政加大购买公共文化服务力度［EB/OL］.（2015-07-21）［2019-05-30］. http://china.huanqiu.com/hot/2015-07/7062119.html.

将有利于政府购买公共服务的推进和开展。[①] 第三，由于采购图书馆运营服务项目具有价格变化幅度小、群众需求相对固定的特性，政府在保证年度预算资金的前提下，尽可能签订 3 年履行期限的政府购买合同。在服务合同期满后，政府应优先在下一年度的财政预算中预留购买经费，并建立资金使用的动态调整机制，以保证服务的稳定性和延续性。

二、运行管理的保障责任

（一）购买程序的科学规范责任

政府要使购买的图书馆服务符合民众的文化需求，达到服务的有效供给，需要在以下环节做到措施得力、合理规范。

1. 科学选择购买的项目，履行政府购买的主体权限

一是明确适合社会化服务的项目。政府应尽快出台《政府购买图书馆服务项目目录》，合理界定政府购买公共图书馆服务范围，因为并不是所有的图书馆服务项目都适合社会化，对于那些专业性要求较强的项目就不适合向社会力量购买，应由政府直接提供，如科技查新、古籍整理、定题服务、大型公共图书馆的运营管理。二是深入了解民众的需求。广大民众是公共图书馆服务的唯一对象和直接受益者，因此，购买服务前要通过走访调研了解图书馆办馆效益、民众的需求及对文化服务的满意度。如果政府运行的公共图书馆不能满足民众的信息需求，政府可在参照公共图书馆评估标准的基础上，拟定向社会力量购买的公共图书馆运营服务项目。三是明确政府购买的服务项目。政府部门将收集到的图书馆服务项目需求按照"少数服从多数的原则"进行评审，以形成政府购买服务的正式项目。项目评审时，应提高公众的参与度，非政府人员应占评审组人数的 2/3 以上，包括图书馆学专家、服务覆盖地的热心群众、社会组织精英、新闻舆论等各界代表。四是履行政

[①] 王浦劬，Jude Howell，等. 政府向社会力量购买公共服务发展研究［M］. 北京：北京大学出版社，2016：206.

府购买的主体权限。由于公共图书馆不属于政府购买服务的购买主体，不能直接面向社会采购公共文化服务和产品，现实中，文化主管部门又往往不愿以自己的名义购买图书馆服务。为避免此尴尬情形，政府部门应克服怕担责任、怕冒风险的思想，不能将购买主体权限推给图书馆，而应当直接履行购买主体职责或书面委托图书馆成为购买主体。通过书面委托书，政府授权图书馆在购买服务合同上签字盖章，购买合同的法律风险则由委托人和授权人（即政府文化主管部门）承担。

2. 规范项目的招投标程序

一个完整的政府购买招投标程序包括编制和公开招标文件、项目的投标评标和定标、正式签订购买合同等重要环节。在实施过程中政府部门应注意的事项包括：一是科学编制招标文件。招标文件的编制质量决定了整个招投标工作及图书馆社会化运营的成败。以公开招标为例，合格的招标文件包括采购项目概述、服务要求、供应商资格条件、采购清单及技术参数、商务要求、评标办法及评分标准、政府采购程序、采购合同（草稿）等内容。为促进小微企业和社会组织的发展，购买方应针对其服务给予6%~10%的价格扣除，用扣除后的价格参与评审。为承接方更好地了解图书馆外包期间的要求，招标文件应具体载明业务监管方式、运营服务指标及考核实施细则。为保持馆员队伍的相对稳定性，促使承接方加强馆员队伍建设，在招标文件中可限制管理岗位和核心岗位人员的流动率，如北京市海淀区图书馆的招标文件就对此有明确的规定和违约处罚[1]。二是规范市场准入制度。在经济、社会转型期，政府将项目自行交给与其有隶属关系或利益关系的机构，这会直接影响图书馆服务的质量，也使政府遭遇信任危机。因此，政府购买的公共图书馆服务项目应向符合承接条件的各类型社会力量开放，除非一些涉及

---

[1] 北京市海淀区北部文化中心图书馆在2019年服务外包招标文件中规定："乙方应保持员工队伍稳定，每年中层以上（包括执行馆长、副馆长、部门主任等）员工及核心岗位员工（包括活动宣传策划、业务管理、参考咨询、阅读推广等岗位）更换比例不得超出上述岗位人员的30%。"如乙方违反该条款，甲方"有权责令其限期整改。在规定的期限内仍未整改达标的，每迟延1日，向甲方支付服务费总额0.5%的违约金。超过一个月未完成的，甲方有权解除合同。"

保密的资料。三是科学选择购买方式。如果市场主体较为成熟，政府为了实现服务效益和服务效果的帕累托最佳，应通过比较各方的报价、资质、信誉、服务等向社会公开招投标。在市场发育不完善的情况下，政府也可采用非竞争方式来选择自己熟悉并有良好社会声誉的社会组织来承接服务，以此来降低购买风险，减少公开竞争的不确定性。[①]四是规范服务购买合同的条款。合同内容的制定依据是政府部门的招标文件和承接方的投标书，合同条款应做到完整、科学、合理。政府在合同中要明确购买图书馆服务的内容、要求、期限、数量、质量、价格、验收方式、双方权利和义务、付款方式和违约责任，以更好地规范承接方的运营行为。同时，为了防止合同各方产生异议和纠纷，政府可在服务合同后附上有关附件，内容包括图书馆的岗位职责与任职条件、服务标准与规范、考核实施细则等。

3. 防范项目转包行为的发生

运营服务转包现象在图书馆领域虽属少见，但购买方仍应防微杜渐，采取多种措施提高投标方的违法机会成本，促使其注重诚信经营。一是在评标办法中设置信用标部分。将诚信信息纳入招标评标办法中，投标方如以前有围标、串标、挂靠、转包等违规行为都会影响信用标的得分。二是在招标文件、服务合同中明确规定该项目不得转包和分包，并对出现的违规行为施行经济处罚、终止合同等措施。三是政府要加强对承接方人员的监管。政府应对照合同中有关拟派人员的规定，对实际工作人员进行数量和资格的核实，检查公司的劳动合同签订与五险一金的购买情况，使员工的生活、工作有保障。四是政府如果对承接方的工作不满意，或者承接方因自身原因不想继续运营，政府部门要及时终止合同，另行组织招投标工作，而不是对承接方的转让行为采取默许的同意态度。

（二）购买项目的监督考核责任

政府加强对购买公共图书馆运营服务的监督考核是保证项目按照合同履

---

① 易斌，郭华，易艳. 政府购买公共图书馆运营服务的内涵、模式及其发展趋向［J］. 图书馆，2016（1）：19–24.

约、项目预定目标落实到位的重要环节。根据监管对象，政府的监管责任分为以下两种。

1. 对政府工作人员进行监管

监管的途径主要包括：一是加强社会的监督。政府积极发挥媒体、舆论和群众对相关政府人员的监督作用，畅通沟通、投诉渠道，将政府人员的权力置于阳光之下，有效规范政府的行为。二是加强职业道德素养。制定相关政府工作人员的职业道德准则和岗位规范，为其从事购买项目工作提供科学的行为标准；通过宣传教育、业务培训、参观学习等有效途径，提高工作人员的职业道德情操和责任感，防范权力寻租、滋生腐败的风险。三是建立责任追究制度。政府根据购买项目的绩效评估结果，对于不履行职责的工作人员进行行政问责，保证政府监管职能的履行。同时，明确问责的对象不仅包括该项目的政府主管部门决策者、执行者，还包括负有监督职责的财政、审计等相关部门工作人员；明确问责的范围不仅包括执行者的直接责任，还包括相关部门领导的间接责任，使责任的追究更加全面。

2. 对服务承接方进行监管

政府强化对承接方的监管和调控手段，保障图书馆服务提供的质量和效果。承担监管职责的政府部门不仅包括公共图书馆的主管部门，而且包括财政部门、民政部门、人力资源和社会保障部门等；公共图书馆政府主管部门不仅要勤于调研、全面了解承接方整个项目的运营计划、效果和财政资金的使用情况，而且要发挥社会群众、新闻媒体、行业协会、第三方机构的监督作用，随时监督、及时反馈承接方的服务情况，控制图书馆运营风险的发生。具体措施见本章第四节。

（三）信息的公开透明责任

"阳光是最好的防腐剂。"信息的公开透明是提高公众参与度、增加服务竞争的公平性、提升财政资金使用绩效的保障，因此，对社会全方位公开信息和拓宽信息公开的渠道应贯穿政府购买服务工作的各环节。对社会全方位公开信息的对象包括民众、投标者和承接方。

1. 对社会全方位公开信息

（1）对民众的信息公开。在公共图书馆运营社会化过程中，政府应采取的措施包括：第一，政府要及时向民众公开购买计划的相关信息，调动民众参与政府事务的积极性，让民众及时向政府反馈对政府购买计划的意见，同时提出自己的服务需求，为政府的购买方案提供依据和参考。第二，政府购买服务的决策依据和经费预算应当科学合理，详细列出人员经费、办公经费、会议费、馆舍运营费、业务活动支出、税金及利润等各项费用的开支测算，并向社会公开接受监督。第三，政府要向民众公布项目的购买方案、评标过程、竞标结果、服务方式、服务内容和服务质量，让民众最大限度地参与进来，以选出最适合的供应商承担服务；同时，民众能够更好地监督图书馆服务的生产和供给，防止承接方隐瞒真实信息。

（2）对投标者的信息公开。政府公开服务项目的购买信息，包括政府购买内容、购买方式、承接主体的资质、购买服务资金预算及其指标（标底）、合同期限、招投标程序、绩效评价等，信息的发布要确保准确、及时，让投标者及时了解政府部门的政策动态和掌握更准确的招标信息，以便投标者有针对性地参与服务项目的竞争，加强投标者与政府部门的合作意识。[①]

（3）对承接方的信息公开。政府和承接方本着互相信任、真诚的态度才能进行良好的合作。政府部门要避免居高临下的姿态，以合作者的身份及时向承接方提供图书馆服务的客观环境、读者需求、监督管理方式、绩效评价体系等真实信息情况，为承接方如期完成项目打下良好的基础。

2. 拓宽信息公开的渠道

政府不仅要扩大信息公开的对象和内容，而且应拓宽信息公开的渠道，利用传统媒介（如报纸、广播、电视、信息公开栏、信息显示屏、信息公开热线），以及运用新媒体（如政府门户网站、微信、微博、手机App）等多种宣传途径向公众发布购买服务的内容、途径、监管、考核等信息。

---

① 麻翠翠. 善治视角下公共服务外包中政府责任研究［D］. 长春：吉林大学，2016：30.

三、公民参与的保障责任

为保障公民的文化权益，提高公共文化服务多元供给效率，政府要积极构建科学合理的公民参与机制，充分发挥公民的知情权、表达权和监督权在社会事务管理中的参与作用。

（一）提升公民参与意愿和能力

为提高公民在公共文化服务中的参与度，充分表达意愿，提高公共文化服务供需的精准度，应重视公民参与意识和参与能力的提升。一是增强公民的参与意识。政府要消除"官本位"思想，重视公民的参与权，积极引导公民树立公共服务中的主体意识、公共意识，并通过多种方式鼓励公民参与。例如，通过政策保障、政府宣传、社团引导、骨干带头，让公民愿意表达；采用民意调查、建议箱、网络留言等措施，让公民敢于表达；通过公示购买项目、召开听证会来回应公众需求，让公民积极表达。二是提升公众参与能力。公共政策的参与具有一定的专业性和复杂性，政府要加大开展普法宣传、政策宣讲、行为引导和知识培训力度，让公众了解公共政策供给的行为准则和法律法规，增强公民对公共文化设施的利用能力和运营管理的监督评价能力[①]，提升公民与政府、社会机构的沟通技巧，维护公民的基本文化权利和公共利益。

（二）拓宽公民参与的途径

公民积极参与公共图书馆社会化运营全过程的途径分为两部分：一是政府购买环节的公民参与途径。政府购买环节包括购买项目的选择、承接方的选择、服务流程和标准、监督管理和验收评价等，都与公民的需求息息相关。政府在购买决策阶段，设立公众文化需求收集环节，并实行购买价格、供应商资质、招投标方式等信息的公共文化服务听证制度，让公众真正享有

[①] 金莹. 基层政府购买公共文化服务的理论与实践 [M]. 武汉：武汉大学出版社，2017：224.

知情权和发言权；在图书馆运营期间，政府通过设立读者监督岗、召开读者恳谈会、开展问卷调查、吸收读者参与考核评价委员会等，将读者的评价结果与承接方的运行效益挂钩，真正尊重民意，避免政府购买出现"形象工程""政绩工程"。二是承接方运营过程的公民参与途径。如果没有合同的约束，承接方缺乏主动征求读者意见的驱动力，因此，政府要在承接方的运行合同中、评估指标中注重公众参与程度的内容制定，使承接方在文献资源建设、馆藏布局、活动安排等方面充分听取读者的权益和需求表达。例如，图书馆开展"你购书、我买单"活动，让读者体验自己采购图书的乐趣，激发读者的阅读热情；又如，图书馆各项活动引入更多的"互联网+"思维和大数据，通过社区居民的"点单""用户定制""用户体验"，更精确地瞄准社区居民的文化需求和需要。①

第三节　明晰政府购买的适用性

政府对公共图书馆运营管理模式进行创新的同时，需要树立正确的发展理念，科学抉择外包事项，需要对政府购买公共图书馆运营服务的适用性进行研究和探讨，包括：什么类型的公共图书馆适合由社会力量运营？政府购买公共图书馆运营服务的内容如何选择？适合运营公共图书馆的社会力量是何种类型？如何选择公共图书馆运营服务的购买类型和方式？只有科学厘清这些问题，才能为政府购买图书馆运营服务提供经验和借鉴，从而充分发挥图书馆社会化运营的优势，达到政府、社会力量和读者三方共赢的目的。

---

① 魏后凯，等. 基层公共文化设施建设和管理研究［M］. 北京：中国社会科学出版社，2017：215.

一、购买对象的适用性

（一）购买对象的特征

总结我国政府购买公共图书馆运营服务的现实案例可以发现，购买对象一般具备以下特征。

1. 基层图书馆，规模不大

基层图书馆包括县（区）、街道（乡镇）、社区（街道级）图书馆，其藏书规模、馆舍面积普遍都不大。例如，北京市朝阳区朝外街道图书馆面积 230 多平方米，馆藏图书 2.4 万册，期刊 60 种，报纸 20 种；无锡市无锡高新区图书馆面积 2500 平方米，馆藏图书 9.5 万册，报纸 40 种，期刊 250 种。[1] 由于这些基层图书馆的主要工作是日常开放、书刊借阅和阅读推广活动，服务层次不高，并且其藏书规模、馆舍面积都不大，服务范围不广，这对承接方的业务知识和经营规模没有太高的要求。再加上基层图书馆普遍存在机构设置和增加编制困难、专业人才匮乏等问题，这些特点决定了基层图书馆适合社会化运营。[2]

2. 不存在人员安置问题，没有"历史包袱"

这包括两种情况：一是该地区原来没有公共图书馆，政府通过财政投入建设公共图书馆，建成后将图书馆外包给社会力量运营。由于是新建馆，自然不存在人员安置问题。二是该地区原来建有公共图书馆，经过扩建、重建以后，新馆的馆舍面积、空间环境等大为改善，但人员编制并没有相应增加，原有人员在外包前已得到安置。例如，北京市朝阳区朝外街道为迎接公共文化服务示范区的创建，将朝外街道图书馆经过重新改造、重新装修后对外托管，托管前只有两名临时工作人员管理图书馆，不存在编制内人员的安

---

[1] 薛海燕，陈莹莹. 政府买来的图书馆 [N]. 经济日报，2014-02-13 (D8).
[2] 易斌，郭华. 政府购买图书馆运营管理服务的比较研究——以北京市朝外地区和无锡市无锡新区为例 [J]. 情报资料工作，2015 (2)：73-77.

置问题。又如，成都市武侯区图书馆老馆当时有三名编制内的工作人员，图书馆社会化运营时，这三人的去留是一人（馆长）留任、一人回区文体局、一人回区机关事务管理局。实践中，这些运营服务外包的公共图书馆普遍没有人、财、物的"历史包袱"，在编人员安置问题得到妥善解决，因此，承接方能轻装上阵，集中精力来运营和管理公共图书馆。①

（二）适用情况分析

首先，适合社会力量管理和运营的对象是基层图书馆，尤其是新建的基层图书馆。不适合社会力量运营的对象是规模较大、服务层次较高的图书馆，包括国家图书馆、省级公共图书馆及高校图书馆，因为这些图书馆承担的社会职能比较多，并且机构庞大、人事复杂，如果在较短时间内实现彻底的管理模式创新和改革，困难比较大，并会降低其专业化程度。②例如，省级公共图书馆是学术性研究型机构，不仅要为全省的政府决策、经济文化建设、文献资源开发等提供高端的信息咨询服务，而且是全省文献资源保障、馆际协作与协调、图书馆学研究和业务培训的中心，这些工作职责与职能定位决定了社会力量尚无能力运营和管理省级图书馆。

其次，不是所有的新建基层图书馆都适合社会化运营。如果基层图书馆既有财政经费保障，办馆效能不错，能满足群众的文化需求，又不存在事业编制匮乏、工作人员严重不足的情形，那么，这些公共图书馆没有实行社会化运营的必要性。

最后，设区市图书馆是否适合社会化运营，有待于实践的检验。设区市图书馆的工作任务不仅要满足本区域内群众的阅读需要，而且要统筹协调并开展区域内各级各类图书馆文献资源的共建共享，发挥在参考研究和文献开发中的作用，为本地区的经济建设、文化建设、科学研究和党政决策提供深

---

① 易斌，郭华. 政府购买图书馆运营管理服务的比较研究——以北京市朝外地区和无锡市无锡新区为例［J］. 情报资料工作，2015（2）：73-77.
② 关思思. 政府购买公共图书馆服务的适用性研究［J］. 图书馆建设，2015（7）：4-9.

层次服务。① 与基层图书馆相比较，设区市图书馆提供服务的专业性要求更高、社会力量运营的难度更大，政府对承接方的评价难度也更大。例如，政府如何科学评价承接方在古籍保护、地方文献库建设、定题服务、学术研究、传播推广先进技术、基层人员专业培训等方面的办馆效能，就是一个棘手的问题。因此，地方政府对是否购买设区市图书馆运营服务应慎重考虑、详细论证。目前，我国只有数量很少的设区市图书馆开始探索社会化运营之路，由于这些公共图书馆多为新建馆，运营时间也不长，服务效果尚不明朗，有待时间的检验。例如，安徽省滁州市图书馆由安徽华博胜讯信息科技股份有限公司运营，开馆时间为2019年5月；河北省衡水市图书馆由北京艾迪讯智慧科技有限公司运营，开馆时间为2018年7月。

二、购买内容的适用性

我国虽然将公共图书馆的运营和管理列入《政府向社会力量购买公共文化服务指导性目录》中，但各级政府都没有出台相应的政策文件对公共图书馆运营服务的具体内容进行规范或指导。公共图书馆运营服务的全部内容包括图书馆的管理、服务和后勤保障。管理包括行政管理、业务管理、人员管理等；服务包括文献资源采编、书刊借阅、活动开展、参考咨询、馆际互借、设施维护、新媒体运营等；后勤保障包括安全保卫、清洁卫生及绿化养护、水电维护、网络和通信运行等。公共图书馆运营服务购买是否需要购买全部的内容，如果不需要购买全部内容，那么哪些业务和管理应当由政府保留下来，或者自行承担和运营，或者另行对外采购，这应根据该项业务或管理的职责、专业程度、读者需求等进行确定。

（一）应纳入政府购买范围的内容

政府购买的内容应该包括以下部分，否则，就不是图书馆运营服务购

---

① 黄戬. 浅谈地方各级公共图书馆的工作定位［J］. 科技致富向导，2012（2）：376，400.

买，而是图书馆服务的部分购买。一是管理工作。管理工作包括图书馆行政事务管理、业务工作的设计安排及馆员的建设和发展等，只有承接方承担图书馆具体事务的管理责任，才能发挥其管理成本低、工作效能高的优势，理顺图书馆管理和业务工作关系，通过加强管理促进业务工作能力的提高，防止管理工作和业务工作两张皮，互相扯皮、相互割裂。二是书刊借阅。书刊借阅是基层图书馆工作的一项主要服务内容，它属于基础性的服务窗口及基础加工，技术含量不高，属事务性管理服务，政府购买后，由于承接方用人机制的灵活性，可以更好地调动馆员的工作积极性，提高服务的质量和效率。三是读者活动。基层图书馆要根据辖区内不同年龄、不同层次的人群举办丰富多彩的主题读书、讲座、展览、沙龙、故事会、手工活动、技能培训等活动，由于承接方本身的特长在于拥有开展各种活动的经验和人才，并且可以适时引进急需的专业技术人才，对承接读者活动有先天优势。

（二）不应纳入政府购买范围的内容

政府购买图书馆运营服务的范围不应包括下列内容：一是馆长职位。政府为加强与承接方的沟通交流和监督管理，馆长一职应当由公共图书馆的公职人员担任。馆长的职责包括两方面：一方面，对承接方提供的服务计划和方案进行审查、批准，并且对承接方的日常运营、工作进度与服务质量进行监督和检查；另一方面，馆长还要思考本馆的发展规划、技术标准的设立等重大事项。因此，馆长职责的履行是承接方无法胜任和取代的，它对于项目外包的成败有着至关重要的作用。二是文献资源采购。文献资源包括图书、报刊和数据库等，文献资源的采购应由政府另行组织招标采购，形成文献采购和运营服务相分离的方式，而不适宜由图书馆运营方承接文献采购，否则，在缺乏政府对文献采购的必要监督情形下，文献资源质量的好坏将完全取决于运营方的自律。合理的采购模式见第五章第一节"个案的分析"。三是后勤保障。后勤保障如果由图书馆运营方承接，一方面，将牵扯承接方大量的时间和精力，图书馆运营效能将受到影响；另一方面，为获取更多的商业利润，承接方可能压缩后勤保障开支，减少办馆成本，给读者的阅读体验带来不良影响。因此，对与公共图书馆专业工作关联性弱的安全保卫、水电、网络、物业、房屋维修等费用，应由政府直接支出或另行组织招投标外包。①

三、承接主体的适用性

我国政府购买公共图书馆运营服务的承接主体主要是文化类、科技类公司和社会组织，由于它们各自具有不同的运营特点和优势，所以不同层级、不同规模的公共图书馆适合的承接方也有差异。

（一）县（区）级图书馆适合公司运营

20 世纪 90 年代，我国开始出现图书馆业务外包的实践，如图书采编、加工和上架，随后，业务外包范围不断拓展，流通阅览、数字化加工、软件开发、自动化设施维护、自建数据库建设等业务纷纷走向市场，一些图书供应商和信息技术公司察觉到图书馆存在的巨大商机，在加强与图书馆业务往来的同时，不断加强自身能力建设。同时，县（区）级图书馆不仅服务人群数量众多，读者服务活动开展的数量和种类丰富，而且重视 RFID、自助借还、网络服务、数字资源建设等现代科技的运用，因此，政府对承接方的管理协调能力、运营资金的垫付能力、复合型人才队伍建设等都有较高要求。文化类、科技类公司熟悉图书馆业务，并具有较强的管理能力、技术优势和资金实力，符合政府选择承接方的条件要求，因此，这些文化类、科技类公司对县（区）级图书馆的运营有着天然的优势。例如，艾迪讯电子科技（无锡）有限公司的母公司——艾迪讯科技股份有限公司有多年的图书馆经营管理经验，并且擅长 RFID、安全监测信息科技领域，以此为优势，艾迪讯电子科技（无锡）有限公司承接了无锡市无锡高新区、贵阳市南明区、芜湖市

---

① 易斌. 公共图书馆整体外包模式的现实困境与策略选择［J］. 国家图书馆学刊，2017（4）：42–48.

镜湖区、成都市武侯区、北京市海淀区北部文化中心等多家县（区）级图书馆的运营和管理。

（二）街道（乡镇）图书馆适合社会组织运营

对于街道（乡镇）图书馆的社会化运营，社会组织作为承接方有着天然的优势，更容易获得政府的青睐和信任。原因如下：一是社会组织更贴近基层。作为志愿性组织，社会组织的工作人员多来自本辖区内居民，他们有双重身份，既是服务的提供者，也是服务的受益者，对社会公众的需求有畅通的信息渠道，因此，社会组织更熟悉和了解社区居民的特点和需求，能比其他市场主体更灵敏地捕捉到居民服务需求的变化信息。[①] 二是社会组织目前规模相对较小，服务项目较单一，服务对象较狭窄，为了自身的生存发展，他们往往将专业服务能力放在第一位，如活跃在公共文化服务领域的亲子阅读组织、民间文艺团体。三是社会组织在经营成本、服务效率和机制灵活性方面，比公司、企业更具低成本、高效率和灵活多变的优势。四是街道（乡镇）图书馆具有规模小、馆员少、传统服务多、活动类型单一等特点，大多以少年儿童、老年人为主要服务对象开展手工、讲座、培训和故事会等活动，这和社会组织具有的运营优势契合度高。

（三）社会组织将成为社会力量运营公共图书馆的主力军

企业经营的目的是获取更多利润进行分配，当企业利润受到影响时，很可能会减少图书馆的服务项目或降低服务质量，从而带来图书馆的运营风险，这是国内外图书馆界最为担心的。[②] 作为承接方的事业单位主要是指划为公益二类的高校图书馆、科研单位图书馆。事业单位不以营利为目的，不以经济利益的获取为回报，依法取得的经营性收入用于公益事业发展，但事

---

① 郭华，葛琳琳，易斌. 社会组织参与政府购买图书馆服务研究［J］. 国家图书馆学刊，2018（1）：40-47.
② 易斌，郭华. 政府购买图书馆运营管理服务的比较研究——以北京市朝外地区和无锡市无锡新区为例［J］. 情报资料工作，2015（2）：73-77.

业单位长期依赖于财政拨款生存，作为体制内的机构，存在着管理机制不灵活、激励机制不完善、市场竞争环境不适应的问题，虽具有较强的专业能力，但事业单位运营公共图书馆存在财政成本高、自身积极性缺乏的因素，致使现实中缺乏公益二类事业单位成为图书馆运营服务承接方的案例。当前，我国社会组织特别是文化类社会组织的发展尚处于起步阶段，随着政府部门"由上而下"的强力推动，地方政府纷纷出台措施鼓励、扶持社会组织的发展，社会组织的经营规模、管理能力、专业实力不断增强，尤其是社会组织不以营利为目的，不分配剩余利润，不能将组织资产转化为私人资产，对公益性很强的公共图书馆服务项目能够做到公平与效率兼顾，因此，社会组织尤其是其"领军人物"在承接服务时更值得信赖，是将来政府购买公共图书馆运营服务更为合适的供给主体。

四、购买方式的适用性

政府选择图书馆服务承接方的方式有竞争性购买和非竞争性购买两种。竞争性购买方式包括公开招标、邀请招标、竞争性谈判等，非竞争性购买方式包括单一来源采购、询价、直接资助等。不能简单地说哪种购买方式更好或更差，不同的购买方式适用于不同的购买环境、购买服务类型。

（一）非竞争性购买方式的选择

在承接方市场发育不完善或标的金额不大（如街道图书馆的外包）的情况下，政府通常偏向于选择有专业优势、良好社会声誉，或以前有良好的合作基础，自己熟悉了解的社会机构，通过非竞争性方式购买其运营服务，以降低购买风险，减少公开竞争的不确定性。例如，2013年北京市朝阳区朝外街道图书馆的外包费用预算约为8万元，政府决定通过单一来源方式选择合作者，朝阳区政府在对北京市民间阅读组织充分调研的基础上，最终选择了曾和政府有着良好合作关系的悠贝亲子图书馆。

(二)竞争性购买方式的选择

伴随着我国公共文化服务领域市场化开放程度的提高,能提供图书馆运营服务整体解决方案的公司、社团不断增多,在市场竞争充分、公开招标的条件和时机具备时,应首选竞争性购买,这也是以后政府购买图书馆服务应当提倡和推广的。尤其县(区)级图书馆的运营外包服务费用金额较大、管理水平要求较高,往往适合以竞争性方式进行购买,且通过购买获得的公共服务绩效普遍好于其他方式。另外,竞争性购买方式的选择与服务项目的购买预算金额密切相关。财政部规定政府购买公共服务项目,单项购买金额达到200万元以上的,必须采用公开招标方式[①],各地方政府对此予以进一步的规定。例如,2017年辽宁省政府规定服务项目公开招标的限额标准为:省本级、市级200万元,县(区)级100万元。[②]因此,是否达到采购限额是图书馆运营服务购买方式适用性必须考虑的一个重要因素。

需要注意的是,政府不能为了树立所谓的"政绩"和"业绩",而受低价的诱惑来选择承接方。在公开招投标时,有的投标方为了竞标成功,往往打出不合实际的低价策略,但在实际经营过程中却难以为继或弄虚作假。因此,政府要根据提升效能、群众受益的公共服务购买原则,对投标方的信誉、服务团队、服务能力、管理经验、运营方案、投标价格、已有案例等内容进行全面考察和综合评定,从而慎重选择最合适的竞标者。[③]

五、购买类型的适用性

政府购买公共图书馆运营服务类型一般有合同外包和公私合作两种,至

---

① 财政部关于中央预算单位政府集中采购目录及标准有关问题的通知[EB/OL].(2019-01-09)[2019-07-23]. http://www.ccgp.gov.cn/zcfg/mof/201901/t20190109_11494296.htm.
② 2018—2019年度辽宁省政府集中采购目录及采购限额标准[EB/OL].(2018-03-22)[2019-07-23]. http://www.ccgp.gov.cn/cgml/df/201803/t20180322_9689249.htm.
③ 易斌,郭华,易艳. 政府购买公共图书馆运营服务的内涵、模式及其发展趋向[J]. 图书馆,2016(1):19-24.

于采用哪种购买类型,应该综合考虑当地的实际情况和民众的阅读需求而灵活运用。

(一)合同外包的选择

地方政府如果有财力承担图书馆的馆舍建设、文献和设备配置及运营服务外包费用,而且有能力对图书馆运行进行全流程的监管和考核,那么对于服务受益者众多、服务要求广泛、质量标准明确的公共图书馆运营服务购买,可以采用合同外包类型。实践中,我国地方政府大多采用该类型购买公共图书馆运营服务,尤其是县(区)级以上公共图书馆,其作为区域中心馆,承担着该区域众多民众的多层次、多样化阅读服务需求及总分馆制建设的重任,政府为了更好地加强图书馆的监管,发挥图书馆的职能作用,无一例外对县(区)级以上公共图书馆采用了合同外包的购买类型。

(二)公私合作的选择

该类型主要应用于街道(乡镇)、社区图书馆。为解决地方财政困难,保障公民的阅读权益,基层政府常通过公办民助的方式引入社会力量运营管理街道社区图书馆[1],在实践中主要有BOT(建设-经营-移交)和BTO(建设-转让-经营)两种运营模式。在图书馆基础设施或者软硬件资源的资金投入量非常大的情形下,如果政府财力有限,短时间内无法承担这笔费用,可以考虑公私合作的BOT模式,如新塘镇图书馆的运营服务外包;对于公共图书馆的规模不大、受益者范围明确、服务内容较简单的购买,可以采取公私合作的BTO模式,如政府机构和社会组织合作运营的北京市西城区广安门内街道图书馆和东城区体育馆路街道中英文少儿图书馆。

---

[1] 杨松,孟兰. 北京西城区:打造城市公共阅读空间的创新实践[J]. 国家图书馆学刊,2015(4):3-8.

第四节　健全监督管理机制

政府购买公共图书馆运营服务往往意味着参与主体的多元化和供给过程的复杂化，构建政府部门、服务对象、社会公众、新闻媒体和第三方机构在内的监管主体，以及政府部门和承接方为监管对象的监督管理机制，是提高图书馆服务成效、避免公共财政浪费和提升群众满意度的有力保障。健全监督管理机制包括三个方面，即政府部门自身的内部监督、政府部门对承接方的监督及第三方对政府和承接方的监督。

一、加强政府部门内部的监管

政府内部的监督是指以财政部门为主，纪检、监察、审计部门为辅对文化主管部门在项目的决策、采购、履行及验收等方面的真实性、合法性进行检查和监督，督促各方当事人全面、及时履行合同义务，确保财政资金的公开、透明、规范运行，防范权钱交易和权力寻租。

（一）财政部门的监督

财政部门主要对公共图书馆运营服务的购买过程和财政资金的使用情况进行监督。其一，财政部门必须按照《政府购买服务管理办法》的规定，对公共图书馆运营服务购买项目进行审核和批准；其二，为确保购买资金的及时到位，严格执行政府采购预算编制，强化政府购买资金的公共预算管理；其三，财政部门应该根据资金流向、划拨进程、资金使用绩效等，对负责购买的职能部门行为进行监管。[1]

---

[1] 冯华艳. 政府购买公共服务研究［M］. 北京：中国政法大学出版社，2015：149.

（二）纪检监察部门的监督

纪检监察部门主要对购买交易过程是否公平公正和执行财政资金管理制度情况进行监督。监督采取线上与线下相结合，开通政府网站专栏留言、微信公众号专区、电子邮箱、电话等举报方式，及时处理涉及政府购买服务的投诉举报，查处有关部门进行利益输送的以权谋私、贪污受贿等各种违法违规行为。

（三）审计部门的监督

审计部门要重点审计政府购买服务项目经费预算执行情况、政府采购资金执行情况，并对购买项目绩效作出审计评价，防止财政专项资金的挤占、挪用、截留，确保资金的拨付及时、专款专用，提高资金的使用效率。

二、加强政府部门对承接方的监管

政府是图书馆运营社会化服务最重要的监管主体，文化主管部门是监管承接方的第一责任方，财政、民政、人力资源和社会保障等行政部门都有责任监督承接方的运营过程。

（一）图书馆主管部门的监管

文化主管部门作为具体实施图书馆运营服务购买的职能部门，对承接方的监督责任是最主要的，监督内容是全方位的，包括承接方对财政资金的使用情况、图书馆服务的计划和效果及整个项目运营情况的科学规范。

1. 委派公职人员担任馆长

由于馆长对于项目外包的成败有着至关重要的作用，因此，馆长一职应当设立专职，而不应当由文化行政部门的公务人员兼职。馆长的职责包括两方面：一方面，对承接方提供的服务计划和方案进行审查、批准，并且对承接方的日常运营、工作进度和服务质量进行监督与检查。例如，成都市武侯区文化行政部门在图书馆设专职馆长，对图书馆的运营实行全面监管政策，审查承接方报备的活动安排、收费情况，协调政府、承接方和读者三者之间的关系，发现问题及时解决。另一方面，馆长还要思考本馆的发展规划、技术标准的设立等重大事项。图书馆为读者提供永续服务，而委托合同的短时效性，决定了承接方不会考虑图书馆的长远发展目标，这只能依靠馆长对本馆的空间、资源、服务、技术等要素做好战略规划，同时对本馆的自动化、分编等标准进行统一，为今后图书馆资源共享、通借通还、总分馆服务体系、承接主体变更等工作的顺利开展奠定基础。

2. 政府工作人员不定期到图书馆明察暗访

明察暗访是对承接方工作的全面监督，它在承接方没有提前准备的情况下，更能让文化主管部门了解到图书馆日常的真实情况，更能发现图书馆存在的问题，从而提高监督检查的质量和效果。例如，芜湖市镜湖区文广新局工作人员曾在暗访中发现图书馆的网络不畅通，并且故障没有在合同规定时间内解除，政府在年终考核承接方时，该项指标就按合同规定扣了分。[①]

3. 通过管理平台实时掌握承接方的工作情况

建立公共文化服务管理系统，文化主管部门根据该管理系统随时了解图书馆日常运行的动态数据，对承接方进行日常管理和实时监督，及时掌握承接方工作任务完成进度和资金使用情况，实现过程评价和终端评价相结合，实现图书馆服务管理工作的信息化、智能化和标准化。[②]

（二）其他行政部门的监管

图书馆服务社会化的相关行政部门也应当对承接方的运营过程进行监管，以防范服务购买的风险，保障服务购买的顺利进行。监管措施包括：财政部门对承接方的财政购买资金流向进行监控管理和审查项目资金使用绩效，确保购买服务资金规范管理和合理使用；民政部门将社会组织承接政府

---

① 易斌. 公共图书馆整体外包模式的现实困境与策略选择［J］. 国家图书馆学刊，2017（4）：42-48.
② 魏后凯，等. 基层公共文化设施建设和管理研究［M］. 北京：中国社会科学出版社，2017：28.

购买服务信用记录纳入年度检查、抽查审计、评估等监管体系，促进社会组织的优胜劣汰；人力资源和社会保障部门对承接方和招聘人员签订的用工合同、实际用工情况进行检查，招聘人员的年龄、工作时间、工资待遇、社会保险等必须符合法律规定。在实践中，某区级图书馆的承接方以政府的外包费用未及时拨付、资金周转困难为由，停止或扣减馆员的工资福利长达半年之久，这给馆员的生活和政府的形象造成很大负面影响。为了防止此类事件的发生，政府部门应从中吸取经验教训，文化、财政、人力资源和社会保障主管部门平时应加强对承接方的监管，加强和馆员沟通，将不良事件消除在萌芽中。

三、加强第三方的监管

第三方监管是指读者、社会人士、媒体、行业协会和第三方机构等多元主体的监督管理，他们不仅对承接方提供的服务进行监督，而且对政府部门的购买决策、购买过程和购买考评进行全方位的监督。

（一）社会群众的监督作用

1. 听取读者的意见建议

读者作为政府购买服务项目的直接受益者，对承接方的服务质量有着切身的感受，政府有关部门应通过读者座谈会、个别访谈、调查问卷等方式，了解他们的服务需求和图书馆的服务成效，发现图书馆运营中存在的问题，及时反馈给承接方，并督促落实，从而实现读者参与监督承接方的权利。通过问题的解决，从另一侧面也会激发读者参与监督的积极性。

2. 成立读者参与的专门管理机构

读者可通过参与的联席会议、监管委员会等监督机构表达自己的意见，行使自己对承接方运营行为的评价或否决权利。例如，上海市黄浦区打浦桥街道将文化活动中心委托给社会组织进行管理和运营，街道创立联席会议制度，联席会议有极高比例的居民代表参与。联席会议每月举行一次，审定承接方的活动排片表，听取意见，实时动态监督。①

3. 邀请社会人士对承接方进行监管

社会人士主要是图书馆学领域的专家学者、本区域的知名人士等。社会人士或者具备丰富的图书馆学、公共管理等相关专业知识，能够对承接方进行专业化的监管和指导；或者具备一定的社会地位，对参与公共事务有极大的热情，能认真履行自己的监管职责。例如，芜湖市镜湖区政府将图书馆外包后，在监督机制上实行"两代表一委员制度"，邀请本区域的人大代表、党代表和政协委员各3~4人，共10人左右对图书馆的运行进行不定期监督。②

（二）外部机构的监督作用

外部机构的监督虽不同于服务受众对承接方的全方位、全天候的直接监督，但其有群众监督无法具有的权威性、专业性和影响力，同样是监督体系中重要的环节。

1. 发挥新闻媒体的监督作用

政府利用新闻媒体的宣传作用可以表达公民的意愿、控制运营风险的发生。监督方式包括：一是新闻媒体主动报道政府购买图书馆运营服务的相关内容和信息，确保政府购买公共服务的全过程透明化；二是揭露政府在购买过程中存在的不当行为，督促政府加以改正，保护公民的文化权益不受侵害；③三是反映图书馆运营过程中产生的问题，监督承接方及时加以改正和完善，控制图书馆运营风险的发生。

2. 实施行业协会的监管职能

行业监管是指中国政府采购协会、中国招标投标协会及地方成立的采购协会对政府采购实施单位进行监督和管理。提高政府采购人员的素质是加

---

① 陆文军. 上海黄浦区打浦桥创新社区公共文化服务管理方式［EB/OL］.（2012-09-20）［2017-01-11］. http://politics.people.com.cn/n/2012/0920/c70731-19061894.html.
② 易斌. 公共图书馆整体外包模式的现实困境与策略选择［J］. 国家图书馆学刊，2017（4）：42-48.
③ 李欣. 政府购买公共服务的监管问题研究［D］. 太原：山西财经大学，2016：32.

强行业监管的重要环节，采取的措施包括：一是加强职业道德教育。通过法制宣传和职业道德教育让采购人员遵守相关法律法规，保守秘密，减少权力寻租等腐败行为的发生。二是加强采购业务学习。行业协会积极提供业务学习的条件和机会，促使采购人员积极钻研业务，全面掌握购买图书馆服务的特点、内容和环节，将理论知识和工作实践紧密结合，不断提高业务水平。①

3. 引入第三方机构进行监督

第三方机构包括公司企业、社会组织和事业单位。他们不仅具有相关学科人才和监管方面的经验，而且与政府部门和承接方无隶属关系及利益关系，因此，政府主管部门应发挥第三方机构的专业性、独立性和客观性优势，通过第三方机构的监督来提高监管的效率和效果，提升服务外包全程的监管和掌控能力。例如，成都市武侯区图书馆通过公开招投标引进成都信用品牌评价中心，该社会组织派出两名工作人员常驻武侯区图书馆，对图书馆的外包情况进行全程督导和测评工作，具体工作内容包括建章立制、日常监管督导、考核测评、总结工作等。另外，政府文化主管部门可引入实力强的图书馆作为第三方机构，发挥其业务能力强、工作经验丰富的优势，对承接方的服务进行监管和考核。例如，北京市朝阳区朝外街道向一家民间阅读机构购买了街道图书馆服务，同时引入朝阳区图书馆共同对承接方进行监督和指导，包括文献资源建设、服务标准和考核办法的制定与考评。

总体而言，在政府购买公共图书馆运营服务的全过程中，不论是相关行政部门，还是群众、媒体、行业协会和第三方机构，通过对政府工作人员和承接方跟踪监管，发现违法行为、违规操作或者违反合同的情况，都应该及时反馈给政府部门，并及时处理和解决问题，形成受监督者主动接受监督、不断改进服务的良好运作模式，防止公共图书馆公益性和专业性的缺失。在加强监管的同时，还应当建立责任追究机制，政府部门工作人员在购买过程中因违规违法而导致公共利益损失，要进行行政问责甚至刑事追责，对承接方因违约造成的损失要追究经济赔偿责任；政府还应当建立应急管理运行机制，制订应急方案，提高应对突发事件的能力。

---

① 王浦劬，Jude Howell，等. 政府向社会力量购买公共服务发展研究［M］. 北京：北京大学出版社，2016：219.

第五节 完善绩效评估体系

绩效评估机制的有效建立和评估体系的不断完善是公共图书馆运营服务购买成功与否的重要前提，它直接影响到公共图书馆购买运营服务中绩效测评的真实性和有效性，将有效推动图书馆购买运营服务的规范化要求和标准化水平。绩效评估体系是一套系统机制，包含评估主体、评估方式、评估内容、评估对象、评估指标、评估结果运用等多方面的内容。

一、绩效评估体系构建原则

（一）评估主体的多元化

政府作为单一的评估主体对承接方的工作进行考核评价是不够科学的，为保障评估结果的客观性、专业性、全面性，需要扩大评估主体范围，形成以政府为主导、社会人士及专业评估机构等第三方共同参与的多元化主体结构。第三方评估的实现方式有两种：一是吸纳社会人士进行评估。由政府牵头成立第三方评估组织，小组组成人员2/3以上来自图书馆学专家、热心读者、媒体记者、财务、人力资源等方面的社会人士，评估组织就政府购买服务的效率进行分析评估，对承接方的服务效果作出评议。二是引入专业评估机构进行评估。专业评估机构一般是权威性和专业性的中介机构与组织（如专业调查公司、评估机构等）。因其不隶属于政府部门或承接方，相比于购买者评估和承接方评估，专业评估机构拥有更多的专业人才、丰富的评测经验和较强的独立性，由其对承接方的实施过程和事实结果独立作出评价更能体现专业性、科学性和客观公正性，避免政府部门的不当干涉和偏向。[①]

---

① 易斌，郭华，易艳. 政府购买公共图书馆运营服务的内涵、模式及其发展趋向［J］. 图书馆，2016（1）：19-24.

（二）评估方式的多样化

评估方式应通过定性评估和定量评估相结合，对政府购买服务的运营业绩与运营效益作出公正、客观、准确的评判。定性评估是评估主体通过专业知识或经验对政府购买服务项目状况进行评定和判断，如阅览场所的卫生情况、图书的排架整齐度、馆员服务态度等。定性评估能够综合反映政府购买服务项目的本质和总体情况，更容易获取相关的运营信息，但该方式具有很强的主观随意性。定量评价是通过一些实地的测量和调查，获取政府购买服务的相关数据，如图书馆开放时间，年外借册次，年馆藏外借率，年举办讲座、培训和展览次数等。该方式具有较强的客观性，但缺乏综合性。根据图书馆许多服务项目可以量化的特点，在政府购买图书馆服务效率评估中，应当通过定性评估的方法确定政府购买服务的总体状况，通过定量评估了解服务的数量和质量，进而对定性评估的结论进行验证和检验，最终获得服务购买的全面而有效的评价结果。①

（三）评估内容的全程化

政府购买服务绩效评估不仅要对购买服务的最终结果进行评价，也要对购买服务过程进行监控。过程评估就是根据项目服务的目标和设计，评估方对承接方运营图书馆的全过程进行监督，以保证服务项目和内容的如期履约。例如，芜湖市镜湖区政府有关部门不定期到图书馆，就专业岗位人员是否到岗、设备是否正常运行、自动化管理系统是否正常使用等情况进行检查，就发现的问题要求整改、进行经济处罚，并与月考核结果相关联。政府购买服务的过程监督与结果评价结合起来实施，将有效地控制政府购买服务的全过程，并及时发现服务提供过程中存在的问题，通过各方协商解决，达到政府购买服务最终结果实现的目的。②

---

① 王雪云，高芙蓉. 政府购买公共服务研究［M］. 北京：经济科学出版社，2016：290-291.
② 魏中龙，等. 政府购买服务的理论与实践研究［M］. 北京：中国人民大学出版社，2014：211.

(四)评估对象的多元化

评估对象将购买对象和承接方相结合,尽可能明确双方的责任义务和工作内容,这样当购买服务出现问题时,能够明确是哪一方的责任,避免双方之间出现责任推诿。承接方作为政府购买图书馆服务绩效评估的主要对象,绩效评估的内容除了所提供的服务质量和服务结果,还有其自身管理、机制建设、团队能力提升等方面,这也是决定承接方是否具有下一年承接资格的重要指标。公共图书馆作为购买对象,是政府购买行为的引发主体,它在整个购买过程和监督实施中所做的工作影响着服务提供的质量和发展方向,因此,公共图书馆也应当作为购买服务绩效评估的对象之一,在评估指标设计上应该有所体现。

二、绩效评估指标的构建

政府购买公共图书馆运营服务的绩效评估指标是衡量政府购买行为结果的方法及标准,其目的是保障社会公众享用公共文化服务的基本权益,它的构建主要通过服务运营、社会效益、事业发展三个维度来体现其价值取向及评估要求,如表6-2所示。

表6-2 政府购买公共图书馆运营服务绩效考核指标体系

一级指标	二级指标	三级指标	考核实施细则	考核对象
服务运营	馆舍空间利用	可变空间整合	根据阶段性、实际性需求,对馆舍空间进行调整变化	承接方
		固定空间应用拓展	对馆舍空间的美化及人性化拓展;图书馆动线规划	承接方
	网络通信系统的应用及维护	机房管理	机房网络监管、底层操控、信息过滤、安全监督;机房环境支撑系统、电力和UPS系统、监控设备,空调设施,消防、计算机主机设备的定期检测、维护和保养	承接方
		网络通信设备运维	计算机主机设备、楼层交换设备的定期检测、维护和保养;保障网络安全且无信息安全事故	承接方

续表

一级指标	二级指标	三级指标	考核实施细则	考核对象
服务运营	业务网络平台管理运维	智能化设施设备管理运维	智能化设备（多媒体电子设施、RFID借还书设备等）的定期检测、维护和保养	承接方
		数字化业务平台管理运维	数字化业务平台（自动化系统、数据库、第三方业务系统等）的定期检测和维护	承接方
	信息资源利用	持证读者占比	通过各种证件（身份证、军官证、护照等）接受过图书馆服务（含到馆服务和非到馆服务）的读者数量	承接方
		读者到馆量	流通人次	承接方
		文献外借量	图书馆纸质文献利用情况	承接方
		数字阅读量	图书馆数字资源利用情况	承接方
		图书馆网站访问量	图书馆网站中所有网页被访客浏览的总次数	承接方
	阅读推广与社会教育	阅读推广活动	活动多样性及参与度，并形成长效服务	承接方
		特殊群体活动	特殊群体活动多样性及参与度，并形成长效服务	承接方
		阅读指导	阅读指导的组织和策划；阅读指导的效果	承接方
		读者培训	读者培训人次、场次及成效	承接方
	信息咨询服务	决策信息服务	政府信息服务及其他决策信息服务	承接方
		参考咨询	设立咨询服务台，提供文献服务、网上咨询和回复服务；设立人员进行实时咨询回复；为政府部门或公众提供政府信息查询服务	承接方
	新媒体服务	微信公众平台、微博服务	微信及微博平台推送服务信息情况	承接方
	行政与人力资源管理	资产管理	对服务运营所涉及资产的管控	承接方
		档案管理	行政档案及业务档案的管理	承接方
		安全管理	图书馆各类应急预案的设置	承接方
		环境管理	环境、设施维护	承接方
		机制建设	与业主方协调机制的建设	承接方
		队伍建设	员工教育培训学时、员工业务能力、员工科研能力	承接方
		队伍稳定性	中层管理人员和核心岗位人员的离职率限制	承接方

续表

一级指标	二级指标	三级指标	考核实施细则	考核对象
服务运营	业务研究	业务研究活动	开展学术研讨；参加学术和业务活动；开展业务形态研究	承接方
		业务辅导	培养业务辅导专业人才；开展业务辅导工作	承接方
社会效益	公众满意度	馆舍满意度	公众对图书馆馆舍条件、环境的满意度	承接方 购买对象
		资源获取满意度	公众对资源获取的满意度	承接方 购买对象
		服务满意度	公众对服务质量、服务效果、服务态度的满意度	承接方
		反馈意见处理满意度	公众对图书馆意见处理的满意度	承接方 购买对象
	社会捐赠	社会捐赠获取	建立社会捐赠机制，并获得社会捐赠	承接方 购买对象
	志愿者管理	志愿者管理制度	建立相应的志愿者管理制度	承接方
		志愿者活动成效	志愿者活动取得成效	承接方
事业发展	服务体系建设	区域内服务网络建设规划	本区域公共图书馆服务体系的建立及成效	承接方 购买对象
		总分馆建设	配合完成分馆建设工作，进行回访服务，形成长效机制；分馆占比；分馆服务效能	承接方 购买对象
		服务网点建设	总分馆以外的其他服务点建设，如城市阅读空间、流动文化服务车、馆外24小时自助图书馆等	承接方 购买对象
		文献资源共享	保证与本区域各馆（室）之间通借通还、文献传递系统运行正常；数字资源共享	承接方 购买对象
	服务管理创新	服务创新	开展具有独特价值的创新服务	承接方
		运营创新	服务运营采用的创新性管理方法和手段，以及达到的效果	承接方
	政策规划促进	主管部门满意度	获得相应奖励和表彰	承接方
		给各部门的建议	结合运营实际，给主管部门提供专业建议	承接方

（一）服务运营评价指标

1. 馆舍空间利用

随着时代发展，公共图书馆在用户心目中的作用也在悄然发生变化，越来越多的用户希望公共图书馆能够从用户出发，以用户为中心，设计构建更加优质舒适的空间、创新空间再造，使公共图书馆变成集人文、学习、阅读、交流、工作等功能的场域。公共图书馆应通过有效利用馆舍可变空间和固定空间、美化阅读环境、规划设计合理的动线等系列举措，提升用户体验感，加强用户对图书馆的追随性和依赖性，直观体现图书馆的服务价值和效能。欠缺科学性的馆舍空间利用会造成用户学习效率的降低及资源使用率的下降，导致图书馆有限空间的浪费。[①] 因此，在图书馆购买服务的运营管理中，对馆舍空间的利用，尤其是对可变空间的整合及固定空间应用的拓展能力，都是体现承接方运营服务能力的重要指标。

2. 网络通信系统的应用及维护

图书馆计算机网络通信系统中，图书馆机房是核心，也是内网、外网进行相互通信的神经中枢，机房管理运营质量的好坏直接关系到图书馆计算机管理系统、服务器及所有数据的安全。同时，计算机网络通信系统中的网络通信存储设备，如服务器、核心交换机、计算机主机、楼层交换机等，就像人体的周围神经系统，是连接计算机神经中枢和计算机终端、智能终端的重要组成部分。如果承接方没有对这些通信设备的管理及运维进行专业规划设计，就无法确保图书馆的智能化终端、计算机设备等正常有序运行，从而造成用户体验感差，影响图书馆服务效能向社会公众的有效提供。

3. 业务网络平台管理运维

随着新理念、新技术的出现，新型公共图书馆业务平台应运而生，其在原有业务系统的基础上，广泛应用信息技术、网络技术、物联网、云计算、

---

① 苏文成，卢章平. 美国图书馆建筑空间设计与功能性实证研究［J］. 图书馆杂志，2018（10）：43-52.

数字资源等现代化手段，如 RFID 自助借还系统、24 小时自助图书馆、移动服务、读者行为分析、信息推送等。构建新型业务平台的终极目标是利用具有新时代科技符号的技术、设施设备来优化图书馆的业务效能，这和图书馆购买服务的目的如出一辙，都是为了进一步融合图书馆和用户之间关系，所以对智能化设施设备及数字化业务系统的管理运维工作就显得尤为重要。而图书馆习惯依赖供应商的售后服务方式，已经不能满足用户对于时效的要求，这就需要承接方在计算机网络通信、电子信息、软硬件整合等方面都具有较强的专业性，并利用这些专业技能，做好新型公共图书馆业务平台的运维工作。

4. 信息资源利用

信息资源服务是图书馆的核心服务内容，传统的信息资源利用成效主要表现为注册读者量、读者到馆量、图书外借量、图书外借率等。随着信息技术的快速发展，公共图书馆服务供给方式发生了变化，以纸质资源为主的传统服务逐渐演变为纸质资源与数字资源并重的服务模式。在注重读者到馆量、图书借阅量等各项传统服务增长的基础上，应结合数字化服务特征进一步强化服务供给。

5. 阅读推广与社会教育

开展阅读推广活动是发挥公共图书馆社会教育职能的重要途径。公共图书馆要充分利用自身文献资源优势，为广大公众提供阅读服务。众所周知，公共图书馆是供社会公众终身学习的场所，也是提升公众文化素质的重要平台，承担着社会教育的重要职能。[①] 承接方应当充分利用图书馆馆藏资源，通过各类公益性讲座、培训、阅读指导活动，促进社会公众文化素养的提升。

6. 信息咨询服务

信息咨询的服务方式多种多样，如解答用户咨询、课题检索、政务信息

---

① 金美丽. 以评促建　以评促管　以评促用——以云南省 16 个州市图书馆评估为例［J］. 公共图书馆，2017（4）：64-70.

查询等。随着我国进入社会改革发展转型期，政府的公共决策需要更专业的咨询服务，公共图书馆是各类文献资源的集散平台，因此，与政府部门建立沟通服务机制，充分利用馆藏资源，深入挖掘潜在的信息服务能力，是考核承接方提供信息咨询服务能力的重要指标。

7. 新媒体服务

在移动设备普及的当下，微信公众号、微博、App 等新兴媒体已经成为舆论信息的主要集散地。传统的读者咨询、阅读指导服务，大多是单向的信息输出方式。新环境下的阅读推广需要承接方将传统阅读推广手段与数字化技术手段相结合，利用新媒体建立虚拟信息服务网络，解答用户疑问，创新资源管理与服务模式，进一步延伸图书馆服务能力。

8. 行政与人力资源管理

专业技能人才是图书馆发展的重要资源，承接方的人员素质直接决定图书馆向社会公众提供公共文化服务的质量优劣。提升人力资源发挥空间、优化人力资源结构，是承接方参与图书馆服务体系团队建设的要点。行政与人力资源管理指标主要考察承接方投入的工作人员质量与能力，以及档案管理、资产管理等方面的行政能力。对于人员的评估主要是其业务能力、学术成果、工作态度、继续教育水平及团队稳定性等。

9. 业务研究

承接方对于现代科技的理解、掌握及运用，虽然整体素质水平较高，但在专业业务领域还存在较多问题，如图书情报相关知识不够丰富、信息处理及导航能力较弱等，这就需要承接方积极开展学术研讨，参加学术和行业活动，培养业务辅导专业人才，参与总分馆业务形态研究等。承接方要结合自身优势，吸纳先进的业务技术并加以改进，以符合本地区图书馆的发展需求。与此同时，还要结合实际运营情况，积极配合购买方开展对基层分馆的业务辅导培训工作，促进公共图书馆总分馆体系的建设发展。

（二）社会效益评价指标

政府购买公共图书馆运营服务的主旨是满足社会公众日益增长的文化需

求，从而产生社会效益。而衡量社会效益的重要指标就是公众满意度，公众满意度是对社会公众享用图书馆服务及文化需求是否得以实现的主观评价。图书馆的服务受益者是用户，承接方应当会同购买方及购买对象，三方合力，加强馆舍环境及文献资源等建设，吸纳社会捐赠，充分利用志愿者资源，延伸图书馆服务，让图书馆真正融入社会公众的生活中，实现区域公共文化服务社会效益最大化。

（三）事业发展评价指标

1. 服务体系建设

国家出台的一系列关于公共文化服务的法律政策中都提到公共文化服务的标准化、均等化建设，其目的都是消除城乡文化鸿沟，保障社会公众的基本文化权益得以实现。因此，承接方必须充分认识服务区域内图书馆服务体系建设的重要性及必要性，配合购买方大胆创新、积极实践，共同推进区域公共文化服务的协调发展。例如，对总分馆体系建设及分馆服务效能、馆外服务网络（如城市阅读空间、流动图书馆、24小时自助图书馆等）的搭建运行是否献计献策、积极实践，都是考核承接方的专业性及对区域公共文化事业贡献程度的重要指标。

2. 服务管理创新

承接方能否有效地完成政府委托管理的职责，很大程度取决于其管理手段是否有别于公共图书馆传统管理方式。我国推行政府向社会力量购买公共图书馆运营服务的行为，时间尚短，市场上专业的公共文化服务组织及企业数量不多，图书馆运营服务经验欠缺，总体来说还处于市场培育阶段。因此，承接方要有效运用图书馆学人的研究成果，吸收公共图书馆管理机制的精华，结合自身在商业服务管理方面的优势，对图书馆服务的管理模式进行创新，尤其是体制创新和人员观念创新。

3. 政策规划促进

目前，我国的政府治理模式正在向服务型和有效型转变。党和政府多次强调要创新社会管理方式，促进政府各项体制改革，然而，身处基层的公共图书馆，受限于区域经济和主管领导意识，发展过程还步履蹒跚。政府购买公共图书馆运营服务的开展，不仅为公共图书馆的发展注入新的活力，也为公共图书馆带来竞争的压力，倒逼公共图书馆自身创新服务方式，从而促使政府相关顶层设计的完善。承接方需要结合运营实际，盘活图书馆资源，提升公共图书馆在本区域行政事业中的活跃度，促进本区域公共文化服务体系的蓬勃发展。

三、绩效评估的实施

（一）绩效评估方式

采用定性分析与定量分析相结合，现场评估与数据分析相结合的多元评估方式。考核评估工作按日常监管、季度考核和年度考核三个步骤具体实施。日常监管是对图书馆平时的运行情况和管理水平不定期进行监督考核，包括工作人员服务意识、服务态度、服务质量等；季度考核和年度考核分别在购买服务一个季度或一个年度的期末进行，按目标管理与绩效评估指标相结合的方式进行综合考评。购买服务评估验收一般分为优秀、良好、合格、不合格四个等级。

（二）绩效评估过程

政府购买公共图书馆运营服务的绩效评估是一个连续性的活动过程，分为多个子流程及步骤，各流程之间相互联系且各自具有相对独立的程序及职能。绩效评估过程主要分为以下步骤：确定评估组成员、评估办法和评估指标体系；评估人员开展读者调查、实地调研，依据承接方提供的考核佐证材料进行现场评估；最终汇总分析处理相关信息，形成评估报告交由购买方审核。评估过程中应遵循的基本原则：一是互相监督原则。评估组不仅对承接方的工作绩效进行监督考核，同时，评估组的评估行为也要接受政府、图书馆、承接方和读者的监督，使其限定在法律框架中运行，保障评估行为的法治化运行。二是独立性原则。评估组应独立完成评估工作，避免受到政府部门、评估对象和个人的影响与制约，评估结果要客观、公正。三是科学规范原则。评估数据、评估标准、评估方法等要科学真实，前后要一致，评估结果要经得起推敲和检验。

（三）评估结果应用

政府作为购买方，根据评估结果分阶段拨付给承接方购买服务资金，考核为优秀，服务费用可适度进行追加奖励，考核不合格的，除扣除相应的服务费用外，甚至可以解除合同。因此，绩效评估结果不仅是本年度购买服务工作的直接体现，也是发现问题、明确下一年度购买服务工作目标及任务的重要参考依据。[1]购买方应根据评估结果建立完善的监督管理体系，为购买服务工作的定性及定量提供科学依据；承接方应从评估结果中总结经验、发现不足、及时改进，并结合评估指标建立自我评价体系，以利于进一步提升服务效能。同时，评估结果应对社会进行公开，接受社会公众的监督，提高政府公信力。

第六节　培育和发展社会组织[2]

由于公共文化产品和服务的供给存在着政府提供的效率低下和企业经营的趋利性问题，致使"政府失灵"和"市场失灵"现象的出现，因此，社会

---

[1] 麦笃彪. 政府购买图书馆公共服务目标管理与绩效考核指标体系探究[J]. 晋图学刊，2017（3）：1-5.
[2] 本节内容参见：郭华，葛琳琳，易斌. 社会组织参与政府购买图书馆服务研究[J]. 国家图书馆学刊，2018（1）：40-47.

组织具有的特征和运营优势决定了它将是政府购买公共图书馆运营服务的主导力量。但现阶段，社会组织的发育尚不成熟，这在很大程度上制约了政府购买公共图书馆运营服务的发展。因此，通过多渠道、多方式培育和发展文化类社会组织，为其承接公共图书馆服务创造良好条件和环境，是促进公共图书馆服务供给社会化的重要因素。

一、法律制度的建立和健全

（一）出台规范社会组织发展的基本法

我国目前没有专门性法律，只有少数行政法规和部门规章来规范社会组织的建设，为尽快摆脱相关法律位阶低的尴尬局面，全国人大应加快制定、尽早出台规范社会组织的基本法——《社会组织法》，从法律层面上明确社会组织的性质、定位、分类、职能、设立条件、活动范围；社会组织的权力机构、执行机构，负责人的产生及职责界定；社会组织财产的来源、管理、使用；社会组织的监管机关及其职责；社会组织在登记、活动、变更、终止全过程中的法律责任；《社会组织法》与相关法律的关系等。① 为社会组织的活动和发展创造一个崭新的环境，充分发挥其自我服务、自我管理和自我教育的职能，推动公民和社会力量有序参与公共文化事务。

（二）制定促进社会组织发展的法律条款

政府购买图书馆服务应出台的专门法律包括：文化部联合其他部委制定《政府购买公共图书馆服务管理办法》，各地方政府颁布《政府购买公共图书馆服务的实施标准》等。在这些法律法规中，制定促进社会组织建设和发展的若干法律条款，明确政府对社会组织的扶持责任和具体措施。例如，政府向社会招标时，给予社会组织在同等条件下的优先承接权；规

---

① 郑功成：尽快制定《社会组织法》[EB/OL]．（2018-03-20）[2019-01-20]．http://www.gongyishibao.com/html/yaowen/13552.html.

定政府向社会组织购买公共文化服务的资金占公共文化服务支出的最低比例。

（三）修订涉及社会组织的法律条款

我国关于社会组织的一些现行法律条款已不利于社会组织的发展，甚至成为其发展的阻碍，急需修订，包括：一是修订社会组织的注册条件，降低社会组织注册门槛。一方面，改革双重管理规定。除政治法律类、宗教类等个别类型社会组织的设立实行民政部门和业务主管单位的双重管理外，其他类型社会组织的设立只需要到民政部门登记注册，实行登记管理，不再需要业务主管单位审批，从而改变目前对社会组织严格的准入条件。例如，无锡市无锡高新区颁布了《新区文化体育特色团队培育管理办法》，对于具有鲜明特征的文化组织，区事业局实行"备案制"，降低群众文化组织进入公共文化服务的门槛。[①]另一方面，降低对社会组织注册资金、活动场所的要求，使大量的"草根"社会组织获得法定的地位和承接政府购买服务的资格。有学者估算，未经登记的"草根"社会组织数量大约是已登记组织的10倍以上[②]，但由于合法身份的缺失，这些组织面临政策和生存等困境。二是修订《事业单位、社会团体、民办非企业单位企业所得税征收管理办法》，为社会组织实行税收减免制度。区分社会组织的公益活动和营利活动，对公益活动经过核准后实行法定免税待遇，对营利活动实行优惠税率纳税，通过税收的杠杆作用，激发社会组织承接公共文化服务的积极性。三是修订《中华人民共和国公益事业捐赠法》，鼓励向社会组织进行捐赠的行为。通过立法鼓励任何单位和个人在向社会组织捐赠资金时，捐赠者应获得企业所得税或个人所得税的减免；向社会组织捐赠实物或股权时，在对实物或股权进行价值评估后，捐赠者应获得企业增值税和所得税的减免。四是修订《中华人民共和国政府采购法》，明确社会组织参与政府购买的合法地位。通过修改《中华

---

① 孙军. 无锡新区购买公共文化服务的创新实践［J］. 中国政府采购，2015（9）：35-39.
② 焦红艳. 民政部尝试扮演双重角色推动社会组织管理变革［N］. 法制日报，2008-11-09（2）.

人民共和国政府采购法》，将社会组织，包括"草根型"社会组织纳入政府购买公共服务供应商的范畴，明确社会组织的合法身份和法律主体地位，为社会组织参与政府购买提供法律保障，使社会组织进入公共服务领域承担民事权利义务有法可依。

二、政府的积极引导和支持

政府购买公共图书馆运营服务需要大批合格的文化类社会组织参与其中，各级政府应从合作意识、资金预算、管理机制、专业队伍建设等方面对社会组织予以重视和支持，引导、培育和规范社会组织的建设与发展。

（一）加强与社会组织的合作意识

政府在和社会组织的合作过程中，要克服双方不同的服务理念和办事方式带来的隔阂，采取积极的态度，提高双方合作的成效。一是加快政府观念的转变，给予社会组织充分信任。在图书馆服务社会化供给过程中，政府部门与社会组织的关系从"领导和被领导者关系"转变为"合作者、伙伴关系"。为此，政府应转变施政观念，信任社会组织在处理特定事务方面的专业能力，并加强双方的合作，逐步为社会组织让渡公共服务权力空间，提高社会组织的独立性和自主权；政府应注重提高合作中的服务意识和平等意识，以协调者、引导者的身份，创建健康有序的竞争环境，提升社会组织主动寻求合作的意愿；社会组织则要相信政府与其进行合作的诚意，彼此之间要互相了解与信任，进而建立平等合作、互相尊重、优势互补的政社伙伴合作关系，形成多元化的服务供给格局。二是深化政府购买图书馆服务的认识，形成双方合作的多样化。在合作类型上，合同外包和公私合作各有其特点和优势，政府要充分调研和慎重考虑，选择适合双方实际情况的合作类型，从而充分发挥社会组织的积极性和主动性，提升双方的合作满意度。在合作领域上，拓宽政府购买图书馆服务的范围，将不适宜由政府直接提供的服务交由社会组织来承接,推动政府职能部门主动为社会组织让出空间[①],在图书馆流通阅览服务、整体运营服务、阅读推广专项活动等领域积极展开合作。

(二)拓宽社会组织资金来源

我国大部分社会组织本身缺乏自我"造血"功能,在资金、资源筹措方面面临着先天劣势,其发展需要政府在资金、政策等方面给予更多的保障和扶持。一是加大政府购买公共文化服务的财政投入,并将其纳入财政预算来安排,重点扶持一批具有示范导向作用的文化类社会组织。例如,从2014年起,深圳市宣传文化基金每年拿出不低于500万元的经费购买民间阅读组织的公益阅读服务[②],提高民间阅读组织的资源募集能力。二是政府采取灵活多样的资助形式,建立经济激励制度,如设立公共服务专项资金、种子基金、社会组织发展基金、政府奖励资金等,对符合条件的公益性组织进行资助。例如,广州市南沙区文化发展中心自2015年开始每年拿出200万元扶持民间文艺团体,申请扶持资金的文艺团体通过一系列的比拼、考核、评审,获得扶持资格的文艺团队一年可获得10万元经费。三是政府制定和落实相关优惠政策,如税收减免、无息或低息贷款、房租和水电宽带费用减免等,有计划、有重点地加大对社会组织的资金扶持力度。四是政府加强宣传引导,鼓励企业的资助和社会的捐款,鼓励社会组织利用互联网的便利,使用众筹、P2P等方式获得资金的支持[③],拓宽社会组织资金来源渠道。五是对于急需资金但实力薄弱的公益性社会团体,为了保证其正常运转,可在成立初期提供一定数额的无偿财政支持,解决这些社会组织的"起步难"问题。

---

① 竺乾威,等. 社会组织视角下的政府购买公共服务[M]. 北京:中国社会科学出版社,2016:201.
② 谯进华. 民间阅读组织的发展、困境与行动策略——以阅读组织与公共部门的关联度为中心[J]. 公共图书馆,2014(2):24-31.
③ 竺乾威,等. 社会组织视角下的政府购买公共服务[M]. 北京:中国社会科学出版社,2016:205.

（三）完善招投标机制

与商业机构相比，社会组织的市场竞争力较弱，这需要政府在招投标方面采取有力的扶持政策，为其发展创造成长空间和平台。一是降低投标方的资质标准。政府应在保障图书馆服务质量前提下，合理降低投标方的资格条件设置。例如，政府在购买街道社区图书馆的运营服务时，可降低或取消供应商的相关业绩、企业荣誉、从业人员资格证明等要求，让更多的社会组织包括"草根"图书馆参与政府购买。二是在保证服务质量的前提下，优先向非营利社会组织购买服务。通过制度建设，严格区别非营利社会组织和营利性文化服务企业，并在政府文化服务项目采购中区别对待，使非营利社会组织在招投标时具有同等条件下的优先承接权。三是给予社会组织文化产业扶持政策。在招标文件中将社会组织纳入文化产业范围，使其享受中小微文化企业的价格扣除优惠政策，助力更多的公共文化社会组织参与到政府采购服务中。①

（四）加快专业人才的培养

解决社会组织专业型、管理型人才严重缺乏的问题是提高社会组织的服务水平和运作能力的一个重要措施。一是政府给予一定程度的优惠政策，鼓励和支持大学生、专业人才选择社会组织就业，通过人才引进的方式加强社会组织专业人员队伍的建设。二是政府在社会组织从业人员的培训教育、职称评定、职位晋升、工资福利等方面给予一定的优待，解决他们的后顾之忧。三是政府部门加大对社会组织的培训力度，通过举办定期或专题培训、提供交流平台等方式，促进社会组织从业人员的专业化。例如，北京市朝阳区图书馆为民办图书馆或相关机构免费提供每年至少1次人员培训课程，为其与公共图书馆界之间搭建相互学习、交流平台。四是在社会组织人员管理方

---

① 李国新. 完善农村公共文化服务政府购买政策与机制［J］. 行政管理改革，2019（5）：24—26.

面，应建立和完善社会组织评估和表彰体系，提供社保、人事档案保管等方面的支持。①

（五）加强社会组织的引导和规范

政府培育更多合格社会组织参与公共文化服务供给的有效措施还包括：一是成立文化类社会组织孵化基地。政府向入驻基地的社会组织提供政策培训、业务培训、活动培训及解决工作场所、基本办公设施等多项孵化优惠政策扶持，并让社会组织参与政府承办的文化活动，积累实践经验②，进一步促进社会组织有效成长。二是政府加强社会组织的规范管理。引导和指导文化类社会组织建立法人治理结构，推动会员大会、理事会、监事会的成立；完善以章程为核心的财务、资产、人员、绩效管理制度，提高其专业化水平；进行社会组织的年检年审、等级评估、社会信用红黑名单，对于业务突出、群众口碑好的社会组织，将其与政府购买服务资格和政府补贴、奖励机制联系起来，使社会组织形成良性竞争的态势和良好声誉。③

三、社会组织加强自身能力建设

我国社会组织应当从加强竞争意识的培养、充实专业人才队伍和提升自我管理水平等方面着手，不断提高自身承接政府购买公共服务的能力。

（一）加强竞争意识的培养

公共资源配置市场化情形下，竞争无处不在，社会组织要提升自身承接公共服务的能力，应当采取多种方式提升市场竞争意识和竞争优势。一是掌

---

① 竺乾威，等. 社会组织视角下的政府购买公共服务[M]. 北京：中国社会科学出版社，2016：206.
② 徐清泉. 上海公共文化服务发展报告：2016[M]. 上海：上海社会科学院出版社，2016：27.
③ 李国新. 文化类社会组织是政府购买公共文化服务的主要力量[J]. 中国社会组织，2015（11）：14-15.

握市场竞争方面的知识。社会组织要克服参与政府招投标的自信心不足，不敢或不愿参与公开竞争的心理，积极学习政府购买服务的相关法律、政策，熟悉招投标的程序、方式和内容，增强市场竞争的技巧和经验。二是积极宣传，赢得政府的关注。社会组织要探寻政府最为迫切的关注点，在和政府的合作过程中，充分发挥自身优势，积极主动地做好服务，甚至垫资免费做项目，展示自身专业能力和工作效率，通过努力改变政府对社会组织的消极看法，赢得政府的关注和信任，进而得到项目经费和各类支持。三是加强自身形象塑造。社会组织应建设统一的文化标志、门户网站、微信公众号、手机 App 等，给公众塑造一个良好的印象；社会组织借助开展文化服务活动、社区设点走访之际，强化与公众的互动联系，加强自身形象在公众中的影响力。[①]

（二）重视人才队伍的建设

一支优秀的专业人才队伍是社会组织的核心竞争力，加强专业人才队伍建设的措施包括：一是积极引进急缺的专业人才。提供公共图书馆运营服务需要社会组织具备图书馆学、公共管理、社会学、统计学、经济学等多学科专业人才。面对急缺的专业人才，社会组织应营造干事业的良好环境，吸引外部优秀人才的加入，尤其是具有实践经验的青年人才，积极向内部注入新鲜血液，不断完善自身承接图书馆服务的能力。同时，根据资金有限的实际情况，聘请退休的图书馆领域专家，借助他们的专业知识和经验指导图书馆管理工作。二是提高员工的专业化水平。社会组织通过多种途径促使员工加强业务学习，提高业务技能，培养高素质专业人才队伍，形成有影响力的领军人物。例如，社会组织在运营公共图书馆实践中，每周拿出一定的时间规定为馆员业务学习日，每月开展读一本书的活动，每年撰写一篇学术论文进行交流和评比；组织馆员参加图书馆初、中级职称专业技术资格考试；引进专家和学者对馆员队伍进行专业培训；鼓励馆员走出去，参加学术会议、参

---

① 金莹. 基层政府购买公共文化服务的理论与实践［M］. 武汉：武汉大学出版社，2017：223.

观先进图书馆、参加行业学会组织的业务学习；实行馆员在达到一定的培训时间，通过业务考核后才能持证上岗的制度。三是建立良好的员工激励机制。社会组织定期对员工进行业务能力和职业道德考核，让优秀员工能够脱颖而出，得到晋升机会，发挥自己的特长；提高优秀员工的薪酬待遇，激发他们的学习和工作热情，并带动其他员工不断学习专业知识，提高职业素养。四是解决员工的实际困难。对于在经济和生活上遇到困难的员工，社会组织通过资金暂借、垫付和担保及与有关部门沟通等方式，尽力帮助他们解决医疗、住房、交通、子女入学等实际问题，为他们干事创业解决后顾之忧。

（三）提升自我管理的水平

推进社会组织规范化运作，创新社会组织服务形式，提升社会组织管理水平和竞争能力。一是建立完备的内部管理制度。建立健全各项规章制度，包括领导制度、董事会制度、选举制度、会员管理制度、内部监督制度、财务管理制度、责任追究制度、志愿者管理等，加强对组织成员行为规范的约束，防止社会组织的违纪违规行为发生，激发社会组织的发展活力，提升社会组织的竞争能力。二是加强服务的自我监管能力。社会组织要发挥理事会、监事会和会员大会的监督职责，促使社会组织在资金的使用、工作流程的规范、信息公开等方面自我约束，严格按照合同履行，提升自身的品牌影响力。三是重视组织文化[①]的建设。优秀的组织文化能促进员工思想统一、员工行为规范和员工力量凝聚，从而提高工作绩效。社会组织应在组织内部形成积极向上的正能量组织文化氛围，关注员工的精神需求，主动影响和引导员工个体的思想和行为，激发其工作积极性和潜在动力，提升团队的凝聚力，树立社会组织良好的社会形象和声誉。[②] 四是突破单一经营模式的局限。

---

① 组织文化是组织成员为达成共同目标，在相互合作过程中逐渐形成的共同价值观体系，包括组织定位、行为准则、团队形象、共同目标等文化内涵。
② 杨玉菁. 县级政府向社会力量购买公共文化服务的风险防范研究[D]. 湘潭：湘潭大学，2019：41.

社会组织采取多种商业联营方式,通过创设的品牌效应开办其他经营性活动,增强自身造血机制,建立起长效发展模式。例如,北京的老书虫图书馆随着品牌的发展,建立起同一品牌的咖啡厅、餐馆、酒吧、书店并且成立下属出版单位,推出的许多新型增值服务在一定程度上缓解了老书虫图书馆资金困难的问题。[①]

[①] 金胜勇,齐文君,李小北. 我国民营图书馆发展的困境与破局[J]. 情报资料工作,2016(5):101-105.

附 录

附录一　政府购买图书馆运营服务情况的调查问卷（读者问卷）

保密声明：问卷仅供本课题组研究分析使用，回答内容绝对保密，最终结果以数据形式出现，为保证调查的科学性和有效性，请您如实填写，谢谢配合！

（问卷如无特别注明，均为单选，请您在认为合适答案前的方框里画√）

第一部分：基本信息

1. 您的性别

　□①男　　□②女

2. 您的年龄

　□① 18 岁以下　□② 18~29 岁　□③ 30~44 岁　□④ 45~60 岁 □⑤ 60 岁以上

3. 您的受教育程度

　□①研究生　□②本科　□③大专　□④中专、高中及以下

4. 您在该居民区居住的时间

　□①居住 5 年以下　□②居住 5~10 年　□③居住 10 年以上　□④不在该居民区居住

5. 您目前的工作情况

　□①上班族　□②退休　□③待业　□④学生　□⑤其他

6. 您到图书馆的频率

　□①很频繁（几乎每天）　□②经常（每星期 2~3 次）　□③偶尔（每月 2~3 次）　□④很少（每年 2~3 次）

7.您到图书馆的主要原因(可多选)

□①阅读书刊　　□②学习或备考　　□③陪家人来　　□④参加活动
□⑤会友聊天　　□⑥其他

第二部分

8.您觉得图书馆工作人员的服务态度

□①很好　　□②较好　　□③一般　　□④较差　　□⑤很差

9.您觉得图书馆工作人员的业务水平

□①很好　　□②较好　　□③一般　　□④较差　　□⑤很差

10.您觉得图书馆的书刊能满足您的需要吗?

□①完全能够　　□②能　　□③一般　　□④不能　　□⑤完全不能

11.您觉得图书馆的新书推荐工作

□①很好　　□②较好　　□③一般　　□④较差　　□⑤很差

12.您觉得在图书馆借还书刊是否方便

□①非常方便　　□②方便　　□③一般　　□④不太方便　　□⑤很不方便

13.您觉得图书馆开放时间

□①很好　　□②较好　　□③一般　　□④较差　　□⑤很差

14.您觉得图书馆举办的各种活动

□①很好　　□②较好　　□③一般　　□④较差　　□⑤很差

15.您觉得图书馆的阅读环境

□①很好　　□②较好　　□③一般　　□④较差　　□⑤很差

16.您觉得图书馆的网络信息服务(如网站建设、图书检索、信息推送服务)

□①很好　　□②较好　　□③一般　　□④较差　　□⑤很差

17.总体而言,您是否满意图书馆提供的服务

□①很满意　　□②满意　　□③说不清　　□④不满意　　□⑤很不满意

18. 您是否知道该图书馆的服务是由公司、企业提供的

□①知道　　　□②不知道

19. 和图书馆外包前相比较,您觉得图书馆的服务有了提高

□①同意　□②不同意　③差不多　□④不清楚

20. 您是否赞成政府向社会购买图书馆运营管理服务

□①赞成,很有必要(请回答第21题,不回答第22题)　□②不赞成,没有必要(请回答第22题,不回答第21题)　□③无所谓(不用回答第21、22题)

21. 您赞成政府购买图书馆运营管理服务的原因是（可多选）

□①降低服务成本　□②提高服务质量　□③改善服务态度　□④利用图书馆更加方便　□⑤转变政府职能　□⑥减少腐败发生　□⑦促进社会组织的发展　□⑧其他

22. 您不赞成政府购买图书馆运营管理服务的原因是(可多选)

□①未降低服务成本　　□②未提高服务质量　□③未改善服务态度　□④利用图书馆不方便　□⑤未转变政府职能　□⑥未减少腐败发生　□⑦未促进社会组织的发展　□⑧其他

23. 为了提高图书馆服务质量,您的建议和意见是什么?

请填写_____

_____

_____

我们的信箱: ycxy1971@163.com,欢迎和我们联系。

附录二 政府购买图书馆运营服务情况的调查问卷(馆员问卷)

保密声明：问卷仅供本课题组研究分析使用，回答内容绝对保密，最终结果以数据形式出现，为保证调查的科学性和有效性，请您如实填写，谢谢配合！

（问卷如无特别注明，均为单选，请您在认为合适答案前的方框里画√）

第一部分：基本信息

1. 您的性别

　□①男　　□②女

2. 您的年龄

　□① 18~29 岁　□② 30~39 岁　□③ 40~49 岁　□④ 50 岁及以上

3. 您的受教育程度

　□①研究生　□②本科　□③大专　□④中专、高中及以下

4. 您所处的图书馆岗位是

　□①行政人员　□②采编　□③活动推广　□④信息技术　□⑤流通阅览　□⑥参考咨询　□⑦其他

5. 您在该馆工作之前是否具备图书馆学方面的知识（可多选）

　□①不具备　□②图书馆学专业毕业　□③参加了单位组织的岗前培训　□④原来从事过图书馆工作　□⑤参加过高校或学会举办的图书馆进修班

6. 您的平均月收入为

　□① 2000 元以下　□② 2000~2999 元　□③ 3000~3999 元　□④ 4000~4999 元　□⑤ 5000 元及以上

第二部分

7. 您对自己适应图书馆的工作压力

　□①很满意　□②较满意　□③一般　□④不满意　□⑤很不满意

8. 您对自己所具备的工作岗位能力

　□①很满意　□②较满意　□③一般　□④不满意　□⑤很不满意

9. 您对从事图书馆职业的感觉

　□①很满意　□②较满意　□③一般　□④不满意　□⑤很不满意

10. 你对读者在图书馆的行为表现

　□①很满意　□②较满意　□③一般　□④不满意　□⑤很不满意

11. 您觉得读者对您的工作

　□①很满意　□②较满意　□③一般　□④不满意　□⑤很不满意

12. 您是否满意单位提供的继续教育或培训的机会

　□①很满意　□②较满意　□③一般　□④不满意　□⑤很不满意

13. 您是否满意单位目前的人际关系和成长环境

　□①很满意　□②较满意　□③一般　□④不满意　□⑤很不满意

14. 您是否满意单位提供的薪酬待遇

　□①很满意　□②较满意　□③一般　□④不满意　□⑤很不满意

15. 您是否考虑过跳槽的可能性

　□①经常考虑　□②偶尔考虑　□③没考虑

16. 您认为本图书馆服务需要加强的方面有哪些？（可多选）

　□①提高服务态度　　□②提高服务水平　　□③丰富书刊数量
□④加强新书推荐　　□⑤借还书刊便利性　□⑥增加开放时间
　□⑦改善阅览环境　　□⑧举办各种活动　　□⑨推进网络服务

17. 您是否赞成政府向社会购买图书馆运营管理服务

　□①赞成（请回答第18题，不回答第19题）　□②不赞成（请回答第19题，不回答第18题）　□③无所谓（不用回答第18、19题）

18. 您赞成政府购买图书馆运营管理服务的原因（可多选）

□①降低服务成本　□②提高服务质量　□③改善服务态度　□④利用图书馆更加方便　□⑤转变政府职能　□⑥减少腐败发生　□⑦促进社会组织的发展　□⑧其他

19. 您不赞成政府购买图书馆运营管理服务的原因（可多选）

□①未降低服务成本　□②未提高服务质量　□③未改善服务态度　□④利用图书馆不方便　□⑤未转变政府职能　□⑥未减少腐败发生　□⑦未促进社会组织的发展　□⑧其他

20. 对于如何做好政府购买图书馆运营管理服务这项工作，您的建议和意见是什么？

请填写＿＿＿＿＿＿＿＿＿＿＿＿＿＿＿＿＿＿＿＿＿＿

＿＿＿＿＿＿＿＿＿＿＿＿＿＿＿＿＿＿＿＿＿＿＿＿＿＿

＿＿＿＿＿＿＿＿＿＿＿＿＿＿＿＿＿＿＿＿＿＿＿＿＿＿

我们的信箱：ycxy1971@163.com，欢迎和我们联系。

附录三 某市辖区公共图书馆社会化运营服务指标及考核实施细则

标号	服务指标	考核实施细则
1	人员保障	
1.1	岗位设置及人员配备	人员配置条件：设置 5 个部门 28 人。项目执行经理 1 人、综合管理办公室 6 人、读者服务部 16 人、宣教活动推广部 3 人、信息技术服务部 1 人、采编及业务辅导部 1 人
		项目执行经理具备的条件：具有 3 年以上的公共文化服务或图书馆管理经验；有图书馆专业职称；坐班考勤，外出报告；节假日现场值班；24 小时通信畅通；直接受区图书馆管理和考核，对其任免报采购人审批同意
		部门负责人具备的条件：有图书馆专业职称；坐班考勤，外出报告；节假日现场值班；24 小时通信畅通；直接受区图书馆管理和考核，对其任免报采购人审批同意
1.2	大学本科及以上学历人数	大学本科及以上学历的员工数量不少于 22 人
1.3	职称或有关专业人员数量	考核获得图书馆职称或具有以下相关专业或有图书馆工作经验的人员数量。有图情、编目、档案、计算机、艺术、设计、教育、新闻、财务、文秘等专业
1.4	党组织建设和工会工作	1. 积极吸纳优秀党员，成立党支部并经常开展活动，有资料并齐全； 2. 成立工会，并经常开展活动，有资料并齐全
2	服务效能	
2.1	基本服务	
2.1.1	基本服务项目和功能区域全部免费开放	1. 优化完善 7 楼、8 楼、9 楼图书、报刊、数字阅览、电子阅览室、共享工程、多功能厅等各项活动的免费开放服务并对免费开放服务项目及区域进行公示； 2. 对图书馆 7 楼、8 楼、9 楼功能区氛围营造和服务进行优化升级规划，2018 年 7 月前制订优化方案；开展特色免费开放服务，增加和提升项目内容，报图书馆审核后实施；最大效能地发挥图书馆的场地利用率

续表

标号	服务指标	考核实施细则
2.1.2	每周开馆时间	全年365天免费开放并进行公示,周开放时间不少于80小时,若有需要须延时并提供特殊需求开放服务
2.1.3	免押金注册读者	每月免押金注册读者数量不少于600人
2.1.4	读者到馆数量	每月到馆读者数量不少于3万人
2.1.5	文献外借次量	每月本馆、街道分馆文献外借数量不少于2万册
2.1.6	馆际互借与文献传递参考咨询联盟	1. 保证与区市县各馆之间通借通还、文献传递系统运行正常;参与全省行业参考咨询联盟和文献远程传递; 2. 保证本馆与各街道分馆之间通借通还、文献传递系统运行正常
2.1.7	馆外流动服务点文献借阅数量	每月流动图书车及其他新形态建立的流动图书室文献借阅量不少于1000册次
2.1.8	信息报送	1. 每月考核信息报送目标工作任务,报送的及时性、质量和数量,不少于15条; 2. 项目执行经理跟踪审查内容,杜绝错误,并报馆长审核
2.1.9	政务工作及业务工作材料报送	1. 每月考核政务工作及业务工作材料报送的及时性、质量和数量; 2. 项目执行经理跟踪审查内容,杜绝错误,并报馆长审核
2.2	未成年人及其他特殊群体服务	
2.2.1	馆内开展未成年人服务	1. 有月计划并公示,有活动品牌名称,并形成长效服务; 2. 每月在馆内开展活动不少于12次,暑假和寒假期间每天有活动,全年活动不少于200次,不与其他活动重复计算; 3. 所有活动资料齐全:需有方案、通知、签到、照片、视频、信息、宣传等; 4. 活动方案需报馆长审核,并接受监督; 5. 项目执行经理随时跟踪审查内容,杜绝错误,并报馆长审核
2.2.2	馆内开展其他特殊群体服务	1. 为残疾人、老年人、务工人员、留守儿童等提供形式多样、内容丰富的服务,有月计划安排并公示,分别创一个品牌名称并形成长效服务; 2. 每月在馆内开展活动不少于2次,全年不少于24次,不与其他活动重复计算; 3. 所有活动资料齐全:需有方案、通知、签到、照片、视频、信息、宣传等; 4. 活动方案需报馆长审核,并接受监督; 5. 项目执行经理随时跟踪审查内容,杜绝错误,并报馆长审核
2.3	阅读推广与社会教育	

续表

标号	服务指标	考核实施细则
2.3.1	讲座或培训	1. 开展形式多样、内容丰富的讲座或培训,有月计划安排并公示,均需策划有一个品牌名称并形成长效服务; 2. 每月在馆内开展活动不少于2次,全年不少于24次,不与其他活动重复计算,并公示; 3. 所有活动资料齐全:需有方案、通知、签到、照片、视频、信息、宣传等; 4. 活动方案需报馆长审核,并接受监督; 5. 项目执行经理随时跟踪审查内容,杜绝错误,并报馆长审核
2.3.2	开展展览活动	1. 开展形式多样、内容丰富的展览活动,有月计划安排并公示,均需策划一个品牌名称并形成长效服务; 2. 每月在馆内开展活动不少于2次,全年不少于36次,不与其他活动重复计算,并公示; 3. 所有活动资料齐全:需有方案、通知、签到、照片、视频、信息、宣传等; 4. 活动方案需报馆长审核,并接受监督; 5. 项目执行经理随时跟踪审查内容,杜绝错误,并报馆长审核
2.3.3	图书馆服务宣传推广	1. 开展形式多样、内容丰富的图书馆服务宣传推广活动,有月计划安排并公示,均需策划一个品牌名称并形成长效服务; 2. 每月在馆内开展活动不少于2次,全年不少于24次,不与其他活动重复计算,并公示; 3. 所有活动资料齐全:需有方案、通知、签到、照片、视频、信息、宣传等; 4. 活动方案需报馆长审核,并接受监督; 5. 项目执行经理随时跟踪审查内容,杜绝错误,并报馆长审核
2.3.4	主题品牌活动	1. 策划组织实施社会主义核心价值观、百姓讲堂、世界读书日、图书馆宣传周、书香城市、"书香家庭·唯美阅读"为主题的国学经典诵读、演讲童话故事、诵读古诗词、风雅颂、传统文化、廉洁文化、我们的节日等主题活动,积极策划组织实施其他主题品牌主题活动; 2. 每月不少于1次,全年不少于12次,不与其他活动重复计算,并公示; 3. 所有活动资料齐全:需有方案、照片、视频、信息、宣传等; 4. 活动方案需报馆长审核,并接受监督; 5. 项目执行经理随时跟踪审查内容,杜绝错误,并报馆长审核
2.3.5	创办图书馆刊物	1. 每月出刊1期,每期印刷不少于100册; 2. 寄送各区级机关和街道分馆; 3. 项目执行经理随时跟踪审查内容及质量,杜绝错误,并报馆长审核
2.4	信息咨询服务	
2.4.1	政府公开信息查询服务及普通参考咨询	1. 为政府部门或群众提供政府信息查询服务; 2. 设立咨询服务台,提供文献服务、网上咨询和回复服务; 3. 设专职人员进行实时咨询回复

续表

标号	服务指标	考核实施细则
2.4.2	专题咨询服务和决策信息服务	为政府、企事业单位提供创新创业文献专题咨询信息服务和决策信息服务；通过定题检索、文献查证、信息推送等方式为政府科学决策提供咨询服务
2.5	网络及新媒体服务	
2.5.1	图书馆网站	1. 优化图书馆网站结构，设计效果、内容架构等，2018年7月前完成并报图书馆审批； 2. 有专人每天维护更新内容，及时发布信息，保证网络安全并保证信息发布安全，杜绝政治风险； 3. 建立工作局域网和QQ工作群服务； 4. 项目执行经理随时跟踪审查内容，杜绝错误，并报馆长审批 （成交供应商提供佐证材料） （由督导考核）
2.5.2	微信或微博公众平台服务	1. 优化微信或微博平台，设计效果、内容架构等，2018年7月前完成报图书馆审核； 2. 有专人每天维护更新内容，及时发布信息，保证网络安全并保证信息发布安全，杜绝政治风险； 3. 建立微信工作群服务； 4. 项目执行经理随时跟踪审查内容，杜绝错误，并报馆长审批
2.5.3	数字化云平台运用与移动图书馆	1. 依托共享工程和数字图书馆推广工程，利用信息技术，建立集服务信息报送、网络检测、统计分析、数据发布、绩效评估等功能的大数据服务； 2. 保证图书馆读者随时随地通过手机、平板电脑等移动设备使用图书馆资源服务
2.6	读者评价	
2.6.1	读者意见处理与日常评价	1. 建立读者意见处理反馈机制与制度； 2. 设立读者意见箱不少于3个； 3. 每月召集读者座谈会，听取意见和建议，并留存资料； 4. 每月对读者日常评价和意见处理情况进行问卷调查
2.6.2	读者满意率	对图书馆服务环境、服务质量、服务效果、服务需求、服务态度、馆员风貌、志愿者服务、文明劝导、设备使用状况、文献管理、活动开展情况、图书宣传、好书征集等广泛征求读者意见的满意度
3	业务建设	
3.1	编目与馆藏组织管理	
3.1.1	文献编目标准化	1. 草拟文献建设发展规划和年度采购方案及文献借阅管理办法报图书馆审批后严格执行； 2. 采用符合国家、行业标准的编目数据，对过报、过刊科学管理，及时加工上架 3. 制定图书个性化特色标签识别管理创新办法，报图书馆审批后执行

续表

标号	服务指标	考核实施细则
3.1.2	加工整理与排架	1. 书标、加工登录号、条码号和馆藏章规范、统一、整齐、美观； 2. 草拟架位维护管理制度报图书馆审批后执行； 3. 正确率达到 90%
3.1.3	剔旧下架工作	1. 草拟剔旧下架工作办法报图书馆审批后执行； 2. 剔旧下架工作执行情况良好，有清单明细
3.1.4	文献管理与保护	1. 草拟文献管理与保护规章制度及赔偿制度，报图书馆审核并严格执行，确保图书、报刊等文献实质性保护工作良好开展，保证图书防盗检测长效实施； 2. 有书库防火、防盗、防虫、防潮、防尘等管理办法，书库维护良好； 3. 文献损坏及丢失率小于 3%； 4. 配合做好文献采购及上架等工作，做好系统数据和实体文献管理，每月提供账目或清单明细
3.2	数字资源建设	
3.2.1	自建数字资源	1. 每月自建数字资源，有清单明细，包括自建资源类别（文本、视频、音频、图片等）、名称、记录条数、数据量、自建时间等，并提供使用服务； 2. 参与国家图书馆牵头的"中国记忆"项目建设，围绕当代重大历史事件、重要代表人物、重点热点话题采集和制作专题资源，建立资源库
3.3	地方文献工作	
3.3.1	地方文献工作征集组织	1. 制定地方文献征集工作计划并形成长效机制，广泛宣传收集； 2. 每月征集本地生成的内部资料（指出版印刷的书、报、刊、方志、谱牒等）不少于 20 册，全年不少于 300 册
3.3.2	地方文献入藏	1. 对地方文献及时编目加工整理入藏，管理良好并对外开放； 2. 每月提交清单明细
3.4	本区域公共图书馆服务体系建设	
3.4.1	总分馆建设	1. 按要求配合完成 13 个街道图书分馆建设； 2. 对总馆更新的图书、期刊和其他资源进行资产统计管理、回访服务，形成长效机制； 3. 建立总分馆工作交流 QQ 群或微信群，及时传达和收集分馆有关工作情况
3.4.2	总分馆服务效能	1. 草拟街道分馆管理和服务效能管理办法报图书馆审核并协助实施； 2. 提供技术支持，保证馆际互借或通借通还正常实施； 3. 帮助分馆开展免押金注册读者服务工作
3.4.3	公共图书服务网点建设	1. 对总分馆以外的其他服务点，如流动图书车、馆外 24 小时自助图书馆、未纳入分馆体系的借阅点等进行业务技术指导服务； 2. 保证图书更新及时，运行正常并取得实效； 3. 统计文献借阅等情况，每月进行一次回访，有佐证资料并齐全； 4. 提供图书借阅清单

续表

标号	服务指标	考核实施细则
3.5	图书馆行业协作协调与社会合作	
3.5.1	参与联盟或参与跨地区、跨系统的图书馆协作协调工作	1. 广泛建立图书馆联盟服务合作； 2. 每月有参与联盟或参与跨地区、跨系统的图书馆协作协调工作或活动
3.5.2	社会合作	1. 广泛整合利用各类社会资源，与图书馆以外的其他社会力量或机关、学校、企业等合作开展形式多样的免费阅读服务活动和社会教育活动，扩大图书馆服务影响力和知晓度； 2. 项目执行经理随时跟踪审查资质、内容，杜绝错误，并报馆长审核
3.5.3	工作配合	1. 积极协助配合图书馆引入的服务项目或活动； 2. 积极配合采购人引入的第三方评价工作； 3. 积极完成图书馆交办的各项工作
3.6	重点文化工程	
3.6.1	文化信息资源共享工程与公共电子阅览室建设服务	依据文化部全国公共文化发展中心和文化信息资源共享工程省级分中心的要求做好对总馆、分馆及社区基层服务点建设、管理和服务
3.6.2	数字图书馆推广工程	依据《文化部财政部关于实施"数字图书馆推广工程"的通知》及国家图书馆、省图书馆的相关文件要求做好对总馆、分馆、社区基层服务点的服务及数字云平台服务
3.7	基层业务辅导与学会工作	
3.7.1	基层业务辅导与培训	1. 完善基层业务辅导与培训制度，报图书馆审核并执行； 2. 下基层对街道分馆和社区图书室进行业务指导每月不少于8次，全年不少于120次，街道分馆业务员到总馆参加日常学习每月不少于1次，集中组织基层业务员辅导培训每年不少于2次； 3. 特色活动下沉到街道分馆每月不少于2次； 4. 组织指导基层每个街道分馆撰写论文不少于1篇
3.7.2	参加图书馆学会（协会）工作	1. 积极参加全市图书馆学会（协会）工作； 2. 完成图书馆学会论文数量不少于馆员人数； 3. 完成调研文章任务
3.8	行政与人力资源管理	
3.8.1	日常会议与学习	1. 每周一上午组织馆员召开工作例会、党风廉政建设学习会或其他学习会议，传达学习上级有关精神及开展业务学习讨论、工作部署、业务工作总结汇报； 2. 总结完善上周工作任务，梳理安排本周重点工作当日报馆长研究； 3. 需提交每周会议签到表、会议纪要、会标及图片资料等齐全

续表

标号	服务指标	考核实施细则
3.8.2	岗位管理	1. 制定岗位考核管理责任制度、目标管理与分配激励制度，包含员工纪律、保密责任等，并落实到人头，报图书馆审批； 2. 对当日上班考勤，在岗、事假、病假等有审批手续并进行公示； 3. 部门以上负责人节假日现场值班，有记录，并严格遵守值班纪律； 4. 部门以上负责人须 24 小时保持通信畅通，电话、信息或微信安排的工作任务须及时响应
3.8.3	制度建设与执行	1. 完善草拟汇编图书馆各项制度，报图书馆审核后实施； 2. 严格遵守图书馆各项规章制度、维护图书馆公共利益，并承担保密义务； 3. 对采购人提出的建议和意见及时进行整改
3.8.4	工作报请	建立工作事前、事中、事后报请审批制度，工作和活动等有实施方案或申请并按要求由馆方书面审核同意后执行
3.8.5	员工教育培训	积极组织全馆员工岗位业务培训和继续教育，每月每人不少于 5 学时，全年不少于 80 学时
3.8.6	员工能力评估	1. 鼓励员工获得市级以上权威（指专业学会、政府组织）专业机构的专业培训及资质证明； 2. 组织岗位技能培训或比赛，提高员工业务能力和水平
3.9	财务、档案管理与资产维护	
3.9.1	财务监督	考核人员经费、服务运行经费的管理与使用情况。 1. 财务独立核算，建立独立账户； 2. 每月 10 日前提交上个月度、季度、年度财务审计报告，员工工资、社保表、公积金表等； 3. 采购人按当月在岗实际人数拨付人员经费
3.9.2	国有资产管理	1. 草拟设备、设施、物资、图书文献等全部资产管理制度和损坏赔偿制度，报图书馆审核并严格执行； 2. 由专人负责管理，做好图书馆资产管理和维护，保证图书馆财产不受损失； 3. 在图书馆的指导下按财务制度的要求于 2018 年 5 月前完成全部资产盘点，有清单明细和移交手续； 4. 在图书馆的指导下对图书馆文献资源进行全面盘点清理，形成清单明细； 5. 在图书馆指导下于 2018 年 7 月前完成书库及其他待报废物资的整理清点工作，对全部物资进行登记造册，报图书馆审核； 6. 每合同年度前 1 个月完成 1 次资产盘点并提供资产盘点清单明细； 7. 对需要报废或损坏的设备进行妥善保管，并协助做好报废工作； 8. 在工作中疏忽，不遵守操作使用要求造成设备物资等损坏，须照价赔偿； 9. 遵守图书馆车辆使用管理办法，依法发挥好文化服务车开展活动的需要； 10. 对图书馆所有设施、设备及门禁系统、图书管理系统、显示系统进行全面检修，并在 2018 年 7 月前完成科学规划方案报图书馆，9 月前完成整改

续表

标号	服务指标	考核实施细则
3.9.3	档案管理	1. 草拟档案管理制度和保密制度并报图书馆审核修订; 2. 包括行政档案和业务档案:文件文书、人事档案、职工考核、财务档案、设施设备档案、活动档案等; 3. 要求执行情况良好,有专人管理,档案健全,资料翔实,归档及时,有卷宗,有目录,按要求提交给图书馆
3.10	安全与环境管理	
3.10.1	安全管理	1. 建立图书馆消防等各类安全管理制度并报图书馆审核; 2. 坚守职业道德,确保图书馆文献数据、网络安全、资料信息不泄露; 3. 承担服务期间发生的所有涉及意识形态、文化宣传、违规违纪、消防安全、信息网络安全、意识形态领域的安全、人身安全及其他意外事故责任,签订相关目标责任书; 4. 购买公众责任保险; 5. 确保员工遵守各项制度纪律,并承担其在工作中违规违纪行为影响和损失; 6. 按上级要求做好安全生产工作,每日有安全巡检记录,对发现的任何安全问题和隐患及时报图书馆并妥善处理,消除隐患; 7. 每次法定节假日均组织全馆会议安排部署相关工作并进行安全检查,有签到、记录、照片和信息报送等,资料齐全,并严格遵守值班纪律
3.10.2	环境管理	1. 保证环境卫生、整洁、美观、安静、文明,随时巡馆并有记录; 2. 保证标识标牌规范、标准、醒目; 3. 设施设备维护良好,每日巡检有记录; 4. 在图书馆指导下于 2018 年 7 月前完成对 7 楼、8 楼、9 楼的氛围营造和对环境建设进行提档升级; 5. 制定节能减排措施,并执行良好; 6. 对读者在馆内不文明行为的监督管理
3.11	业务管理	
3.11.1	业务统计分析	每月对外借量、到馆读者、免押金注册、开展活动情况进行统计并与上月做对比分析,提供统计分析报告报图书馆
3.11.2	图书馆媒体宣传	加强媒体宣传,包括区级以上媒体(报纸、电台、电视台、网络等),宣传数量达到每年 80 篇次
3.12	业务研究	
3.12.1	馆内业务研究	1. 积极参加馆内业务研究和学术课题研究,承接课题服务每年不少于 1 件; 2. 组织馆员每年撰写论文每人不少于 1 篇; 3. 每年到街道、社区、协会和相关企业进行工作指导与调查研究,并形成调研文章 2 篇
3.12.2	参加馆外学术和业务活动	1. 积极参加省市学术和业务活动; 2. 完成省图书馆、市图书馆安排的任务

续表

标号	服务指标	考核实施细则
3.13	组织文化和表彰奖励	
3.13.1	行政主管部门的表彰奖励	1. 获得上级行政主管部门对区政府或对文体旅游局的表彰和奖励； 2. 特色亮点工作或工作经验获得上级领导肯定性批示
3.13.2	行业内部或其他部门的表彰奖励	获得行业内部或其他部门的表彰和奖励
3.14	社会化管理	
3.14.1	完成法人治理结构改革	配合完成法人治理结构改革工作
3.14.2	社科基地宣传教育工作	按照区委宣传部要求做好社科基地宣传教育各项工作，并资料齐全
3.14.3	读者信用建设服务工作	配合做好读者信用建设服务工作
3.14.4	志愿者建设管理	1. 完善志愿者建设和管理制度、管理规范，活动经常化，健全注册招募、服务记录、管理评价激励机制； 2. 每月志愿者注册数量不少于2人
3.15	基本服务能力	
3.15.1	仪容仪表、礼仪服务	1. 统一着装、实名挂牌服务； 2. 文明礼貌、热情、自觉维护本馆形象、文明劝导
3.15.2	窗口值守	1. 窗口必须保证应有的工作人员服务人数，并公示； 2. 前台外配备1名文明劝导员或导读员，并公示
3.15.3	开门服务	准时向读者开放，不得推迟开门或提前关门
3.15.4	工作态度	馆员积极耐心解答读者咨询；不大声说话、动作轻稳、声音柔和、无不雅举止，不影响读者阅读
3.15.5	工作效率	新书、报纸、期刊到馆当天及时整理，登记上架
4	服务创新	
4.1	服务创新显示	1. 每月定期以多种创新方式宣传发布图书馆服务活动或服务数据； 2. 宣传栏、好书推荐、新书推荐、专题书柜、读者留言墙等须有特色、有创新创意，每月更新； 3. 有创新创意产品和作品展示
4.2	播放、拍摄阅读公益宣传片	1. 利用管理播放平台，每天播放公益宣传视频； 2. 拍摄阅读公益宣传片每年不少于1件
4.3	创建服务品牌	1. 创建由文字、标记、符号、图案和颜色等要素或这些要素组合所构成的服务品牌名称，每年不少于2个； 2. 以此品牌开展活动，有较为完整的服务模式，形成长效服务，有显著成效，有较强的影响力

续表

标号	服务指标	考核实施细则
4.4	服务创新推广	1. 探索并打造有独特价值的创新服务，并形成模式、经验，具有一定的影响；加强宣传推广、总结，形成文字成果材料。不包括完全学习（模仿）其他图书馆的服务模式或经验，受到群众好评，领导认可； 2. 探索创新文献管理借阅方法和手段，快捷、便民、惠民，有较强的代表性，在行业内有一定的代表性； 3. 打造党风廉政建设学习课堂并经常开展相关活动，资料齐全
4.5	文创产品开发	1. 积极推动文创产品开发，有资源、有成果； 2. 加入省图书馆文创产品开发联盟

注：

1. 年内发生重大责任事故，造成较大损失、受到上级批评、受到上级目标任务测评扣分、发生损坏图书馆声誉和形象等事件，除了从测评总分中直接扣除 100 分，解除合同外，还需进行经济赔偿；

2. 对于只能在年度才能进行考核的服务指标，在每月考核时暂按零分计算，在一年期满时考核。

参考文献

一、图书类

[1] 登哈特. 新公共服务：服务，而不是掌舵[M]. 丁煌，译. 北京：中国人民大学出版社，2010.

[2] 冯华艳. 政府购买公共服务研究[M]. 北京：中国政法大学出版社，2015.

[3] 冯佳. 公共文化服务制度建设研究[M]. 北京：国家图书馆出版社，2015.

[4] 弗雷德里克森. 新公共行政[M]. 丁煌，方兴，译. 北京：中国人民大学出版社，2011.

[5] 高宏存. 公共文化设施运行机制研究[M]. 北京：社会科学文献出版社，2016.

[6] 龚蛟腾. 城镇化进程中基层公共图书馆建设研究[M]. 北京：知识产权出版社，2016.

[7] 何平，吴楠. 政府购买公共服务法律规制研究[M]. 合肥：合肥工业大学出版社，2014.

[8] 金武刚，李国新. 公共文化政策法规解读[M]. 北京：北京师范大学出版社，2014.

[9] 金莹. 基层政府购买公共文化服务的理论与实践[M]. 武汉：武汉大学出版社，2017.

[10] 柯平，等. 社会公共服务体系中图书馆的发展趋势、定位与服务研究[M]. 北京：国家图书馆出版社，2011.

[11] 李传军. 服务行政与服务新政府[M]. 北京：中国书籍出版社，2013.

[12] 刘波，彭谨，李娜. 公共服务外包：政府购买服务的理论与实践[M]. 北京：清华大学出版社，2016.

［13］刘淑华. 图书馆业务外包及其发展趋势［M］. 北京：国家图书馆出版社，2015.

［14］刘新成，张永新，张旭. 中国公共文化服务发展报告（2014—2015）［M］. 北京：社会科学文献出版社，2015.

［15］刘玉姿. 政府购买公共服务立法研究［M］. 厦门：厦门大学出版社，2016.

［16］吕侠. 中国政府购买公共服务研究［M］. 长沙：湖南师范大学出版社，2015.

［17］乔东平，等. 政府与社会组织的合作：模式、机制和策略［M］. 北京：华夏出版社，2015.

［18］荣跃明. 上海公共文化服务发展报告（2017）［M］. 上海：上海人民出版社，2017.

［19］谭建光，罗坚华. 中国关爱：当代中国的社会建设与志愿服务［M］. 北京：中国社会出版社，2012.

［20］王丛虎. 政府购买公共服务理论研究：一个合同式治理的逻辑［M］. 北京：经济科学出版社，2015.

［21］王东伟. 我国政府购买公共服务问题研究［M］. 北京：经济科学出版社，2015.

［22］王浦劬，萨拉蒙，等. 政府向社会组织购买公共服务研究：中国与全球经验分析［M］. 北京：北京大学出版社，2010.

［23］王浦劬，Jude Howell，等. 政府向社会力量购买公共服务发展研究［M］. 北京：北京大学出版社，2016.

［24］王树文. 我国公共服务市场化改革与政府管制创新［M］. 北京：人民出版社，2013.

［25］王雪云，高芙蓉. 政府购买公共服务研究［M］. 北京：经济科学出版社，2016.

［26］王子舟. 民间力量建设图书馆的政策与模式［M］. 北京：国家图书馆出版社，2011.

［27］魏后凯，等. 基层公共文化设施建设和管理研究［M］. 北京：中国社会科学出版社，2017.

［28］魏中龙，等. 政府购买服务的理论与实践研究［M］. 北京：中国人民大学出版社，2014.

[29] 吴理财, 等. 文化治理视域中的公共文化服务体系建设 [M]. 北京: 高等教育出版社, 2016.

[30] 吴理财, 等. 中国城乡基层公共文化服务调查 [M]. 北京: 高等教育出版社, 2016.

[31] 吴慰慈. 图书馆学新探 [M]. 北京: 北京图书馆出版社, 2007.

[32] 项显生. 政府购买公共服务的法律问题研究 [M]. 北京: 北京大学出版社, 2017.

[33] 休斯. 公共管理导论 [M]. 张成福, 等译. 北京: 中国人民大学出版社, 2007.

[34] 徐清泉. 上海公共文化服务发展报告（2016）[M]. 上海: 上海社会科学院出版社, 2016.

[35] 杨欣. 公共服务合同外包中的政府责任研究 [M]. 北京: 光明日报出版社, 2012.

[36] 姚文胜. 政府购买法律制度研究 [M]. 北京: 法律出版社, 2009.

[37] 易斌. 网络环境下图书馆读者隐私权保护研究 [M]. 北京: 中国社会科学出版社, 2013.

[38] 张伟, 刘锦山. 公共图书馆转型与内涵发展 [M]. 北京: 国家图书馆出版社, 2017.

[39] 郑卫东. 农村社区政府购买公共服务研究 [M]. 北京: 中国社会科学出版社, 2012.

[40] 郑卫东. 政府购买服务的监管问题研究 [M]. 上海: 上海人民出版社, 2019.

[41] 中国发展研究基金会. 社会资本参与公共服务市场化改革研究 [M]. 北京: 中国发展出版社, 2016.

[42] 竺乾威, 等. 社会组织视角下的政府购买公共服务 [M]. 北京: 中国社会科学出版社, 2016.

[43] O'Hagan J W. The state and the arts: An analysis of key economic policy issues in Europe and the United States [M]. Cheltenham: Edward Elgar Publishing, 1998.

二、学位论文类

[1] 贝纪宏. 公益组织参与公共文化服务供给研究[D]. 重庆：西南大学，2017.

[2] 程明. 市场化环境下图书馆业务外包调查与分析[D]. 合肥：安徽大学，2015.

[3] 方雅琴. 安徽省内图书馆整体服务外包调查与思考[D]. 合肥：安徽大学，2015.

[4] 何可. 社会力量参与合肥地区公共图书馆服务建设的调查与分析[D]. 合肥：安徽大学，2019.

[5] 黄珣. 政府购买公共图书馆服务研究[D]. 南昌：南昌大学，2019.

[6] 康媛媛. 地市级以下公共图书馆服务外包研究[D]. 合肥：安徽大学，2014.

[7] 李皖颖. 安徽省公共图书馆社群合作模式的调查与分析[D]. 合肥：安徽大学，2018.

[8] 李笑寒. 政府购买区县级公共图书馆服务的绩效评估研究[D]. 保定：河北大学，2017.

[9] 李杨. 合肥市社会力量参与公共图书馆服务供给研究[D]. 合肥：安徽大学，2018.

[10] 李煜宁. 政府购买公共图书馆服务绩效评估指标体系研究[D]. 成都：电子科技大学，2018.

[11] 李重阳. 合肥市社区图书馆社会化管理调查报告[D]. 合肥：安徽大学，2017.

[12] 廖姗姗. 我国图书馆全流程服务外包的研究[D]. 合肥：安徽大学，2015.

[13] 刘晓婷. 图书馆服务的政府购买研究[D]. 保定：河北大学，2013.

[14] 缪欢. 公共图书馆整体服务外包资金测算研究[D]. 北京：北京大学，2016.

[15] 任建敏. 我国政府购买公共服务的现实困境与对策[D]. 昆明：云南财经大学，2016.

[16] 万慧. 安徽省区级图书馆全流程服务外包实践探析[D]. 合肥：安徽大学，2014.

[17] 肖婷. 美国公共文化服务体系建设研究[D]. 武汉：湖北大学，2014.

［18］徐珊珊. 区级公共图书馆总体外包评价体系构建研究［D］. 合肥：安徽大学，2015.

［19］杨顿. 政府购买公共图书馆服务现状调查与分析［D］. 合肥：安徽大学，2017.

［20］张成梁. 陕西公共文化服务社会化问题研究［D］. 西安：长安大学，2018.

［21］张晗. 合肥市公共图书馆社会化管理与服务调查报告［D］. 合肥：安徽大学，2018.

［22］周乃泉. 安徽省基层公共图书馆社会化管理研究［D］. 合肥：安徽大学，2016.

［23］周玉希. 政府购买公共图书馆服务发展现状及绩效评估研究［D］. 成都：电子科技大学，2020.

［24］朱敬亚. 政府购买图书馆公共服务研究［D］. 郑州：郑州大学，2016.

三、期刊论文类

［1］本刊采编部. 揭秘政府购买公共服务的"无锡新区"模式［J］. 中国政府采购，2015（7）：27-28.

［2］曹磊. 日本公共图书馆社会化运营的负面影响及社会反思［J］. 国家图书馆学刊，2017（3）：29-35.

［3］曹磊. 日本公共图书馆社会化运营发展历程及问题［J］. 中国图书馆学报，2017（3）：119-131.

［4］曹美琴，赵杰，徐军华. 政府购买服务参与中西部农村图书馆建设研究［J］. 图书馆理论与实践，2017（4）：51-56.

［5］陈红. 政府购买、公益创投与图书馆服务市场的发展［J］. 图书馆工作与研究，2018（5）：21-24，37.

［6］陈红. 政府购买公共图书馆服务的障碍与未来方向［J］. 图书馆工作与研究，2015（10）：4-8.

［7］陈俊翘，全洪立. 公共图书馆总体外包争论焦点的个案探究——以增城市新塘镇图书馆为例［J］. 图书馆杂志，2013（1）：38-43.

［8］陈俊翘，巫倩，张滢. 图书馆业务外包实证研究——以珠三角地区32个公

共图书馆为例[J].图书馆论坛,2012(3):51-53,50.

[9]陈俊翘,张滢.公共图书馆服务外包实证研究——以广州市南沙区图书馆外包个案为例[J].图书情报工作,2012,56(S1):87-92,120.

[10]陈俊翘,诸葛列炜.新公共管理影响下的国外公共图书馆总体外包研究——以美英日为例[J].图书馆论坛,2013(1):52-58.

[11]陈兰杰,刘利.政府购买公共图书馆服务研究文献计量分析[J].河北科技图苑,2018(2):86-92.

[12]程焕文.论《公共文化服务保障法》立法精神——国家和政府的公共文化服务责任解析[J].图书馆论坛,2017(6):1-9.

[13]丁文安.政府购买图书馆服务实现方式分析——以三个典型案例为例[J].图书馆工作与研究,2017(5):14-17,40.

[14]段小虎,张惠君,万行明.政府购买公共文化服务制度安排与项目制"文化扶贫"研究[J].图书馆论坛,2016(4):5-12.

[15]冯佳.地方公共文化相关法规与公共图书馆发展[J].中国图书馆学报,2014(6):55-66.

[16]方永恒,李今今.我国地方政府购买公共文化服务政策:历程、困境与创新[J].华中科技大学学报(社会科学版),2020(1):130-136.

[17]高海虹.政府购买公共图书馆服务的利益相关者研究[J].图书与情报,2017(1):105-110,127.

[18]关思思.政府购买公共图书馆服务的适用性研究[J].图书馆建设,2015(7):4-9.

[19]关思思.从承接者角度浅析英国公共图书馆社会化管理运营实践[J].图书馆学研究,2019(5):87-93.

[20]关思思.美国公共图书馆管理外包的案例分析与争论借鉴[J].图书与情报,2019(1):91-99,47.

[21]关思思.从承接者角度浅析美国公共图书馆社会化管理运营[J].新世纪图书馆,2019(11):81-86.

[22]郭华,葛琳琳,易斌.社会组织参与政府购买图书馆服务研究[J].国家图书馆学刊,2018(1):40-47.

[23] 郭敏. 政府向社会组织购买图书馆服务的思路 [J]. 晋中学院学报, 2018 (5): 106-108.

[24] 郭新萍. 政府购买图书馆服务绩效评估初探 [J]. 图书馆学刊, 2015 (8): 21-23.

[25] 何晴, 付诗文. 政府购买公共服务的现状、问题与政策建议——基于《中国政府采购报》的文本分析 [J]. 财政监督, 2018 (11): 81-85.

[26] 贺伟. 政府购买图书馆公共服务的新尝试——以无锡新区图书馆为例 [J]. 图书馆杂志, 2014 (2): 37-40, 94.

[27] 胡莲香. 政府购买图书馆服务范围的战略决策探究 [J]. 图书馆理论与实践, 2016 (12): 52-56.

[28] 胡艳蕾, 陈通, 高海虹. 我国政府购买公共文化服务的"非合同制"治理 [J]. 中国行政管理, 2016 (1): 45-51.

[29] 黄佳, 黄志勇, 谢根甲. 政府购买图书馆公共服务权的边界和规制 [J]. 图书馆, 2017 (2): 8-12.

[30] 黄旭东. 魏塘模式: 镇级文化中心社会化运作的新出路 [J]. 图书馆研究与工作, 2018 (10): 22-25.

[31] 金武刚. 全面构建现代公共图书馆制度——关于《中华人民共和国公共图书馆法》的学习与研究 [J]. 图书与情报, 2018 (1): 49-62.

[32] 金武刚. 公共文化设施托管的认识误区、衍生问题及阈值设定 [J]. 图书馆建设, 2020 (4): 15-22, 36.

[33] 靳亮, 纪广斌. 公共文化服务市场化背景下政府如何扮演"精明的买主"角色 [J]. 理论与改革, 2017 (6): 173-180.

[34] 句华. 政府购买服务与事业单位改革衔接模式探讨 [J]. 行政管理改革, 2017 (3): 34-39.

[35] 寇曦文. 创新公共文化服务多元供给模式——以上海市嘉定区文化馆公共文化服务项目为案例的研究 [J]. 群文天地, 2012 (20): 20.

[36] 李国新. 完善农村公共文化服务政府购买政策与机制 [J]. 行政管理改革, 2019 (5): 24-26.

[37] 李国新. 强化公共文化服务政府责任的思考 [J]. 图书馆杂志, 2016 (4): 4-8.

［38］李国新. 文化类社会组织是政府购买公共文化服务的主要力量［J］. 中国社会组织，2015（11）：14-15.

［39］李剑. 我国公共文化机构社会化管理运营的经验分析［J］. 图书与情报，2017（2）：120-124，62.

［40］李敏. 社会力量参与公共文化服务的律法规制［J］. 行政与法，2016（12）：45-51.

［41］李山. 政府购买：公共文化服务供给模式的现代转向［J］. 地方财政研究，2015（4）：86-90.

［42］李山. 政府购买公共文化服务的现实困境与改革路径［J］. 湘潭大学学报（哲学社会科学版），2014（5）：25-29.

［43］李姝娟. 英国政府购买图书馆公共服务的演进、特征及启示［J］. 图书馆建设，2016（11）：84-88，101.

［44］李雅，杨乃一. 基层图书馆社会化运营中企业参与模式及发展对策——以艾迪讯电子科技（无锡）有限公司为例［J］. 国家图书馆学刊，2018（4）：70-76.

［45］李杨，陆和建. 基于5W1H分析法的基层公共图书馆服务供给政社合作研究［J］. 图书情报工作，2017（24）：24-31.

［46］李育嫦. 公共文化服务视角下高校图书馆的社会合作研究［J］. 情报理论与实践，2015（12）：43-46.

［47］李祝启，陆和建，毛丹. 安徽省基层公共图书馆社会化管理创新路径研究［J］. 情报探索，2015（3）：104-106.

［48］李祝启，陆和建. 我国基层公共图书馆社会化管理实证研究——以安徽省芜湖市镜湖区图书馆社会化管理为例［J］. 图书情报工作，2015（1）：73-77.

［49］林君荣. 公共文化服务社会化的五大误区及应对措施研究——以台州市公共文化服务社会化实践为例［J］. 图书馆研究与工作，2018（5）：21-24，93.

［50］林岫. 论政府购买图书馆公共服务的管理与评价［J］. 河南图书馆学刊，2018（11）：127-128，140.

［51］刘海丽. 美国公共图书馆"管理外包"：模式、争论与冲突［J］. 图书馆建设，2015（7）：10-13，18.

[52] 刘敏. 政府购买公共文化服务的难点及对策[J]. 中国发展观察, 2016(Z1): 65-68.

[53] 刘涛. 从政府购买到合作治理: 图书馆服务供给机制创新研究[J]. 图书馆研究, 2018(2): 6-13.

[54] 刘涛. 图书馆服务的竞争性供给分析——以政府购买图书馆服务为背景[J]. 图书馆研究, 2017(3): 78-84.

[55] 刘涛. 图书馆服务供给模式的效率表现与非效率解——以政府购买图书馆服务为背景[J]. 山东图书馆学刊, 2017(4): 4-9, 49.

[56] 刘涛. 政府购买图书馆服务中的政府责任分析[J]. 新世纪图书馆, 2017(9): 5-9.

[57] 刘涛. 政府应该何时购买图书馆服务——一个成本效益分析框架[J]. 图书馆界, 2018(3): 25-30.

[58] 刘晓东. 社会力量参与公共图书馆建设的法律依据[J]. 图书馆, 2018(2): 5-7, 13.

[59] 刘晓婷, 赵胜, 赵宇鹏, 等. 政府购买图书馆公共服务模式研究[J]. 图书情报工作, 2016(15): 53-58.

[60] 陆和建, 姜丰伟, 王蕾蕾. 我国基层公共图书馆管理与服务创新实证研究——以滨湖世纪社区图书馆社会化运作为例[J]. 图书馆, 2016(8): 104-107.

[61] 陆和建, 姜丰伟. 社会力量参与基层文化服务建设研究——基于社区文化中心的社会化管理实践[J]. 国家图书馆学刊, 2017(5): 75-80.

[62] 陆和建, 李杨. 基于SWOT-PEST分析的基层公共文化服务社会化管理发展策略研究[J]. 图书情报知识, 2016(4): 119-128.

[63] 陆和建, 吴凡, 开源. 我国基层公共图书馆社会化管理现状分析及启示——[J]. 图书馆工作与研究, 2016(2): 31-34, 40.

[64] 陆和建, 周乃泉, 吴凡. 我国区级公共图书馆社会化管理机制创新研究[J]. 图书馆建设, 2015(10): 10-13.

[65] 吕俊秀. 县级图书馆参与政府购买服务路径研究[J]. 图书馆学刊, 2018(1): 25-28, 134.

［66］吕亚娟. 政府购买图书馆阅读服务的分析与思考［J］. 山东图书馆学刊，2018（6）：25-28.

［67］马晓军. 政府购买图书馆服务的边界研究：一个交易成本经济学分析框架［J］. 图书馆，2016（7）：43-48.

［68］马晓军. 政府购买图书馆服务的风险及其防范［J］. 图书馆学研究，2016（5）：26-30.

［69］麦笃彪. 政府购买图书馆公共服务目标管理与绩效考核指标体系探究［J］. 晋图学刊，2017（3）：1-5.

［70］毛丹. 基于政府购买服务的社区图书馆发展模式实证研究［J］. 山东图书馆学刊，2016（4）：69-72.

［71］孟兰. 推行政府购买服务构建阅读空间的探索——基于北京市西城区的实践［J］. 图书馆，2016（2）：100-103.

［72］苗美娟. 政府购买图书馆公共服务的实践探析［J］. 图书馆论坛，2016（7）：60-66.

［73］聂可，彭卓，蒋芳. 新闻分析：公共文化服务供给如何对接老百姓需求？［J］. 中国社会组织，2015（11）：13-14.

［74］牛华. 我国政府购买公共文化服务发展现状与价值探析［J］. 管理观察，2014（5）：140-141.

［75］齐玲阁. 从政府包揽到社会供给——实现公共图书馆服务的新型模式［J］. 图书馆工作与研究，2016（4）：5-9.

［76］钱宇. 政府购买公共服务背景下的图书馆生态研究［J］. 图书馆，2016（11）：34-39，50.

［77］任金红. 图书馆服务供给模式的公共治理制度选择——政府购买、民间图书馆发展与图书馆服务供给模式的多样化［J］. 山东图书馆学刊，2016（6）：67-72.

［78］任金红. 政府购买图书馆服务的困境与出路［J］. 图书馆研究，2016，46（3）：101-105.

［79］沈丽云. 日本公立图书馆"指定管理者制度"实施五年的变化［J］. 图书馆杂志，2009（9）：60-62.

［80］苏福，柯平. 公共图书馆服务社会化的探索与实践研究［J］. 图书馆论坛，2017（9）：55-61.

［81］孙军. 无锡新区公共文化服务社会化实践分析［J］. 文化艺术研究，2014（4）：10-15.

［82］孙军. 无锡新区购买公共文化服务的创新实践［J］. 中国政府采购，2015（9）：35-39.

［83］孙炜，曹妙娜. 公共文化服务供给模式创新之政府购买模式实践研究［J］. 特区经济，2016（7）：57-60.

［84］王东，包欣. 我国政府购买公共图书馆服务的价值重塑与路径重构［J］. 中国政府采购，2018（8）：44-48.

［85］王卫，张晓梅，闫帅. 政府购买民间儿童图书馆公共服务研究［J］. 图书馆建设，2016（5）：79-84.

［86］王文. 图书馆服务供给机制研究——以政府购买图书馆服务为背景［J］. 图书馆理论与实践，2018（1）：28-33.

［87］王喜明，王金娜，康丽峰. 政府购买民营绘本馆儿童阅读推广服务研究［J］. 图书馆建设，2016（10）：92-97.

［88］王晓华. 政府购买图书馆服务热中的冷思考［J］. 图书馆理论与实践，2017（11）：59-64，98.

［89］王译晗，陆和建，开源. 2007—2016年我国公共图书馆社会化管理研究综述［J］. 图书馆，2017（6）：71-76.

［90］王子舟. 社会力量参与公共文化服务体系建设是文化发展的理性选择［J］. 图书馆杂志，2015（11）：11-12.

［91］巫倩，张滢，陈俊翘. 自助图书馆（图书馆ATM）业务外包实证研究［J］. 图书馆论坛，2013（6）：72-76，106.

［92］吴建中. 新一轮事业单位改革与公共图书馆因应之策［J］. 国家图书馆学刊，2015（4）：26-27.

［93］吴阳熙. 政府购买公共图书馆服务的困境与对策［J］. 图书馆工作与研究，2016（12）：5-9.

[94] 谢发徽. 图书馆公共服务购买指标体系的构建 [J]. 河南图书馆学刊, 2017（9）: 106-107, 122.

[95] 辛娜. 公众参与政府购买公共图书馆服务研究 [J]. 图书馆工作与研究, 2018（11）: 50-53, 111.

[96] 许葵, 刘松柏. 国外图书馆业务外包基本观点分野 [J]. 图书情报工作, 2011（7）: 98-101.

[97] 鄢圣文. 我国文化服务购买的现实困境与改革建议 [J]. 中国财政, 2015（22）: 49-50.

[98] 严之钰. 社会组织: 政府购买图书馆服务的承接主体 [J]. 图书馆学刊, 2015（9）: 27-30.

[99] 阳光. 我国政府购买公共服务的经验总结与问题分析 [J]. 中国政府采购, 2014（4）: 30-38.

[100] 杨静. 政府购买图书馆服务的政策执行机制研究 [J]. 图书馆理论与实践, 2018（9）: 6-12.

[101] 杨立青. 深圳非政府文化资源参与公共文化服务探析 [J]. 上海文化, 2014（10）: 26-35.

[102] 杨晓东. 变革的逻辑: 政府向社会力量购买图书馆服务的机理分析 [J]. 图书馆研究与工作, 2018（3）: 25-30, 55.

[103] 易斌, 葛琳琳, 黄华彩, 等. 我国政府购买图书馆服务的责任缺失及应对策略 [J]. 图书馆建设, 2018（5）: 90-94, 101.

[104] 易斌, 郭华, 易艳. 政府购买公共图书馆运营服务的内涵、模式及其发展趋向 [J]. 图书馆, 2016（1）: 19-24.

[105] 易斌, 郭华. 政府购买图书馆服务的法律规制研究 [J]. 图书馆杂志, 2018（2）: 18-23.

[106] 易斌, 郭华. 政府购买图书馆运营管理服务的比较研究——以北京市朝外地区和无锡市无锡新区为例 [J]. 情报资料工作, 2015（2）: 73-77.

[107] 易斌, 易艳. 政府购买民间图书馆服务初探 [J]. 图书馆工作与研究, 2016（11）: 39-42.

[108] 易斌. 公共图书馆整体外包模式的现实困境与策略选择 [J]. 国家图书馆学刊, 2017 (4): 42-48.

[109] 易斌. 我国图书馆读者隐私保护现状调查与分析 [J]. 图书馆, 2012 (6): 68-71.

[110] 俞祖成. 日本政府购买服务制度对我国的启示 [J]. 党政视野, 2016 (3): 37.

[111] 云春雷. 政府购买服务构建基层公共图书馆服务体系研究——以文昌市图书馆为例 [J]. 河南图书馆学刊, 2017 (5): 19-21.

[112] 翟建雄. 关于基本公共图书馆服务市场化的思考 [J]. 国家图书馆学刊, 2015 (5): 25-31.

[113] 翟建雄. 中外政府购买公共服务的实践与思考 [J]. 法律文献信息与研究, 2015 (Z1): 45-50.

[114] 张宏涛. 美国政府购买图书馆公共服务制度研究 [J]. 图书馆, 2016 (3): 76-79, 84.

[115] 张军华. 政府购买图书馆服务背景下公共图书馆制度的变迁——基于组织社会学的视角 [J]. 图书馆工作与研究, 2017 (4): 11-16, 22.

[116] 张军华. 政府购买图书馆服务研究评述与展望 [J]. 图书馆建设, 2017 (1): 91-96, 102.

[117] 张庆伟. 政府购买公共图书馆服务模式研究 [J]. 图书馆工作与研究, 2016 (10): 15-18.

[118] 张庆伟. 政府向社会力量购买公共图书馆服务现状调查分析 [J]. 图书馆理论与实践, 2017 (9): 84-87.

[119] 张仁汉. 政府购买公共文化服务的辨析与解构 [J]. 中国机构改革与管理, 2015 (3): 6-9.

[120] 张守卫. 政府购买图书馆服务绩效评价指标体系的构建 [J]. 四川图书馆学报, 2018 (1): 19-22.

[121] 张铁. 培育和发展图书馆社会组织: 理念、制度与策略 [J]. 图书馆研究与工作, 2016 (2): 24-27.

[122] 张兴. 政府购买公共服务绩效困境的形成机理与对策——以 S 区自助图

书馆为例[J].中共福建省委党校学报,2019(1):67-72.

[123]张妍妍,余波,郭蕾,等.政府购买公共服务之成效评估研究[J].图书馆理论与实践,2018(7):20-26.

[124]张岩.充当行业砥柱,构建"图书馆+"发展新模式[J].国家图书馆学刊,2015(4):27-29.

[125]张滢,陈俊翘,段锐.珠三角地区公共图书馆业务外包区域差异的实证研究[J].公共图书馆,2012(1):57-61.

[126]张勇.公共图书馆面临的危机与变革[J].国家图书馆学刊,2015(4):29-31.

[127]郑崇选.文化类非营利组织培育与现代公共文化服务体系建设[J].上海文化,2014(12):11-21.

[128]政府购买公共文化 助力自由阅读 梦想起航[J].中国政府采购,2015(10):47-48.

[129]支娟.政府向社会力量购买图书馆服务发展探析[J].图书馆,2015(7):76-79,96.

[130]周兰翠.政府购买公共文化服务:理论逻辑与实践形态[J].地方财政研究,2014(4):21-26.

[131]周玮.解读:政府购买公共文化服务钱怎么花?[J].中国社会组织,2015(11):10-11.

[132]周晓红,许冰.市场培育期公共图书馆服务外包的边界[J].四川图书馆学报,2018(4):10-13.

[133]周永红,陈思.政府购买图书馆公共服务的背景及实践探索[J].图书情报知识,2015(2):22-27.

[134] ODER N. When LSSI comes to town[J]. Library Journal, 2004(16): 36-40.

[135] HILL N M. Outsourcing public library management[J]. Public Libraries, 2011(2): 14-20.

[136] HILL H. A look at public library management outsourcing[J]. Public Libraries, 2012(3): 42-47.

四、其他类

［1］信息与文献：图书馆绩效指标（GB/T 29183—2012）［S］. 北京：中国标准出版社，2013.

［2］付君兰. 政府购买服务带来什么？［N］. 芜湖日报，2014-08-11（2）.

［3］翟建雄. 中外政府购买公共服务的实践与思考［N］. 新华书目报，2015-01-23（A06）.

［4］李秀婷. 政府购买服务模式后来居上［N/OL］. 南方日报，2012-08-23（A13）［2018-12-10］. http://epaper.southcn.com/nfdaily/html/2012-08/23/content_7118359.htm.

［5］马宝成，吕洪业. 实现政府职能转变新常态［EB/OL］.（2015-01-04）［2018-09-20］. http://politics.people.com.cn/n/2015/0104/c1001-26319885.html.

［6］财政部公布近年来中央财政支持文化建设情况［EB/OL］.（2013-09-05）［2018-09-20］. http://www.gov.cn/gzdt/2013-09/05/content_2481638.htm.

［7］MARTIN R S, et al. The impact of outsourcing and privatization on library services and management［DB/OL］.［2019-11-10］. http://www.chinalibs.net/Zhaiyao.aspx?id=349971.

［8］ALA. Keeping public libraries public［R/OL］.［2017-12-12］. https://www.inthepublicinterest.org/keeping-public-libraries-public-a-checklist-for-communities-considering-privatization-of-public-libraries/.

［9］HILL H. What is public library management outsourcing?［EB/OL］.［2020-05-20］. https://ir.lib.uwo.ca/cgi/viewcontent.cgi?article=1134&context=fimspub.